**Andere Worte, andere Welten**

*Deborah Tannen*, Autorin von »Du kannst mich einfach nicht verstehen«, »Das hab' ich nicht gesagt« und »Job Talk«, ist Professorin für Linguistik an der Georgetown University. Ihre Bücher, die in viele Sprachen übersetzt worden sind, stehen seit Jahren auf den Bestsellerlisten.

Deborah Tannen

# Andere Worte, andere Welten

## Kommunikation zwischen Frauen und Männern

Campus Verlag
Frankfurt/New York

Die Originalausgabe *Gender and Discourse* erschien 1994 bei Oxford University Press Inc., New York. Published by arrangement with Oxford University Press Inc.
Copyright © 1994 by Deborah Tannen.
Copyright © 1996 for Chapter Six by Deborah Tannen.
Aus dem Englischen von Dorothea Thieleke und Wolfgang Fuchs.
Kapitel 6 wurde übersetzt von Nele Löw Beer.

Die Deutsche Bibliothek – CIP-Einheitsaufnahme

*Tannen, Deborah:*
Andere Worte, andere Welten: Kommunikation zwischen Frauen und Männern / Deborah Tannen. [Aus dem Engl. von Dorothea Thieleke ...]. – Frankfurt/Main; New York: Campus Verlag, 1997
Einheitssacht.: Gender and discourse <dt.>
ISBN 3-593-35661-9

Das Werk einschließlich aller seiner Teile ist urheberrechtlich geschützt. Jede Verwertung ist ohne Zustimmung des Verlags unzulässig. Das gilt insbesondere für Vervielfältigungen, Übersetzungen, Mikroverfilmungen und die Einspeicherung und Verarbeitung in elektronischen Systemen.
Copyright © 1997
Alle deutschsprachigen Rechte bei Campus Verlag GmbH, Frankfurt/Main
Umschlaggestaltung: Atelier Warminski, Büdingen
Umschlagmotiv: Petrov-Vodkin Kuzma, Der Frühling, Museo Satale Russo, Leningrad
© SCALA Instituto Fotografico Editoriale S.p.A., Florenz
Satz: Fotosatzstudio »Die Letter«, Hausen/Wied
Druck und Bindung: Druckhaus Beltz, Hemsbach
Gedruckt auf säurefreiem und chlorfrei gebleichtem Papier.
Printed in Germany

*Für Barbara McGrael
und zur Erinnerung an
Larry McGrael*

*Dank*

*Ich habe dieses Buch während eines
Forschungsaufenthaltes am Center for
Advanced Study in the Behavioral Sciences
in Stanford, California vorbereitet.*

*Ich werde immer dankbar dafür sein, daß ich
ein Jahr lang zu diesem Center gehören durfte.*

*Außerdem danke ich
für die finanzielle Unterstützung, die über das
CASBS von der National Science Foundation
SES-9022192 bereitgestellt wurde.*

# Inhalt

Einleitung ............................................................................. 11

Methodologischer Kontext ................................................ 13
Dominanz und kultureller Unterschied ............................. 16
Angeboren/anerzogen: jenseits der Zweiteilung ............... 21

1. **Die Verhältnismäßigkeit sprachlicher Strategien: neue Überlegungen zu Macht und Solidarität in bezug auf Geschlecht und Dominanz** .......................... 25

   Einleitung ......................................................................... 26
   Überblick .......................................................................... 27
   Theoretischer Hintergrund ............................................... 28
   Die Verhältnismäßigkeit sprachlicher Strategien ............. 38
   Schlußfolgerung ............................................................... 54

2. **Unterbrechung im Gespräch: eine Interpretation** ........ 55

   Männer unterbrechen Frauen: die Forschung .................. 57
   Unterbrechung als Dominanz .......................................... 58
   Methodischer Einspruch .................................................. 59
   Soziolinguistischer Einspruch .......................................... 62
   Kulturelle Abwandlung .................................................... 70
   Ethischer Einspruch: Stereotype und Gesprächsstil ........ 74
   Geschlecht, Ethnizität und Gesprächsstil ........................ 75
   Schlußfolgerung ............................................................... 77
   Nachwort .......................................................................... 78

## 3. Geschlechtsspezifische Unterschiede im Gesprächszusammenhang: Körperhaltung und Themenzusammenhalt ... 83

Einleitung ... 84
Körperhaltung ... 88
Zusammenfassung: Körperhaltung ... 97
Themenzusammenhalt ... 98
Zusammenfassung: Themenzusammenhalt ... 126
Schlußfolgerung: die Übereinstimmung von Körperhaltung und Gesprächsthema ... 127

## 4. Strategie und Metastrategie in einer Theorie des Sprachverhaltens: das Gespräch am Beispiel von *Szenen einer Ehe* ... 131

Einleitung: eine Theorie kommunikativer Kompetenz ... 132
Die Auswahl von *Szenen einer Ehe* ... 135
Äußerliche Harmonie und unterschwellige Mißtöne: die Gliederung von *Szenen einer Ehe* ... 136
Beziehungen im Sprachverhalten ... 143
Individuelle Stile ... 144
Verwendung von Fragen ... 162
Schlußfolgerung ... 167

## 5. Ethnischer Stil im Gespräch zwischen Männern und Frauen ... 169

Indirektheit im Gespräch ... 173
Interpretationsmuster unter kulturellem Aspekt: eine Pilotstudie ... 178
Interpretationsmuster: qualitative Ergebnisse ... 183
Schlußfolgerungen ... 187

## 6. Der geschlechtsklassenspezifische Rahmen des Gesprächs am Arbeitsplatz ......... 189

Geschlechtsklassenspezifisch versus geschlechtsspezifisch ....... 191
Status und persönliche Beziehung ............ 196
Arbeitsplatzbeispiele: Ausbalancieren von Status und persönlicher Beziehung ............ 198
Geschlechtsklassenspezifische Muster in Aktion ........ 205
Weitere Belege für die Geschlechtsklassenverbindung ........ 206
Wiederholung ............ 211

**Anmerkungen** ............ 213
**Literatur** ............ 227

# Einleitung

Der Eintritt in die Arena der Geschlechterforschung gleicht einem Schritt in einen Sog. Was es bedeutet, eine Frau oder ein Mann zu sein, wie es ist, mit einer Person des anderen (oder des eigenen) Geschlechts zu reden, das sind Fragen, deren Antworten uns an die Substanz gehen, und wenn ein Nerv getroffen wird, heulen wir auf. Ich habe jedoch die Hoffnung, daß durch das Getöse hindurch die wissenschaftliche Forschung zu hören ist und ein Dialog unter ForscherInnen stattfinden kann, auch wenn diese aus völlig unterschiedlichen Disziplinen kommen.

Einer der äußerst lohnenden und bedeutenden Aspekte geschlechtsspezifischer Forschung ist gleichzeitig ein besonders riskanter Aspekt: ihr interdisziplinärer Charakter. Wenn WissenschaftlerInnen aus verschiedenen Gebieten versuchen, ihre Forschungen gegenseitig zu verstehen und zu kommentieren, begeben sie sich auf gefährliches Terrain. Der interdisziplinäre Dialog stellt sich als eine Art interkulturelle Kommunikation dar, denn die ForscherInnen bringen völlig unterschiedliche Vorstellungen davon mit, welche Fragen zu stellen sind und wie diese sich beantworten lassen.[1] Vorgaben, die für jene in der einen Disziplin selbstverständlich sind, werden von VertreterInnen einer anderen häufig für unbegründet gehalten. In experimentellen Methoden geschulte PsychologInnen beispielsweise weisen ethnographische oder hermeneutische Studien womöglich verächtlich von sich und halten sie für wertlos, weil es ihnen an umfassenden Daten, Stichproben, Kontrollgruppen und statistischen Analysen mangelt. In ethnographischen Methoden geschulte AnthropologInnen wiederum weisen womöglich psychologische Untersuchungen verächtlich von sich und halten diese für wertlos, weil sie sich auf Daten, die in Versuchssituationen, und nicht in realen Situationen gewonnen wurden, stützen und die Komplexität menschlichen Verhaltens auf quantifizierbare und »kodierbare« Abstraktionen reduzieren.

Das Studium von Geschlecht und Sprache mag zunächst als eng umrissenes Gebiet erscheinen, in Wirklichkeit gibt es jedoch keinen Bereich, der so viele Disziplinen berührt. ForscherInnen, die in diesem Bereich arbeiten, haben ihre Wurzeln in weit voneinander abweichenden Disziplinen, dazu gehören sowohl die Soziologie, Erziehungswissenschaft, Anthropologie, Psychologie, Kommunikationswissenschaft, Literatur und Frauenforschung, wie auch mein eigenes Gebiet der Linguistik. Obwohl vielleicht zu erwarten wäre, daß WissenschaftlerInnen, die in der Linguistik zu Hause sind – der akademischen Disziplin, die sich dem Studium der Sprache widmet –, in dieser Gruppe eine bedeutende Rolle spielen, stellen die LinguistInnen tatsächlich das kleinste Kontingent. Ich vermute, das ist vor allem deshalb der Fall, weil dieses Gebiet zunächst einmal sehr klein ist, aber auch, weil sich die vorherrschende zeitgenössische Linguistik mit der formalen Analyse der Sprache als abstraktem System beschäftigt, und nicht mit Sprache, wie sie im Alltag gebraucht wird. Ferner ist die Situation für ForscherInnen kompliziert, die in mehreren akademischen Disziplinen geschult oder spezialisiert sind.

Der interdisziplinäre Dialog erfordert, wie jede interkulturelle Kommunikation, Sensibilität, Flexibilität und Geduld sowie ein Bemühen um ein Verständnis für den Kontext, aus dem die GesprächspartnerInnen kommen. Angesichts dieser Tatsache bin ich an die Aufgabe, meine wissenschaftlichen Schriften zum Thema Geschlecht und Kommunikation zusammenzustellen, mit Vorsicht herangegangen. Beim Schreiben der in diesem Band gesammelten Aufsätze hatte ich ursprünglich meine wissenschaftlich ausgebildeten Kolleginnen und Kollegen im Hinterkopf, also die LeserInnen aus meinem eigenen (bereits interdisziplinären) Forschungsgebiet. Mir ist jedoch bewußt, daß diese Aufsätze jetzt möglicherweise nicht nur von KollegInnen in anderen Disziplinen gelesen werden, sondern auch von einer Reihe von Leserinnen und Lesern, die *Du kannst mich einfach nicht verstehen* kennen und die sich sowohl mit der detaillierten Analyse und den wissenschaftlichen Referenzen vertraut machen wollen, die zum Schreiben meines Bestsellers beigetragen haben, wie auch mit der theoretischen Diskussion, die seinen Rahmen gesprengt hätte. Deshalb erkläre ich zunächst meinen wissenschaftlichen Hintergrund und meine wissenschaftlichen Ausgangspositionen, um so den Zusammenhang für die folgenden Kapitel herzustellen. Dabei werden in dieser Einführung einige der Fragen angesprochen und untersucht, die vom soziolinguistischen und anthropologisch orientierten Ansatz zur Geschlechtsspezifik und zur Sprache vorgebracht werden – der Ansatz, der für die Aufsätze in diesem Band kennzeichnend ist.

**Methodologischer Kontext**

Innerhalb der linguistischen Disziplin wird meine Arbeit als »Gesprächsanalyse«* bezeichnet. Dieser Terminus spiegelt den Aspekt meines Ansatzes wider, der für LinguistInnen insofern bedeutsam ist, als er sich von den vorherrschenden Richtungen der Disziplin abhebt. Während der größte Teil der zeitgenössischen Linguistik die Untersuchung von Lauten (Phonetik und Phonologie), Wörtern (Lexikologie und Morphologie) oder Sätzen (Syntax, das heißt die Anordnung von Wörtern in Sätzen) zum Gegenstand hat, konzentriert sich die Gesprächsanalyse auf die Sprache im Zusammenhang, »über den Satz hinaus«, wie Linguisten es häufig formulieren. Andererseits verstehe ich mich manchmal als »Soziolinguistin«, zum einen, weil ich im soziolinguistischen Programm in der linguistischen Abteilung an der Georgetown University unterrichte, zum anderen aber auch, weil meine Arbeit mit der Überschneidung von Sprache und sozialen Phänomenen zutun hat.[2] Schließlich bezeichne ich meinen Ansatz auch als anthropologisch orientiert, denn meine Methode bezieht nicht nur die genaue Untersuchung einzelner Interaktionsprozesse ein, an denen ich häufig selbst teilgenommen habe, sondern auch deren kulturellen Kontext.

---

\*   Im Originaltext heißt es hier »discourse analysis«. In ihrem Gebrauch der Begriffe »conversational discourse« (Gesprächsanalyse) und »discourse analysis« (Diskursanalyse) deutet Tannen eine Unterscheidung zwar an, doch werden die beiden Termini nicht deutlich voneinander abgegrenzt. Daher wurde für die deutsche Ausgabe durchgängig der Begriff »Gesprächsanalyse« verwendet. Zur Unterscheidung beider Termini s. David Crystal, *Die Cambridge Enzyklopädie der Sprache*, Frankfurt/New York 1995, S. 116 (Anm. d. Übers.).

Der vorliegende theoretische und methodische Ansatz leitet sich von der Forschungsarbeit von Robin Lakoff und John Gumperz her, meine Lehrer an der University of California in Berkeley. Es war Lakoff (s. insbesondere Lakoff 1975, 1979, 1990), die mich sowohl mit dem Konzept, das sie kommunikativen Stil nennt, bekannt gemacht hat (ich habe später angefangen, meinen eigenen Terminus »Gesprächsstil« zu benutzen), als auch mit dem Gedanken, daß systematische Unterschiede im kommunikativen Stil zu Mißverständnissen im Gespräch führen können, interkulturell wie zwischen den Geschlechtern. Gumperz (s. insbesondere Gumperz 1982a) nennt seine Art der Analyse »Interaktionssoziolinguistik«, um sie von dem weiter verbreiteten Typus der Soziolinguistik zu unterscheiden, für die die Untersuchung der phonologischen Abwandlung charakteristisch ist (Labov 1972). Von Gumperz habe ich den methodischen Ansatz übernommen, der sich wie folgt auszeichnet: (1) die Tonbandaufnahme von Gesprächen, die stattgefunden haben; (2) das Erkennen von Segmenten, in denen Schwierigkeiten offenbar werden; (3) die Suche nach kulturell bedingten Unterschieden beim Anzeigen von Sinn, welche die Schwierigkeiten erklären könnten; (4) die Aufnahme oder Segmente davon werden den Teilnehmern vorgespielt, um diese auf ihre spontanen Interpretationen und Reaktionen anzusprechen und sie später vielleicht auch dazu aufzufordern, auf die Interpretationen der Wissenschaftler zu reagieren; (5) Segmente der Interaktion werden anderen Mitgliedern der jeweiligen kulturellen Gruppen, denen die SprecherInnen angehören, vorgespielt, um Interpretationsmuster zu erkennen.

Die letzten beiden Schritte sind nicht erst nachträglich hinzugekommen; angesichts der Tatsache, daß es sich hier um einen hermeneutischen (das heißt interpretativen) methodischen Forschungsrahmen handelt, gewährleisten sie die kritische Überprüfung der Interpretationen. Sie sind auch deshalb entscheidend, weil sie sicherstellen, daß die wissenschaftliche Arbeit auf der Erfahrung der SprecherInnen, deren Verhalten Gegenstand der Untersuchung ist, gründet. An dieser Stelle fällt mir Oliver Sacks ein, der glänzende Neurologe und Essayist, der demonstriert, daß ÄrztInnen ihre Patientinnen und Patienten nicht nur untersuchen, sondern ihnen auch zuhören müssen, wenn sie deren gesundheitliche Verfassung verstehen wollen. Auch wenn die moderne Medizin uns außerordentlich wertvolle Einsichten in den chemischen und biologischen Ablauf von Krankheiten liefern kann, haben nur die PatientInnen den Schlüssel dazu, wie ihre Leiden »wirklich sind« (Sacks 1987:40). Gleichermaßen liefert die Aufmerksamkeit darauf, wie die Teilnehmer die Gesprächsanalyse erleben, unschätzbare Einsichten in Interaktionsprozesse, die den ForscherInnen ansonsten nicht zur Verfügung stünden. Außerdem, und das ist entscheidend, ist damit für eine ethische und humanistische Forschungsgrundlage gesorgt, auf der wir uns vor jenen, die wir untersuchen, verantworten müssen.

Die hier zusammengestellten Kapitel bilden die Gesamtheit meiner wissenschaftlichen Schriften zum Thema Geschlecht und Sprache vor und seit der Veröffentlichung von *Du kannst mich einfach nicht verstehen*, meinem elften Buch. Meine früheren Bücher und Aufsätze beschäftigten sich mit anderen Themen – vor allem mit der Gesprächsanalyse (Tannen 1984a), dem Vergleich von gesprochener und geschriebener Sprache (Tannen 1982a, 1982b, 1984b) und der Erforschung der Beziehung zwischen umgangssprachlicher und literarischer Kommunikation (Tannen 1989).[3] Meine Arbeit über geschlechtsspezifische Unterschiede im Gesprächsstil ist die logische Weiterführung meiner früheren Forschung und Schriften zu subkulturellen Unterschieden im Gesprächsstil. Also steht mein Ansatz hinsichtlich Geschlecht und Sprache sowohl in der Tradition von Gumperz als auch von Maltz und Borker (1982), die in ähnlicher Weise von Gumperz beeinflußt wurden. Aus dieser Sicht sind einige der Frustrationen in Gesprächen zwischen Frauen und Männern unter Bezugnahme auf systematische Unterschiede zu verstehen, und zwar dahingehend, wie Frauen und Männer im Gespräch normalerweise Sinn signalisieren. Das unterscheidet sich deutlich von dem Impetus hinter einigen anderen Arbeiten zu Geschlecht und Sprache, insbesondere von der Forschung, die aus einem politischen Programm heraus entsteht.

Die Grundlagen meines Ansatzes sind in meinem Buch *Conversational Style: Analyzing Talk Among Friends* (1984a) deutlich zu erkennen; Dutzende von Aufsätzen, die ich in Fachzeitschriften und Büchern veröffentlicht habe, stellen genau die gleichen Behauptungen – wie auch in *Du kannst mich einfach nicht verstehen* – zu den Unterschieden im Gesprächsstil auf, die zu den systematischen Fehleinschätzungen führen. Tatsächlich ist der theoretische und methodische Rahmen, den ich verwende, nicht nur in der Forschungsarbeit von John Gumperz zu finden, sondern auch in den Forschungsarbeiten anderer, die bei ihm studiert haben (s. die Aufsatzsammlung in Gumperz 1982b) oder in ähnlichen Forschungstraditionen arbeiten. Dazu fallen mir sofort einige Kollegen ein: Thomas Kochman (1981) über den Gesprächsstil von Schwarzen und Weißen; Frederick Erickson (Erickson und Shultz 1982, Erickson 1986), der nicht nur den Gesprächsstil von Schwarzen und Weißen, sondern auch von Amerikanern italienischer, deutscher und polnischer Abstammung in der Interaktion untereinander untersucht; Ron und Suzanne Scollon (1981, Scollon 1985) über den athabaskisch-angloamerikanischen Gesprächsstil; und Susan Philips (1983), die den Stil von Indianern aus Warm Springs mit dem anglo-amerikanischen Gesprächsstil vergleicht. Die Liste ließe sich endlos fortsetzen.

## Dominanz und kultureller Unterschied

Einige, die mit dieser Forschungstradition nicht vertraut sind, haben den theoretischen Forschungsrahmen insofern fehlinterpretiert, als ob er unterstellen würde, eine Erklärung der Folgen von Unterschieden im Gesprächsstil schließe das Vorhandensein anderer gesellschaftlicher Einflüsse aus. Da sind besonders diejenigen, die glauben, daß die Annäherung an die geschlechtsspezifischen Unterschiede in der Sprechweise als »kulturelle« Unterschiede besage, daß Männer Frauen nicht dominieren, sondern sie lediglich mißverstehen. Ein Blick auf die gesamte Forschungstradition – einschließlich meine eigene Forschung – macht deutlich, daß diese Unterstellung unbegründet ist. Wenn Gumperz behauptet, daß Pakistani und Inder in Vorstellungsgesprächen zwischen Sprechern, die einerseits britisches Englisch und andererseits indisches Englisch sprechen, aufgrund unterschiedlicher Verständigungsformen schlecht abschneiden, bestreitet er damit nicht, daß es in der britischen Gesellschaft zahlreiche und weitverbreitete Formen der Diskriminierung gegenüber Asiaten gibt. Wenn Erickson und Shultz zeigen, daß weiße Studienberater aufgrund von Unterschieden in der Konvention, Zuhörerschaft zu beweisen, letztlich herablassend mit College-Studenten der schwarzen Bevölkerungsgruppe reden, bestreiten sie nicht, daß in der amerikanischen Gesellschaft Rassismus existiert; ebenso wenig bestreitet Kochman das Vorhandensein von Rassismus, wenn er systematische Unterschiede bei weißen und schwarzen Amerikanern in ihrer Haltung zu »Rechten auf freien Ausdruck« und zu »Rechten auf Empfindsamkeit« aufzeigt. Wenn Susan Philips zeigt, daß Indianerkinder aus Warm Springs von anglo-amerikanischen Lehrern systematisch fehleingeschätzt werden – teilweise wegen unterschiedlicher Vorstellungen hinsichtlich ihrer Selbstdarstellung und Selbstkontrolle – bestreitet sie damit nicht, daß amerikanische Indianer in der anglo-amerikanischen Gesellschaft unter vielfältigen Formen der Diskriminierung zu leiden haben.

Genau das Gegenteil ist der Fall, denn alle diese WissenschaftlerInnen, wie auch ich, erklären ganz explizit, daß sich die Folgen von Unterschieden im Gesprächsstil nachteilig für Mitglieder von Gruppen auswirken, die in unserer Gesellschaft stigmatisiert werden, und vorteilhaft für diejenigen, die die Macht haben, ihren Auslegungen Geltung zu verschaffen. Genau das ist mit dem Begriff des »Türhütens« gemeint – entwickelt von Erickson (1975) und von Gumperz übernommen –, der sowohl einem großen Teil ihrer eigenen Forschung zugrundeliegt als auch der von anderen, die in dieser Tradition arbeiten: Wenn bei Begegnungen zwischen jenen, die den Schlüssel zu gesellschaftlicher Macht in der Hand haben – etwa Studienberater am College, Regierungsbeamte oder ein potentieller Arbeitgeber – und jenen, die hoffen, von der Begegnung durch berufliche Beratung, staatliche Hilfe oder den Erhalt einer Stelle zu profitieren, Unterschiede im Gesprächsstil festzustellen sind, dann ist es genau die Person, welche sich Vorteile erhofft, die infolge dieser Stilunterschiede systematisch verliert. Mit anderen Worten, gesellschaftlich bestimmte Machtunterschiede sind untrennbar mit der Theorie und der Erforschung kultureller Unterschiede verbunden.

Ein weiterer wichtiger Anstoß in Gumperz' Forschungsarbeit wie auch meiner eigenen und der anderer WissenschaftlerInnen, die in dieser und in verwandten Traditionen arbeiten, ist es, sich mit sozialer Ungleichheit auseinanderzusetzen und ihr entgegenzuwirken, einer Ungleichheit, die von der negativen Stereotypisierung kultureller Minderheitsgruppen herrührt. Wenn ich also zeige (Tannen 1981b), daß das Stereotyp des aggressiven und penetranten Juden teilweise auf Unterschiede im Gesprächsstil zurückzuführen ist, bestreite ich damit nicht, daß es in der amerikanischen Gesellschaft Antisemitismus gibt, sondern ich versuche, dagegen anzugehen.

Der Grund und vielleicht auch die Folge dieser Fehlinterpretation des theoretischen Forschungsrahmens, der sich Interaktionsschwierigkeiten als »kulturellem« Muster annähert, liegt zum Teil in der unseligen Zweiteilung, die in der Forschungsliteratur entstanden ist und nahelegt, daß sich die Forschungsansätze zu Geschlecht und Sprache in zwei Gruppen trennen lassen: den Ansatz des »kulturellen Unterschieds« im Gegensatz zum Ansatz von »Macht« oder »Dominanz«. Ich bin auf diesen theoretischen Rahmen erstmals beim Lesen eines Vortrags gestoßen, der 1988 auf einer Konferenz der National Women's Studies Association von Nancy Henley und Cheris Kramarae gehalten worden war (s. Henley und Kramarae, 1991, in der veröffentlichten Fassung). Zu jenem Zeitpunkt schien mir diese Unterscheidung interessant zu sein, weil die Forschung von Henley, Kramarae und anderen, die sich in den Bereichen von Kommunikation und Soziologie mit Geschlechtsspezifik und Sprache auseinandersetzen, den Begriff der Dominanz als Ausgangspunkt für ihre Analyse verwenden, während Maltz und Borker (1982) und ich (die Befürworter des »kulturellen« Ansatzes, wie wir von Henley und Kramarae bezeichnet werden) den theoretischen Rahmen des kulturellen Unterschieds von Gumperz als Ausgangspunkt verwenden.[4] Seitdem ich jedoch gesehen habe, daß sich ForscherInnen im Bereich von Sprache und Geschlecht nicht nur immer wieder auf diese Zweiteilung berufen, sondern sie auch in aller Ausführlichkeit elaborieren und ausschmücken, bin ich allmählich zu der Einsicht gekommen, daß es sich hier eigentlich um eine falsche Zweiteilung handelt, die mehr zur Verwirrung beiträgt als etwas verdeutlicht. Hinzu kommt, daß sich jene, die mit dem sogenannten »Macht«- oder »Dominanz«-Rahmen arbeiten, ein Plätzchen auf dem Markt der hierarchischen Beziehungen gesichert haben: Wenn die beiden Phänomene als Pole begriffen werden, die sich gegenseitig ausschließen, dann werden jene, die den Gesprächsstil von Frauen und Männern innerhalb des Rahmens des kulturellen Unterschieds verstehen, so hingestellt, als würden sie bestreiten, daß es Dominanz gibt. Mit anderen Worten, es wird unterstellt, daß der »Unterschied« die »Dominanz« ausschließt, was jeglicher Grundlage entbehrt.

Ganz im Gegenteil, der Rahmen des kulturellen Unterschieds liefert ein Erklärungsmodell dafür, wie Dominanz in der direkten Interaktion entstehen kann.

Es wäre absurd zu behaupten, die Herangehensweise an geschlechtsspezifische Unterschiede im Sprachverhalten als ihrem Ursprung und Wesen nach »kulturelle« sei damit gleichzusetzen, daß man das Vorhandensein von Dominanz bestreitet – der männlichen oder irgendeiner anderen Form von Dominanz. Wie ich in *Du kannst mich einfach nicht verstehen* geschrieben habe:

> Niemand könnte bestreiten, daß Männer als Klasse in unserer Gesellschaft Frauen dominieren und daß es viele einzelne Männer gibt, die Frauen in ihrem Leben beherrschen wollen. Doch männliche Dominanz ist nicht die ganze Wahrheit. Sie reicht nicht aus, um alles zu erklären, was Frauen und Männern in Gesprächen widerfährt – insbesondere in Gesprächen, in denen beide sich ernsthaft bemühen, aufmerksam und mit Respekt aufeinander einzugehen. Der Eindruck von Dominanz entsteht nicht immer aus einer Absicht zu dominieren. (Tannen 1991:17)

Mit anderen Worten, weit davon entfernt zu bestreiten, daß es Dominanz gibt, kann die Untersuchung der Wirkungsweisen des Gesprächsstils in der Interaktion helfen zu erklären, wie Dominanz in der Interaktion tatsächlich entsteht.

Die Behauptung, daß soziale Beziehungen wie Dominanz und Unterordnung in der Interaktion *konstruiert* werden, ist in der Tat einer der grundlegenden Lehrsätze und wichtigsten Beiträge des soziolinguistischen Interaktionsansatzes zur Gesprächsanalyse. In gewisser Hinsicht ist das der Kern der Theorie, die diesem Ansatz zugrundeliegt, und genau deshalb wird es für so wichtig gehalten, Interaktion zu analysieren. Die grundlegenden Prinzipien der Interaktionslinguistik schließen die Überzeugungen ein, daß (1) Rollen nicht vorgegeben sind, sondern in der Interaktion entstehen; (2) der Kontext nicht vorgegeben ist, sondern durch Gespräch und Handlung gebildet wird; (3) nichts, was in der Interaktion stattfindet, das alleinige Tun einer Partei ist, sondern vielmehr eine »gemeinsame Produktion«, das Ergebnis der Interaktion von individuellen Sprechweisen;[5] und, wie ich in allem, was ich je geschrieben habe, zeige und in Kapitel 1 direkt ansprechen werde, (4) daß linguistische Merkmale (wie Unterbrechung, Lautstärke beim Sprechen, Indirektheit und so weiter) nie mit Absichten oder Sinngebungen in der Interaktion auf einen einfachen Nenner gebracht werden können, in dem Sinn, daß einem bestimmten Wort eine bestimmte Bedeutung zugeschrieben werden kann. Keine Sprache hat eine Bedeutung, außer in Bezug darauf, wie sie »gebildet« (Bateson 1972, Goffman

1974) oder »in einen Zusammenhang gebracht« wird (Becker 1979, 1984; Gumperz 1982a).[6]

In diesem Sinn ist eines der Hauptthemen in *Du kannst mich einfach nicht verstehen*, daß Frauen durch die systematischen Unterschiede in dem charakteristischen Gesprächsstil von Frauen und Männern in der Interaktion mit Männern häufig in einen untergeordneten Stand versetzt werden. Ich gebe nur drei von zahllosen Beispielen. Im Kapitel »Vortragen und Zuhören«, wo veranschaulicht wird, daß Frauen häufig die Rolle der Zuhörerin und Männer die Rolle des Vortragenden übernehmen, sage ich folgendes:

> Und auch in diesem Fall ist die Haltung, in der Frau und Mann sich wiederfinden, asymmetrisch. Der Vortragende wird hinsichtlich seines Status und seiner Sachkenntnisse als überlegen vorgestellt, und es wird ihm die Rolle des Lehrers übertragen, während der Zuhörerin die Rolle der Schülerin übertragen wird. Wenn Frauen und Männer abwechselnd Vorträge halten und zu hören bekommen würden, wäre das nicht weiter störend. Was stört, ist das Ungleichgewicht. ... Wenn es oft so aussieht, als würden sich Männer über etwas auslassen, weil sie die Sachkenntnis haben, sind Frauen häufig überrascht und frustriert, feststellen zu müssen, daß sie dann, wenn sie die Sachkenntnis haben, noch lange nicht zu Wort kommen. (Tannen 1991:133)

In einem Kapitel über Konflikte zeige ich, daß sich die Neigung von Frauen, Konflikte zu vermeiden, zu ihrem Nachteil auswirkt: »Frauen, die zu Wutausbrüchen nicht fähig sind, sind unfähig, in dieser Form Macht auszuüben. Weit schlimmer ist, daß ihre Konfliktscheu sie ausnutzbar macht.« (Ebenda: 200) Schließlich zeige ich in einem Kapitel über die Unterbrechung, daß Männer häufig Frauen unterbrechen, denn:

> Männer, die an ein Gespräch wie an einen Wettstreit herangehen, werden wahrscheinlich nicht viel Mühe darauf verwenden, die anderen in ihren Aussagen zu unterstützen, sondern darauf, das Gespräch in eine andere Richtung zu lenken, vielleicht eine, die es ihnen ermöglicht, sich in Szene zu setzen, indem sie eine Geschichte oder einen Witz erzählen oder ihr Wissen zur Schau stellen. Doch wenn sie sich so verhalten, erwarten sie, auf den Widerstand ihrer GesprächspartnerInnen zu stoßen. Frauen, die diesen Bemühungen nachgeben, tun das nicht, weil sie schwach oder unsicher oder ehrerbietig sind, sondern weil sie wenig Erfahrung darin haben, Versuche abzulenken, im Gespräch das Steuer zu übernehmen.(Tannen 1991:236)

Mein Ansatz unterscheidet sich von dem der sogenannten »Dominanz-Theoretiker« insofern, als ich glaube gezeigt zu haben, daß diese Prozesse in der Gesprächsinteraktion zu Dominanz führen können, ohne daß jede/r Einzelne in jedem Fall beabsichtigt zu dominieren. Noch einmal, das leugnet nicht die Tatsache, daß es zahlreiche Fälle gibt, in denen einzelne es darauf anlegen zu dominieren und daß es zahlreiche andere (nicht-linguistische) Ursprünge von geschlechtsbezogenen Machtunterschieden gibt.

## Angeboren/anerzogen: jenseits der Zweiteilung

Die Zweiteilung »kultureller Unterschied gegen Dominanz« verfälscht also die Ansprüche und Ziele im sogenannten Rahmen des »Unterschieds«. Eine ähnliche Verfälschung ist verantwortlich für eine weitere Quelle der Kritik, nämlich für den Vorwurf, die Beschreibung geschlechtsspezifischer Unterschiede im Sprachverhalten überhaupt sei »essentialistisch«. Diese Angriffslinie gibt vor, eine Beschreibung von Unterschieden zwischen Frauen und Männern schreibe solche Unterschiede einer »ihrem Wesen nach« weiblichen Natur zu. Auch diese Unterstellung entbehrt jeder Grundlage in der Forschung selbst und ist auf mangelnde Vertrautheit mit dem intellektuellen Rahmen, in dem LinguistInnen arbeiten, zurückzuführen.

Sowohl in meiner eigenen Forschungsarbeit als auch in der meiner KollegInnen in der Linguistik wird die Frage nach den Ursprüngen geschlechtsspezifischer oder anderer linguistischer Unterschiede nicht angesprochen. Die zeitgenössische Linguistik ist deskriptiv – unsere Aufgabe ist es, die von uns beobachteten Sprachstrukturen zu beschreiben – und ganz eindeutig nicht präskriptiv. (Im Gegensatz zu den GrammatikerInnen schreiben wir niemandem vor, wie gesprochen werden *sollte*; wir versuchen vielmehr zu erklären, warum so und nicht anders gesprochen *wird*. Wir ähneln eher AnthropologInnen, die an eine fremde Kultur herangehen, um sie zu verstehen, und nicht Missionaren, die sie verändern wollen.) Demnach beschreiben wir Unterschiede nicht, um diese entweder auf biologische oder kulturelle Ursprünge zurückzuführen. Manche glauben, das Vorhandensein geschlechtsspezifischer Unterschiede in sehr jungen Jahren sei der Beweis dafür, daß diese Unterschiede biologischen oder genetischen Ursprungs seien. Andere vertreten dagegen den Standpunkt, Kinder in jeder Altersgruppe würden nach ihrem Geschlecht unterschiedlich behandelt und die Gruppensozialisation sei sogar für sehr kleine Kinder grundlegend.

Obwohl die Frage nach den Ursprüngen der Muster, die ich beschreibe, nicht zu meinen Hauptanliegen gehört hat, hatte ich wahrscheinlich aufgrund meiner anthropologischen Orientierung schon immer die Tendenz, der Sozialisation (das heißt, der kulturellen Erfahrung) bei der Prägung von Verhaltensmustern einen vorrangigen Einfluß zuzuschreiben. Deshalb zitiere ich sowohl in *Du kannst mich einfach nicht verstehen* als auch in dem vorliegenden Band die Forschungsliteratur, die sich mit der Rolle von Peer-groups in der Kindheit als Ursprung für geschlechtsspezifische Muster in der Sprechweise auseinandersetzt.[7]

Mit der Fragestellung angeboren/anerzogen sollten sich vielleicht am besten die AnthropologInnen in großangelegten interkulturellen Studien befassen. Mit dieser Frage werden sich ganz sicher auch die laufenden Untersuchungen zum Thema Geschlecht und Gehirn beschäftigen. In diesem Zusammenhang werden sogar Untersuchungen mit Primaten herangezogen werden. Doch was immer die Forschung auch zeigen mag, die Menschen werden leidenschaftlich die eine oder die andere Seite vertreten und werden sich in ihren Forschungsinterpretationen zwangsläufig auch unterscheiden. Am interessantesten für mich sind dabei die Annahmen, die der mit Vehemenz vorgetragenen Behauptung zugrundeliegen, Unterschiede müßten primär oder sogar ausschließlich biologischen oder kulturellen Ursprungs sein. Viele von jenen, die an den rein biologischen Ursprung von Unterschieden glauben – und ihn sich meines Erachtens wünschen –, gehen davon aus, daß Frauen dann zwangsläufig untergeordnet sind und kein Anlaß dazu besteht, soziale Veränderungen herbeizuführen. Viele von jenen, die glauben (oder sich wünschen), daß Unterschiede ausschließlich kulturellen Ursprungs sind, gehen davon aus, es lasse sich dann leicht verändern, was immer ihnen an der sozialen Ordnung nicht gefällt. Diese Positionen scheinen mir beide nicht gerechtfertigt zu sein. Nichts ist menschlicher, als sich der Natur zu widersetzen,[8] und kulturelle Muster sind gegen Veränderung äußerst resistent.

Was jedoch notwendig *ist*, um eine Veränderung herbeizuführen, sind das Begreifen der menschlichen Verhaltensmuster, so wie sie in der heutigen Zeit bestehen, das Erkennen der Komplexität dieser Muster und ein Respekt vor anderen Menschen – anderen ForscherInnen wie auch vor den an der Forschung beteiligten Versuchspersonen. Genau dafür habe ich in meiner gesamten Arbeit gekämpft, und ich hoffe, es wird im Folgenden deutlich.

Die vorhergehende Diskussion soll den theoretischen Hintergrund und die Voraussetzungen für die Herangehensweise an den Themenbereich Geschlechtsspezifik und Sprache verdeutlichen, die Herangehensweise, welche für die in diesem Band gesammelten Aufsätze kennzeichnend ist. Jedem Kapitel gehen einleitende Bemerkungen voraus, in welchen jeweils ein Überblick über die einzelnen Aufsätze gegeben und der Kontext diskutiert wird, in dem der Aufsatz ursprünglich geschrieben wurde.*

---

\* Eingedenk der Tatsache, daß manche Leserin und mancher Leser Anmerkungen nicht parallel zum Text lesen, wollen wir an dieser Stelle nachdrücklich darauf hinweisen, daß es beim vorliegenden Text besonders wichtig ist, sie zu lesen. Andernfalls laufen LeserInnen Gefahr, wichtige Informationen bezüglich der verschiedenen Transkriptionsverfahren zu übersehen und dadurch die Gesprächsbeispiele nicht zu verstehen. Sollten diesbezüglich doch einmal Unklarheiten auftauchen, sei insbesondere auf die Anmerkungen 5 in Kapitel zwei und drei sowie auf Anmerkung 9 in Kapitel vier verwiesen. (Anm. d. Verl.)

Kapitel I

# Die Verhältnismäßigkeit sprachlicher Strategien: neue Überlegungen zu Macht und Solidarität in bezug auf Geschlecht und Dominanz

*In diesem Kapitel zeige ich auf, daß der theoretische Rahmen von Macht und Solidarität für das Verständnis geschlechtsspezifischer Muster im Sprachgebrauch wesentlich ist und daß der Bereich Geschlecht und Sprache einen fruchtbaren Boden bietet, wenn die Dynamiken untersucht werden sollen, die der Sprachauswahl zugrundeliegen, was Aspekte wie Macht und Solidarität mit einschließt. Dieser Rahmen soll zeigen, daß man sich der geschlechtsspezifischen Sprachforschung nicht wie einer mechanischen Suche nach spezifischen linguistischen Phänomenen nähern kann. Ausgehend von Gesprächsbeispielen wie auch literarischen Gesprächsentwürfen argumentiere ich, daß alle sprachlichen Strategien, von denen behauptet worden ist, sie zeigten Dominanz an, auch Solidarität anzeigen können. Zum Beispiel redet eine Person, während eine andere gerade redet, möglicherweise um das Wort an sich zu reißen; dies kann als Schritt verstanden werden, der durch Macht motiviert wird. Doch kann eine Person mit einer anderen auch gleichzeitig reden, um Unterstützung und Zustimmung zu zeigen; das muß als Schritt verstanden werden, der durch Solidarität begründet wird. Beide Motive schließen sich jedoch nicht gegenseitig aus. Wenn beide Sprecher sich an einem rituellen Ringen um das Wort beteiligen, kann es sein, daß sie das gesamte Gespräch als angenehm erleben: eine Ausübung von Solidarität auf der Meta-Ebene. Meine Absicht ist also nicht zu hinterfragen, daß einzelne sprachliche Strategien, wie z.B. die Unterbrechung, verwendet werden können, um Dominanz zu schaffen, sondern darzulegen, daß Absicht und Wirkung nicht immer deckungsgleich sind und daß es zwischen einem sprachlichen Muster und seiner Wirkung in der Interaktion niemals einen gleichbleibenden einfachen Nenner gibt. Im Bemühen darum, die Erfahrungen einzelner im Gespräch zu verstehen, die Dominanz eingeschlossen, müssen* wir einen tieferen und genaueren Blick auf die Wirkungsweise der Gesprächsinteraktion werfen.

## Einleitung

In der Gesprächsanalyse gehen viele WissenschaftlerInnen von der unausgesprochenen Annahme aus, daß alle SprecherInnen mit ähnlichen Auslegungsmethoden vorgehen; so kann ein einzelnes Rede-Beispiel stellvertretend dafür herangezogen werden, wie die Rede bei allen SprecherInnen wirkt. Für einige Aspekte des Gesprächs trifft das zweifellos zu. Ein großer Teil der soziolinguistischen Forschungsliteratur macht jedoch deutlich, daß dies für viele Aspekte des Gesprächs lediglich insofern der Fall ist, als auch der kulturelle Hintergrund geteilt wird. In dem Maß, wie sich die kulturellen Hintergründe unterscheiden, weichen wahrscheinlich auch die Auslegungsmethoden und der gewohnte Gebrauch vieler sprachlicher Strategien voneinander ab. Das läßt sofort zumindest an die Arbeiten von Gumperz (1982), Erickson und Shultz (1982), Scollon und Scollon (1981) und Philips (1983) denken. Meine eigene Forschungsarbeit zeigt, daß kultureller Unterschied sich nicht auf die groben und offensichtlichen Klassifizierungen nach Herkunftsland und Muttersprache begrenzt, sondern auch hinsichtlich subkultureller Klassifizierungen wie ethnisches Erbe, Schicht, geographische Gegend, Alter und Geschlecht besteht. Meine frühere Arbeit (Tannen 1984, 1986) konzentriert sich auf den ethnischen und den regionalen Stil; meine letzte Forschungsarbeit (Tannen 1990) konzentriert sich auf geschlechtsbezogene stilistische Unterschiede. Ich beziehe mich hier auf diese Arbeit, um zu zeigen, daß spezifische sprachliche Strategien in ihren Bedeutungen weit voneinander abweichen können.[1]

Diese Einsicht ist besonders wichtig für die Forschung zur Sprache und Geschlechtsspezifik, in der häufig das Ziel verfolgt worden ist, die sprachlichen Mittel zu beschreiben, mit denen Männer in der Interaktion Frauen dominieren. Daß Männer Frauen dominieren, steht außer Frage; was ich zur Dikussion stelle, sind Ursprung und Mechanismus von Dominanz und anderer zwischenmenschlicher Absichten und Wirkungen. Ich werde zeigen, daß der Ursprung von Dominanz oder einer beliebigen zwischenmenschlichen Absicht oder Wirkung nicht an sprachlichen Strategien wie Unterbrechung, Wortreichtum, Schweigen und dem Anschneiden von Gesprächsthemen festzumachen ist, wie behauptet worden ist. Ebenso kann der Ursprung weiblicher Ohnmacht nicht an sprachlichen Strategien wie Indirektheit, Schweigsamkeit, Stillschweigen und Bestätigungsfragen festgemacht werden, wie ebenfalls behauptet worden ist. Das läßt sich deshalb nicht aufrechterhalten, weil die gleichen sprachlichen Mittel für unterschiedliche, sogar gegensätzliche Zwecke verwendet werden und in verschiedenen Zusammenhängen unterschiedliche, sogar gegensätzliche Wirkungen haben können. Also kann eine Strategie, die scheinbar oder wirklich beabsichtigt zu dominieren, in einem anderen Zusammenhang, oder durch eine/n SprecherIn beabsichtigen oder dazu verwendet werden, eine Verbindung herzustellen. Ebenso kann eine Strategie mit der scheinbaren oder tatsächlichen Absicht, eine Verbindung zu schaffen, in einem anderen Zusammenhang, beziehungsweise durch eine/n andere/n SprecherIn beabsichtigen oder dazu verwendet werden, Dominanz herzustellen.

Anders gesagt, die »wahre« Absicht oder das »wahre« Motiv einer beliebigen Äußerung läßt sich nicht allein aus der Untersuchung der sprachlichen Form bestimmen. Zum einen sind Absichten und Wirkungen nicht deckungsgleich. Zum anderen ist die menschliche Interaktion eine »gemeinsame Produktion«, wie die soziolinguistische Forschungsliteratur immer wieder betont hat (siehe insbesondere McDermott und Tylbor 1983; Schegloff 1982, 1988; Erickson 1986; Duranti und Brenneis 1986): alles, was geschieht, ist das Ergebnis der Interaktion aller TeilnehmerInnen. Der Ursprung der Mehrdeutigkeit und Vieldeutigkeit sprachlicher Strategien, den ich hier untersuchen werde, ist die paradoxe Beziehung zwischen der Dynamik von Macht und von Solidarität.

## Überblick

In diesem Kapitel erkläre ich zunächst kurz das theoretische Paradigma von Macht und Solidarität. Dann zeige ich, daß sprachliche Strategien potentiell mehrdeutig (sie könnten entweder Macht oder Solidarität »bedeuten«) und vieldeutig (sie könnten beides »bedeuten«) sind. Drittens überprüfe und erweitere ich den Macht-und Solidarität-Rahmen im Hinblick auf die interkulturelle Forschung. Schließlich zeige ich die Bedingtheit von fünf sprachlichen Strategien: Indirektheit, Unterbrechung, Schweigen gegenüber Wortreichtum, das Anschneiden von Gesprächsthemen und die Ablehnung (das heißt, der verbale Konflikt).

## Theoretischer Hintergrund

### Macht und Solidarität

Die Dynamik der Macht und der Solidarität sind seit der Einführung des Konzepts durch Brown und Gilman (1960) und den nachfolgenden Bearbeitungen, besonders von Friedrich (1972) und Brown und Levinson ([1978]1987) grundlegend für die soziolinguistische Theorie. (Fasold [1990] gibt dazu einen Überblick.) Brown und Gilman stützten sich in ihrem Rahmen auf die Analyse des Pronomen-Gebrauchs in europäischen Sprachen, die zwei Formen für das Pronomen in der zweiten Person haben, wie *tu* und *vous* im Französischen. Im Englischen ist das am ehesten in den Formen der Anrede wiederzufinden: Den Vorname gegen den Titel bzw. Nachnamen. Im System von Brown und Gilman wird Macht mit dem nicht-wechselseitigen Gebrauch von Pronomen assoziiert; vergleichbar im Englischen wäre eine Situation, in der ein/e SprecherIn die/den andere/n mit dem Vornamen anspricht, doch mit Titel-Nachnamen angesprochen wird (zum Beispiel Ärztin oder Arzt und PatientIn, LehrerIn und SchülerIn, ChefIn und SekretärIn, BewohnerInnen eines Gebäudes und FahrstuhlführerIn). Solidarität wird mit dem wechselseitigen Gebrauch von Pronomen oder den symmetrischen Formen der Anrede assoziiert: beide SprecherInnen sprechen sich mit *tu* oder mit *vous* an (im Englischen mit dem Titel-Nachnamen oder mit dem Vornamen). Die Macht steuert asymmetrische Beziehungen, in denen die eine Person der anderen untergeordnet ist; die Solidarität steuert symmetrische Beziehungen, für die soziale Gleichheit und Ähnlichkeit charakteristisch sind.

In meinen früheren Forschungsarbeiten, die die Beziehung zwischen Macht und Solidarität, wie sie im Gespräch entsteht (Tannen 1984, 1986), untersuchen, weise ich darauf hin, daß Macht und Solidarität in einer paradoxen Beziehung zueinander stehen. Das heißt, obwohl Macht und Solidarität, Nähe und Distanz zunächst Gegensätze zu sein scheinen, bringt das eine auch das andere mit sich. Jede Demonstration von Solidarität ist zwangsläufig mit Macht verbunden, indem das Bedürfnis nach Ähnlichkeit und Nähe die Freiheit und die Unabhängigkeit einschränkt. Gleichzeitig ist jede Demonstration von Macht mit Solidarität verbunden, indem sie die Teilnehmer in eine Beziehung zueinander bringt. Dies schafft eine Nähe, die der Distanz zwischen einzelnen Personen gegenübersteht, die überhaupt keine Beziehung zueinander haben.

Im Paradigma von Brown und Gilman ist der Schlüssel zur Macht die Asymmetrie, die jedoch häufig als Formalität verstanden wird. Das wird in der folgenden Anekdote deutlich. Ich habe einem Vortrag einmal den Titel »Das Paradox von Macht und Solidarität« gegeben. Der Kommentator meines Vortrags erschien im dreiteiligen Anzug und mit einem Rucksack. Die Zuhörer waren amüsiert über die Assoziationen: des Anzugs mit Macht und des Rucksacks mit Solidarität. Etwas war in diesem semiotischen Beispiel sofort zu erkennen. Allerdings mag ein Professor mit Rucksack auf diese Weise seine Solidarität mit Studenten bekunden, zum Beispiel auf einer Protestdemonstration. Und auf der Demonstration einen dreiteiligen Anzug zu tragen, mag durch die Unterscheidung des Anzugträgers von den DemonstrantInnen Macht bekunden, diese damit vielleicht sogar an seine dominante Stellung in der institutionellen Hierarchie erinnern. Aber einen dreiteiligen Anzug bei einer Aufsichtsratssitzung eines Unternehmens zu tragen, würde Solidarität mit den anderen Aufsichtsratsmitgliedern bekunden, während das Tragen eines Rucksacks in dieser Umgebung nicht Solidarität, sondern Respektlosigkeit bedeuten würde, ein Zug in der Macht-Dynamik.

## Mehrdeutigkeit sprachlicher Strategien

Wie das vorangegangene Beispiel zeigt, kann dasselbe Symbol – ein dreiteiliger Anzug – entweder Macht oder Solidarität signalisieren; abhängig ist das zumindest von der Umgebung (zum Beispiel eine Aufsichtsratssitzung oder eine StudentInnendemonstration), dem üblichen Kleidungsstil des Einzelnen und dem Vergleich seiner Kleidung mit dem, was von anderen in der Interaktion getragen wird. (Ich sage absichtlich »seiner«; das Bedeutungsspektrum wäre sehr unterschiedlich, wenn ein dreiteiliger Männeranzug von einer Frau getragen werden würde.) Damit haben wir eine Parallele zur Mehrdeutigkeit sprachlicher Strategien, die Signale im semiotischen System der Sprache sind. Wie ich in früheren Büchern (s. insbesondere Tannen 1984, 1986, 1990) ausführlich gezeigt habe, sind alle sprachlichen Strategien potentiell mehrdeutig. Die Dynamik Macht-Solidarität ist eine der grundlegenden Ursachen der Mehrdeutigkeit. Was als Versuch, ein Gespräch zu dominieren (eine Ausübung von Macht), erscheint, kann tatsächlich in der Absicht geschehen, Gemeinsamkeit herzustellen (eine Ausübung von Solidarität). Dies geschieht, weil (wie ich es an anderer Stelle ausgedrückt habe) Macht und Solidarität mit derselben Währung erkauft werden: dieselben sprachlichen Mittel können dazu verwendet werden, eine von beiden oder beide zu erzeugen.

Diese Mehrdeutigkeit wird im folgenden, flüchtigen Gespräch deutlich. Zwei Frauen waren auf dem Weg von einem Gebäude zu einem anderen, um an einer Konferenz teilzunehmen. Ein Mann kam dazu, den sie beide kannten; er war gerade aus einem dritten Gebäude herausgekommen und auf dem Weg zu derselben Konferenz. Eine der Frauen begrüßte den Mann und machte die Bemerkung »Wo hast du denn deinen Mantel?« Der Mann erwiderte »Danke, Mutti«. Seine Reaktion stellte die Bemerkung der Frau als Einleitung in einem Machtkampf dar: eine Mutter sagt zu einem Kind, es soll seinen Mantel anziehen. Die Frau könnte diese Bemerkung jedoch in der Absicht gemacht haben, freundliches Interesse und nicht elterliche Fürsorge zu zeigen. War es Macht (herablassend, wie ein Elternteil einem Kind gegenüber) oder Solidarität (freundlich, wie unter vertrauten Gleichgestellten)? Wie der Mann die Bemerkung aufgenommen hat, ist klar; mit welcher Absicht die Frau die Bemerkung gemacht hat, ist nicht klar.

Ein weiteres Beispiel stammt aus einem Brief, den mir eine Leserin von *Du kannst mich einfach nicht verstehen* geschrieben hat. Eine Frau war zu Hause, ihr Partner kam zurück und erzählte ihr, sein Erzfeind habe ihm angeboten, ein Kapitel zu einem Buch beizusteuern. Unbekümmert äußerte die Frau, wie nett es doch sei, daß der Kontrahent von sich aus einen Wiederannäherungsversuch mache und ihren Partner in die Arbeit an seinem Buch mit einbeziehe. Er sagte ihr, sie hätte es ganz falsch verstanden: Weil der Kontrahent der Herausgeber und er selbst nur einer der Beitragenden sei, versuche dieser eigentlich nur, seine Dominanz zu festigen. Sie interpretierte das Angebot hinsichtlich der Solidarität. Er interpretierte es als Ausdruck von Macht. Welche Interpretation war richtig? Ich weiß es nicht. Das Angebot war zweideutig; es hätte das eine oder das andere »bedeuten« können. Ich vermute, daß beide Elemente mitgespielt haben. Mit anderen Worten, es war vieldeutig.

### Vieldeutigkeit von Macht und Solidarität

Wenn der Begriff Mehrdeutigkeit bedeutet, daß das eine *oder* das andere gemeint ist, ist Vieldeutigkeit eine Bezeichnung dafür, daß das eine *und* das andere gemeint sind – das heißt, es gibt mehrere Bedeutungen gleichzeitig. Die Frage »Wo hast du denn deinen Mantel?« zeigt freundliches Interesse *und* deutet auf eine Eltern-Kind-Konstellation hin. Das Angebot, ein Kapitel zu einem Buch beizusteuern, stellt zwischen Herausgeber und Beitragendem eine größere Nähe her *und* deutet auf eine hierarchische Beziehung hin.

Ein weiteres Beispiel soll die Vieldeutigkeit von Strategien veranschaulichen, welche Macht und Solidarität signalisieren. Wenn Sie eine Freundin haben, die immer wieder bezahlt, wenn Sie zusammen essen gehen, ist sie dann großzügig und läßt Sie an ihrem Wohlstand teilhaben, oder versucht sie, mit ihrem Geld zu protzen und Sie daran zu erinnern, daß sie mehr davon hat als Sie? Obwohl es vielleicht die Absicht ist, Ihnen mit ihrer Großzügigkeit ein gutes Gefühl zu geben, mag Ihnen ihre wiederholte Großzügigkeit nichtsdestoweniger ein schlechtes Gefühl geben, indem Sie daran erinnert werden, daß sie mehr Geld hat. Also sind Sie beide im Netz der Mehrdeutigkeit von Macht und Solidarität gefangen. Es ist unmöglich zu entscheiden, welches ihr wirkliches Motiv war und ob das Ihre Erwiderung rechtfertigt. Auf der anderen Seite mögen Sie sich, selbst wenn Sie glauben, daß sie nur großzügig sein wollte, trotzdem gedemütigt fühlen, denn die Tatsache, daß sie diesen Drang zur Großzügigkeit hat, ist Beweis dafür, daß sie mehr Geld hat als Sie, und dadurch, daß sie diesen Drang auslebt, werden Sie daran erinnert. Mit anderen Worten, beide Interpretationen bestehen zugleich: Solidarität (sie bezahlt, um nett zu sein) und Macht (auf ihre Art nett zu sein, erinnert sie Sie daran, daß sie reicher ist). In diesem Sinn ist die Strategie nicht nur zweideutig in Hinsicht auf Macht und Solidarität, sondern vieldeutig. Diese Vieldeutigkeit erklärt auch eine andere Beobachtung, die mich anfangs überraschte: Paules (1991) berichtet, daß die Kellnerinnen in dem Restaurant, wo sie ethnographische Feldforschung betrieben hat, nicht nur zu kleine Trinkgelder übelnahmen, sondern auch zu hohe Trinkgelder. Die übermäßige Wohltätigkeit des Gastes deutet an, daß der hinterlassene Geldbetrag für die/ den GeberIn unbedeutend ist, aber bedeutend für die Kellnerin.

Brown und Gilman gehen ganz ausdrücklich von der Voraussetzung aus, daß Macht mit asymmetrischen Beziehungen verbunden ist, in welchen die Person die Macht hat, die der anderen etwas voraushat. Dies stellen sie in ihrer Definition fest:

> Von einer Person kann insofern gesagt werden, daß sie Macht über eine andere hat, als sie in der Lage ist, das Verhalten der anderen Person zu kontrollieren. Macht ist eine Beziehung zwischen mindestens zwei Personen und nicht wechselseitig in dem Sinn, daß nicht beide in derselben Verhaltenszone Macht ausüben können. (Brown/ Gilman 1960:255)

Ich habe jedoch darauf hingewiesen, inwieweit Solidarität selbst eine Form der Kontrolle sein kann. Eine junge Frau beschwerte sich beispielsweise über Freundinnen, die »dich nicht anders sein lassen«. Wenn die Freundin sagt, sie habe ein besonderes Problem, und die Frau sagt »Das Problem habe ich nicht«, fühlt sich die Freundin verletzt und wirft ihr vor, daß sie sie von oben herab behandele und überlegen tue. Die Voraussetzung der Ähnlichkeit verlangt von der Freundin, daß sie ein entsprechendes Problem hat.[2]

Obwohl Brown und Gilman überdies bestätigen, daß die »Macht-Überlegenen solidarisch sein können (Eltern, ältere Geschwister)« und »die Macht-Unterlegenen gleichermaßen vielleicht so solidarisch sind wie das alte Familienfaktotum« (Brown/Gilman 1960:258), neigen die meisten AmerikanerInnen auch zu der Annahme, Solidarität schließe Nähe ein, Macht hingegen schließe Distanz ein.[3] So betrachten AmerikanerInnen die Geschwisterbeziehung als das Nonplusultra an Solidarität: »Schwester« oder »Bruder« werden oft metaphorisch benutzt, um Nähe und Gleichheit zum Ausdruck zu bringen.[4] Im Gegensatz dazu wird häufig angenommen, daß Hierarchie Nähe ausschließt: ArbeitgeberInnen und ArbeitnehmerInnen können nicht »wirklich« miteinander befreundet sein. Aber in einer Hierarchie miteinander verbunden zu sein, bringt die Einzelnen einander näher. Davon geht Watanabe (1993) aufgrund eines Vergleichs zwischen amerikanischen und japanischen Gruppendiskussionen aus; sie hat beobachtet, daß die AmerikanerInnen in ihrer Studie sich als Individuen verstanden, die an einer gemeinsamen Aktivität teilnehmen, wohingegen sich die JapanerInnen als Mitglieder einer Gruppe sahen, die durch Hierarchie vereint war. Beim Lesen von Watanabe hat mich der Ausdruck »vereint« äußerst überrascht. Ich hatte zu der Annahme geneigt, Hierarchie habe etwas Distanzierendes und nichts Verbindendes.

In der anthropologischen Forschungsliteratur gibt es zahlreiche Diskussionen über kulturelle Zusammenhänge, in welchen hierarchische Beziehungen als eng und gegenseitig angesehen werden, und nicht als einseitig und ermächtigend. Beeman (1986) schildert beispielsweise ein iranisches Interaktionsmuster, das er mit den Worten »die Unterhand gewinnen« umschreibt. Die Einnahme der Stellung mit geringerem Status macht es IranerInnen möglich, an ein Beschützer-Schema zu appellieren, worin die Person mit höherem Status verpflichtet ist, etwas für ihn oder sie zu tun. Ähnlich beschreibt Yamada (1992) die japanische Beziehung des *amae*, für die die Konstellation Eltern-Kind oder Arbeitgeber-Arbeitnehmer beispielhaft ist. Sie bindet zwei Individuen in eine hierarchische gegenseitige Abhängigkeit ein, in welcher beide Macht haben, in Form von Verpflichtungen wie auch Rechten dem anderen gegenüber. Schließlich erklärt Wolfowitz (1991), daß Ehrerbietung/Unterordnung von Surinam-Javanern nicht als Unterwürfigkeit, sondern als Geltendmachung von Ansprüchen erlebt wird.

Das Beispiel der Surinam-Javaner ist besonders faszinierend, weil es die Assoziation einer Asymmetrie mit Macht und Distanz in Frage stellt. Der Stil, den Wolfowitz Respekthöflichkeit nennt, wird sowohl durch soziale Nähe als auch durch negative Höflichkeit bestimmt.[5] Er ist insofern hierarchisch, als er steuernd ist und nicht auf Gleichheit beruht; allerdings ist das Kriterium für Steuerungen nicht Status, sondern Alter. Die prototypische Beziehung, die durch Respekthöflichkeit gekennzeichnet ist, ist die zwischen Enkeln und Großeltern: eine äußerst ungleiche wie auch sehr enge Beziehung. Darüber hinaus gehen die Java-

| | |
|---|---|
| Macht | Solidarität |
| Asymmetrie | Symmetrie |
| Hierarchie | Gleichheit |
| Distanz | Nähe |

Abbildung 1.1: Eindimensionales Modell

ner laut Wolfowitz davon aus, daß familiäre Beziehungen von Natur aus hierarchisch sind, auch zwischen Geschwistern unterschiedlicher Altersstufen. Gleichheit wird im Gegensatz dazu mit förmlichen Beziehungen verbunden, die sich auch durch soziale Distanz auszeichnen. Wir können diese Dynamik folgendermaßen zeigen. Das Modell, das die amerikanischen Voraussetzungen widerspiegelt, begreift Macht und Solidarität als entgegengesetzte Punkte auf einem einzigen Kontinuum, das gleichzeitig Asymmetrie/Symmetrie, Hierarchie/Gleichheit und Distanz/Nähe schildert. (Siehe Abbildung 1.1) Im Gegensatz dazu schlägt die interkulturelle Perspektive ein multidimensionales Netz von mindestens zwei (möglicherweise und wahrscheinlich sind es noch mehr) Kontinuen, die sich überschneiden, vor. Die Nähe/Distanz-Dimension kann auf eine Achse gesetzt werden, und die Hierarchie/

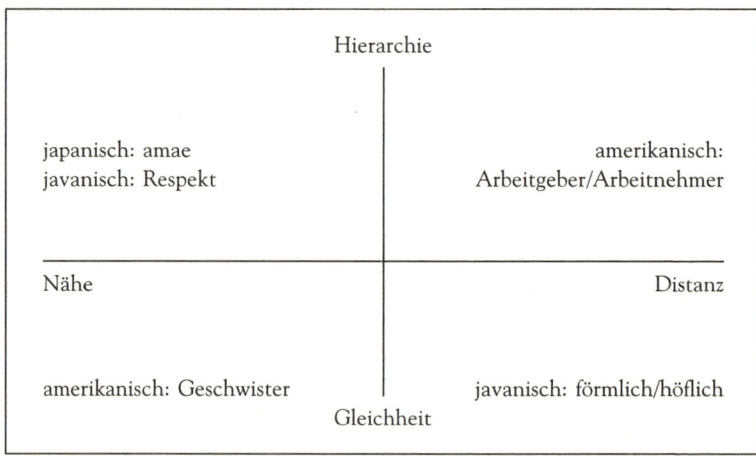

Abbildung 1.2: Multidimensionales Modell

Gleichheit-Dimension auf eine andere (siehe Abbildung 1.2). Tatsächlich erklärt vielleicht die Überschneidung dieser Dimensionen – das heißt das Zusammentreffen von Hierarchie und Nähe – wenigstens zum Teil, was ich die Mehrdeutigkeit und Vieldeutigkeit von Macht und Solidarität nenne.

## Ähnlichkeit/Unterschied

Es gibt einen weiteren Aspekt in der Dynamik von Macht und Solidarität, der zur Diskussion gestellt werden muß, bevor ich die Verhältnismäßigkeit sprachlicher Strategien aufzeige. Das ist das Ähnlichkeit/Unterschied-Kontinuum und sein Verhältnis zu den anderen bereits besprochenen Dynamiken.

Für Brown und Gilman intendiert Solidarität, im Gegensatz zu Macht, Gleichheit, wozu sie feststellen: »Im Allgemeinen wird die V-Form mit Unterschieden zwischen Personen in Verbindung gebracht« (Brown/Gilman 1960:256). In ihrer Definition der »Solidaritätssemantik« heißt es ausdrücklich:

Jetzt beschäftigen wir uns mit einer neuen Reihe von Beziehungen, die symmetrisch sind; zum Beispiel *gemeinsam zur Schule gegangen* oder *die gleichen Eltern haben* oder *den gleichen Beruf ausüben*. Wenn A die gleichen Eltern hat wie B, hat B die gleichen Eltern wie A. Solidarität ist der Name, den wir der Beziehung im Allgemeinen geben, und Solidarität ist symmetrisch. (Ebenda:257)

Das Ähnlichkeit/Unterschied-Kontinuum ruft in Erinnerung, was ich an anderer Stelle (Tannen 1984, 1986) als Double-bind der Kommunikation besprochen habe.[6] In gewisser Hinsicht sind wir alle gleich. Doch in anderer Hinsicht sind wir alle verschieden. Kommunikation ist ein Double-bind in dem Sinn, daß alles, was wir sagen, um zu unserer Ähnlichkeit zu stehen, gegen unsere Unterschiedlichkeit verstößt, und alles, was wir sagen, um zu unserer Unterschiedlichkeit zu stehen, gegen unsere Gleichheit verstößt. So kann man sich beklagen: »Glaub' nicht, ich bin anders.« (»Blute ich denn nicht, wenn du mich stichst?« könnte man mit Shylock protestieren.) Doch die Klage kann auch lauten: »Glaub' nicht, ich bin genauso.« (So ist es möglich, daß Frauen, die die Hauptverantwortung für die Versorgung kleiner Kinder haben, von der Teilnahme an Aktivitäten und Ereignissen, wo es keine Kindertagesstätten gibt, in der Tat ausgeschlossen sind.) Becker (1982:125) beschreibt dieses Double-bind als »eine Sache der kontinuierlichen Selbstkorrektur zwischen Überschwenglichkeit (das heißt Freundlichkeit: du bist so wie ich) und Unzulänglichkeit (das heißt Respekt: du bist nicht ich).« Alle diese Formulierungen beschreiben das Spannungsverhältnis zwischen Ähnlichkeit und Differenz ausführlicher, oder das, was Becker und Oka (1974) »die persönliche Neigung« nennen; eine semantische Dimension, die sie nahelegen und welche für Sprache vielleicht am grundlegendsten ist: Das heißt, man befaßt sich mit der Welt und den Dingen und Personen in ihr im Hinblick darauf, wie nahe (und ich würde hinzufügen: wie ähnlich) sie einem selbst sind.

Aus dieser Dynamik ergibt sich, daß Ähnlichkeit eine Bedrohung für die Hierarchie ist. Dieser Sachverhalt wird in Harold Pinters Stück *Mountain Language* (1988) dramatisch aufgearbeitet. Das Stück besteht aus vier kurzen Szenen und spielt in einem politischen Gefängnis in der Hauptstadt eines nicht genannten Landes, das in diktatorischer Hand ist. In der zweiten Szene darf eine alte Frau aus den Bergen endlich ihren Sohn besuchen, dem sie an einem Tisch gegenüber sitzt, während die beiden von einem Gefängniswärter überwacht werden. Doch immer wenn sie versucht, mit ihrem Sohn zu sprechen, bringt der Wärter sie zum Schweigen und sagt zu dem Gefangenen, er solle seiner Mutter sagen, das Sprechen ihrer Bergsprache sei in der Hauptstadt verboten. Dann sagt er weiter\*:

>   Wärter: . . . Und noch was sage ich dir. Ich habe Frau und drei Kinder. Und ihr seid alle ein Haufen Scheiße.
>
>   *Schweigen*
>
> Gefangener: Ich habe Frau und drei Kinder.
>
>   Wärter: Was hast du?
>
>   *Schweigen*
>
>   Du hast was?
>
>   *Schweigen*
>
>   Was hast du zu mir gesagt? Du hast was?

---

\*   Durch Leerschritte getrennte Punkte stehen für Auslassungen im Text; Punkte ohne Leerschritte gehören zur Interpunktionsform im Originaltext.

*Schweigen*
Du hast *was?*
*Er greift zum Telefon und wählt eine einstellige Nummer.*
Sergeant? Ich bin im Blauen Zimmer ... ja ... Ich dachte, ich sollte melden, Sergeant ... Ich glaube, ich habe hier 'nen Witzbold.

Kurze Zeit später kommt der Sergeant herein und fragt: »Was für einen Witzbold?« Die Bühne wird dunkel, und die Szene ist zu Ende. Die letzte Szene beginnt mit dem gleichen Bühnenbild, jetzt blutet und zittert der Gefangene, seine Mutter ist so schockiert, daß sie kein Wort mehr herausbringt.

Der Gefangene ist dafür geschlagen worden, daß er gesagt hat: »Ich habe Frau und drei Kinder.« Diese ganz alltägliche Aussage, die in einem zwanglosen Gespräch nicht weiter bemerkenswert wäre, war im hierarchischen Kontext brutaler Unterdrückung aufsässig, weil der Wärter gerade die gleiche Aussage gemacht hatte. Als der Wärter sagte: »Ich habe Frau und drei Kinder. Und ihr seid ein Haufen Scheiße«, machte er den Anspruch geltend »Ich bin anders als du.« Man könnte seine Worte auch noch weitergehend deuten, daß sie unterstellen: »Ich bin ein Mensch, und du bist es nicht. Deshalb habe ich das Recht, dich zu dominieren und dich zu mißhandeln.« Indem er die Worte des Wärters genau wiederholte, sagte der Gefangene daraufhin: »Ich bin genauso wie du.«[7] Indem er Anspruch auf *seine* Menschlichkeit erhob und damit die Behauptung des Wärters, er sei »ein Haufen Scheiße« indirekt bestritt, zweifelte der Gefangene das Recht des Wärters, ihn zu dominieren, an.[8] Ähnlichkeit steht im Gegensatz zur Hierarchie.

Die Mehrdeutigkeit der Nähe, eine räumliche Metapher, die Ähnlichkeit oder Anteilnahme bezeichnet, entsteht durch einen nonverbalen Aspekt in dieser Szene. In der Aufführung, die ich sah, kam der Wärter dem Gefangenen immer näher, als er die Frage »Du hast was?« wiederholte, bis er sich zu ihm hinunterbeugte und ihre Nasen sich berührten. Das Näherkommen des Wärters entsprach kinetisch/proxemisch der Aussage des Gefangenen, jedoch mit entgegengesetzter Wirkung: Er ist »ihm auf den Leib gerückt«. Der Wärter kam dem Gefangenen näher und berührte mit seinem Gesicht das Gesicht des Gefangenen nicht als Zeichen der Zuneigung (was solche Handlungen in einem anderen Kontext bedeuten könnten), sondern als Drohung. Im Kontext einer eher hierarchischen als symmetrischen Beziehung kann Nähe also eher Aggression bedeuten als Verbundenheit.

## Die Verhältnismäßigkeit sprachlicher Strategien

Die potentielle Mehrdeutigkeit sprachlicher Strategien, die in der direkten Interaktion sowohl auf Macht als auch auf Solidarität hinweisen können, hat in der Forschung zum Thema Sprache und Geschlecht Unfrieden gestiftet, denn dort ist man versucht, davon auszugehen, daß, was immer Frauen tun, sich aus ihrer Ohnmacht ergibt oder diese herbeiführt, und, was immer Männer tun, sich aus ihrer Dominanz ergibt oder diese herbeiführt. Aber alle sprachlichen Strategien, die von Gesprächsanalytikern als Beweis für Unterordnung genommen worden sind, können unter bestimmten Umständen auch Mittel der Verbundenheit sein. Auf den folgenden Seiten zeige ich, wie relativ sprachliche Strategien sind, indem ich der Reihe nach jede einzelne der folgenden Strategien berücksichtige: Indirektheit, Unterbrechung, Schweigen gegenüber Wortreichtum, das Anschneiden von Gesprächsthemen und die Ablehnung oder der verbale Konflikt. Alle diese Strategien sind von Wissenschaftlern »entdeckt« worden als Ausdruck oder Schöpfung von Dominanz oder Unterordnung. Ich werde zeigen, daß sie im Hinblick auf Dominanz/Unterordnung (das heißt Macht) oder die Distanz/Nähe (das heißt Solidarität) mehrdeutig oder vieldeutig sind. Noch einmal, ich behaupte nicht, daß diese Strategien *nicht* dazu verwendet werden *können*, um Dominanz oder Ohnmacht zu erzeugen, geschweige denn, Dominanz und Ohnmacht würden nicht bestehen. Meine Absicht ist vielmehr, zu zeigen, daß der »Sinn« jeder sprachlichen Strategie variieren kann, abhängig zumindest vom Zusammenhang, dem Gesprächsstil der Beteiligten und der Wechselwirkung ihrer jeweiligen Stile und Strategien. Die Wirksamkeit bestimmter sprachlicher Strategien muß daher genauer untersucht werden, um zu verstehen, wie Dominanz und Ohnmacht in der Interaktion zum Ausdruck kommen und wie sie erzeugt werden.

## Indirektheit

Lakoff (1975) erkennt zwei Vorteile in der Indirektheit: Defensive und Gemeinsamkeit. Defensivität verweist darauf, daß die/der Sprecher/in es vorzieht, nicht zu einer Meinung zu stehen, um sie dann von sich weisen, widerrufen und ändern zu können, wenn sie keine positive Reaktion auslöst. Der Vorteil von Gemeinsamkeit durch Indirektheit ergibt sich aus der angenehmen Erfahrung, zu bekommen, was man will, nicht weil man es gefordert hat (Macht), sondern weil die andere Person dasselbe wollte (Solidarität). Viele WissenschaftlerInnen haben sich auf den Defensiv- beziehungsweise Machtvorteil von Indirektheit konzentriert und dabei das Lohnende an Gemeinsamkeit oder Solidarität außer Acht gelassen.

Die Behauptung von Conley, O'Barr und Lind (1979), daß es sich bei der Sprache von Frauen um eine in Wirklichkeit ohnmächtige Sprache handele, ist dabei besonders einflußreich gewesen. Aus dieser Sicht wird die Neigung von Frauen, indirekt zu sein, als Beweis dafür genommen, daß Frauen sich nicht berechtigt fühlen, Forderungen zu stellen. Es gibt sicher Fälle, auf die das zutrifft. Es läßt sich jedoch auch zeigen, daß jene, welche sich berechtigt fühlen, Forderungen zu stellen, es lieber nicht tun, weil sie das Lohnende in der Gemeinsamkeit suchen. Ferner kann die Fähigkeit, die eigenen Forderungen erfüllt zu bekommen, ohne sie direkt zum Ausdruck gebracht zu haben, ein Zeichen von Macht und nicht eines Machtdefizits sein. Ein Beispiel dafür, das ich schon an anderer Stelle angeführt habe (Tannen 1986, in diesem Band Kapitel 5), ist der griechische Vater, der auf die Frage seiner Tochter, ob sie auf eine Party gehen könne, antwortet: »Wenn du willst, dann kannst du hingehen«. Seine nicht gerade begeisterte Reaktion versteht die griechische Tochter so, daß es ihrem Vater lieber wäre, wenn sie nicht hinginge, und »zieht es vor«, nicht hinzugehen. (»Echte« Zustimmung wäre gewesen »Ja, natürlich, da solltest du hingehen.«) Ich behaupte, daß dieser Vater sich nicht zu ohnmächtig gefühlt hat, um seiner Tochter etwas vorzuschreiben. Vielmehr wurde ein kommunikatives System geltend gemacht, das es beiden Seiten erlaubte, den Schein wahren zu können und wahrscheinlich den Glauben, daß die Tochter nicht einfach den Befehl des Vaters befolgte, sondern daß diese es vielmehr selbst vorzog, nicht hinzugehen.

Weit davon entfernt, ohnmächtig zu sein, fühlte sich der Vater so mächtig, daß er es gar nicht nötig hatte, seiner Tochter Vorschriften zu machen; er brauchte ihr einfach nur zu verstehen zu geben, was ihm lieber wäre, und sie würde sich dann schon darauf einstellen. Mit dieser Schlußfolgerung ist Indirektheit das Vorrecht der Mächtigen. Mit dem gleichen Argument wird der Hausherr, der sagt »Es ist kalt hier«, erwarten, daß sein Dienstbote das Fenster schließt, aber ein Dienstbote, der dasselbe sagt, wird kaum damit rechnen, daß sein Arbeitgeber sich erhebt, um die Situation zu verbessern und es ihm behaglicher zu machen. Tatsächlich erzählte mir ein Franzose, der in der Bretagne aufgewachsen ist, daß seine Familie ihrer Dienerschaft nie knappe Befehle erteilte, sondern immer Anweisungen in indirekter und ausgesprochen höflicher Form äußerte. Dieses Muster läßt die Entdeckung von Bellinger und Gleason (1982, in Gleason 1987) weniger überraschend erscheinen, die feststellten, daß Väter in ihrem Sprachgebrauch häufiger als Mütter direkte Befehle erteilten (wie »Dreh mit dem Schraubenschlüssel an dem Bolzen«) *wie auch* indirekte Befehle andeuteten (z.B. »Das Rad fällt gleich ab«).

Der Gebrauch der Indirektheit ist ohne die interkulturelle Perspektive kaum zu verstehen. Viele AmerikanerInnen setzen Direktheit automatisch mit Logik und Macht gleich, während sie Indirektheit mit Unehrlichkeit und Unterwürfigkeit verbinden. Aber für SprecherInnen in vielen Kulturen sind Abwandlungen von Indirektheit in der Verständigung die Norm. In der japanischen Interaktion beispielsweise ist es bekannt, daß man mit einem klaren »Nein« einen zu starken Gesichtsverlust riskieren könnte, also werden negative Antworten positiv ausgedrückt: Man sagt niemals »nein«, doch verstehen die Hörer an der Art des »Ja«, ob es wirklich ein »Ja« oder ein höfliches »Nein« ist.

Die amerikanische Neigung, Indirektheit dem weiblichen Gesprächsstil beizuordnen, gilt nicht für alle Kulturen. Die obige Beschreibung des typischen japanischen Stils wirkt sich für Männer ebenso wie für Frauen aus. Meine eigene Forschungsarbeit (Tannen 1981, 1984, 1986) geht davon aus, daß Amerikaner mit bestimmten kulturellen und geographischen Hintergründen, Frauen wie Männer, wahrscheinlich eher verhältnismäßig direkte als indirekte Stile verwenden. In einer frühen Studie (siehe Kapitel 5) verglich ich Griechen und Amerikaner hinsichtlich ihrer Neigung, eine Frage als indirektes Mittel für eine Bitte auszulegen. Ich fand heraus, daß amerikanische Frauen eher dazu neigten als amerikanische Männer, ein Gesprächsbeispiel indirekt zu interpretieren, während die Wahrscheinlichkeit bei griechischen Männern genauso hoch wie bei griechischen Frauen war, und höher als bei amerikanischen Männern *oder Frauen*, eine indirekte Interpretation vorzunehmen. Griechische Männer haben Frauen gegenüber natürlich nicht weniger Macht als amerikanische Männer.

Am eindrucksvollsten ist vielleicht die Entdeckung von Keenan (1974), daß in einem Dorf auf der Insel Madagaskar, in dem Malagassi gesprochen wird, Frauen als direkt und Männer als indirekt angesehen werden. Das bedeutet jedoch keineswegs, daß Frauen in dieser Gesellschaft mächtiger sind als Männer. Ganz im Gegenteil, madagassische Männer sind gesellschaftlich dominant, und ihr indirekter Stil wird bei weitem höher geschätzt. Keenan hat festgestellt, daß allgemein von Frauen geglaubt wurde, sie erniedrigten die Sprache mit ihrer schlichten Direktheit, während die kunstvolle Indirektheit der Männer allgemein bewundert wurde.

Indirektheit an sich ist also keine Strategie der Unterordnung. Sie kann vielmehr sowohl von den Mächtigen als auch von den Machtlosen benutzt werden. Die Auslegung einer bestimmten Äußerung und die wahrscheinliche Reaktion darauf hängt von der Situation, dem persönlichen Status, der Beziehung der Personen zueinander und auch von den sprachlichen Konventionen ab, die im kulturellen Zusammenhang ritualisiert werden.

## Unterbrechung

Die Annahme, Unterbrechung sei ein Zeichen für Dominanz, ist sowohl in der Forschung als auch in der herkömmlichen Überzeugung weit verbreitet. Man stößt nur selten auf einen Artikel zum Thema Geschlechtsspezifik und Sprache, in dem diese Behauptung nicht aufgestellt wird. Am häufigsten wird die Entdeckung von West und Zimmerman (1983) zitiert, daß Männer Frauen dominieren, indem sie sie im Gespräch unterbrechen. Aufschlußreich ist jedoch, daß Deborah James und Sandra Clarke (1993) in ihrem Forschungsüberblick zu Geschlecht und Unterbrechung kein eindeutiges Grundmuster dafür finden, daß Frauen von Männern unterbrochen werden. Besonders bezeichnend ist ihre Beobachtung, daß in Studien, in welchen die Anzahl von Unterbrechungen in Gesprächen mit ausschließlich weiblicher Beteiligung mit der in Gesprächen mit ausschließlich männlicher Beteiligung verglichen wurden, in den reinen Frauengruppen nicht weniger, sondern mehr Unterbrechungen festgestellt wurden. Auch wenn dieses Ergebnis zunächst überraschend erscheint, so bestätigt es doch, daß sprachliche Strategien hinsichtlich ihres Interaktionszwecks zu unterscheiden sind. Deutet die Überlappung auf Unterstützung für die Sprecherin/den Sprecher hin, oder handelt es sich um einen Widerspruch oder einen Themenwechsel? Im zweiten Kapitel dieses Bandes untersuche ich dieses Phänomen genauer, doch möchte ich an dieser Stelle die Diskussion kurz zusammenfassen.

Das Phänomen, das allgemein als »Unterbrechung« bezeichnet wird, genauer jedoch als »Überlappung« bezeichnet werden sollte, ist ein Musterbeispiel für die Mehrdeutigkeit von Macht und Solidarität. Das zeigt sich deutlich am Beispiel eines zweieinhalbstündigen Gesprächs bei einem Thanksgiving-Dinner, das ich ausführlich untersucht habe (Tannen 1984). Meine Untersuchung veranschaulicht, daß einige SprecherInnen das gleichzeitige Reden mit einer/m anderen als Zeichen begeisterter Teilnahme am Gespräch verstehen, als Zeichen der Solidarität und dafür, daß Bindungen geschaffen werden; andere meinen jedoch, daß zur gleichen Zeit immer nur eine/r sprechen sollte, und so ist für sie jede Überlappung schon eine Unterbrechung, ein Versuch, das Wort zu an sich zu reißen, ein Machtspiel. Das Ergebnis in dem von mir untersuchten Gespräch war, daß begeisterte Zuhörer, die sich zusammenwirkend überlappten und gleichzeitig redeten, um Gemeinsamkeit herzustellen, von SprecherInnen, welche gegen eine Überlappung waren, als unterbrechend empfunden wurden. Dadurch kam es zweifellos zu dem Eindruck, der von den Gegnern der Überlappung angezeigt wurde, die sich zusammenwirkend überlappenden SprecherInnen hätten das Gespräch »dominiert«. Tatsächlich vermitteln auch das Tonband und die Abschrift den Eindruck, daß die sich gegenseitig überlappenden SprecherInnen dominiert hatten, weil die TeilnehmerInnen, die sich gegen eine Überlappung aussprachen, häufig dazu neigten, nicht mehr weiterzusprechen, sobald eine andere Stimme zu sprechen begann.

Um zu bestimmen, ob eine Überlappung zu einer Unterbrechung im negativen oder machtorientierten Sinn wird, ist es sehr lohnenswert, die Rolle der Symmetrie oder des Gleichgewichts zu betonen. Wenn ein/e SprecherIn wiederholt »überlappt«, und ein/e andere/r dem wiederholt nachgibt, ist die daraus entstehende Kommunikation ungleichgewichtig beziehungsweise asymmetrisch und die Wirkung (wenn auch nicht unbedingt die Absicht) ist Dominanz. Wenn aber beide SprecherInnen Überlappungen vermeiden, oder wenn sich beide gegenseitig überlappen und sich zu gleichen Teilen durchsetzen, besteht – ungeachtet der Absichten der SprecherInnen – eine symmetrische Beziehung, und keine, in der eine der Personen dominiert. Wichtig dabei ist jedoch – und das wird im letzten Abschnitt unter der Rubrik Ablehnung diskutiert werden – daß die Tatsache, daß man symmetrisch zu Wort zu kommen versucht, als Entstehung von Gemeinsamkeit erfahren werden kann, im Geist des Oppositionsrituals analog zum Sport. Außerdem kann ein Ungleichgewicht auch durch Unterschiede in der Absicht entstehen, in welcher die Überlappung verwendet wird. Wenn ein/e SprecherIn dazu neigt, gleichzeitig zu reden, um damit Unterstützung zum Ausdruck zu bringen, und die/der andere sich einschaltet, um das Wort an sich zu reißen, wird wahrscheinlich jene/r dominieren, welche/r mit der Überlappung das Wort ergreift.

Um zu verstehen, ob es sich bei einer Überlappung um eine Unterbrechung handelt, muß man also den Zusammenhang berücksichtigen (zum Beispiel kommt das zusammenwirkende Überlappen eher in zwanglosen Gesprächen unter Freunden als in einem Einstellungsgespräch vor), die gewohnten Stile der SprecherInnen (beispielsweise sind Überlappungen bei SprecherInnen mit einem Stil, den ich als »starkes Involviertsein« bezeichne, wahrscheinlich keine Unterbrechungen) und die Interaktion ihrer Stile (eine Unterbrechung entsteht zum Beispiel eher zwischen SprecherInnen, deren Gesprächsstile sich hinsichtlich Pausen und Überlappungen unterscheiden). Das soll nicht heißen, daß eine Unterbrechung nicht dazu genutzt werden kann, ein Gespräch oder eine Person zu dominieren, sondern lediglich, daß die Beobachtung einer Überlappung nicht automatisch bedeutet, eine Unterbrechung habe stattgefunden, sei beabsichtigt gewesen oder sei in der Absicht geschehen, zu dominieren.

## Schweigen gegen Wortreichtum

Der Auszug aus Pinters *Mountain Language* arbeitet die Annahme dramatisch auf, daß mächtige Menschen das Wort haben und machtlose Menschen zum Schweigen gebracht werden. Dieses Bild liegt dem Titel und dem zentralen Thema des Stücks zugrunde: Indem sie ihnen ihre Sprache verbieten, bringen die Unterdrücker die Menschen aus den Bergen zum Schweigen; indem sie ihnen ihre Fähigkeit zu sprechen und damit ihre Menschlichkeit rauben. Mit der gleichen Logik haben viele WissenschaftlerInnen (beispielsweise Spender 1980) behauptet, Männer dominierten Frauen, indem sie sie zum Schweigen bringen. Es gibt offensichtlich Umstände, in welchen dies zutrifft. Coates (1986) weist auf zahlreiche Sprichwörter hin, die Frauen ebenso wie Kinder anweisen, still zu sein.

Stillschweigen an sich ist allerdings nicht automatisch ein Zeichen von Ohnmacht, noch ist Wortreichtum automatisch ein Zeichen von Dominanz. Ein Thema, das in Komarovskys (1962) klassischer Studie zur *Blue-Collar-Marriage* immer wieder angesprochen wird, ist, daß viele der interviewten Ehefrauen sagten, sie redeten mehr als ihre Männer: »Er sagt keinen Ton«, sagte eine Frau (ebenda:13); »Mein Mann ist ganz groß darin, nichts zu sagen«, meinte eine andere (ebenda:162); »Er sagt nicht viel, aber er meint, was er sagt, und die Kinder hören auf ihn«, sagte eine dritte (ebenda:353). Wie das letzte Zitat zeigt, besteht jedoch kein Zweifel daran, daß diese Männer in ihren Ehen dominieren.

Tatsächlich kann Schweigsamkeit an sich ein Machtinstrument sein. Das ist genau die Behauptung von Sattel (1983), der den Standpunkt vertritt, daß Männer das Schweigen dazu benutzen, um über Frauen Macht auszuüben. Sattel illustriert das anhand einer Szene aus Erica Jongs Roman *Angst vorm Fliegen* (1973), aus der an dieser Stelle nur ein kurzer Ausschnitt vorgestellt wird. Die erste Zeile des Dialogs wird von Isadora gesprochen, die zweite von ihrem Mann, Bennett.

»Warum bist du böse auf mich? Was hab ich getan?«
*Schweigen.*
»Was hab' ich getan?«

*Er sieht sie an, als sei die Tatsache, daß sie das nicht weiß, eine zusätzliche Kränkung.*

»Gehn wir schlafen. Vergessen wir das Ganze.«

»Was soll ich vergessen?«

*Er sagt nichts.*

...

»Es war irgend etwas im Film, nicht wahr?«

»Was war im Film?«

»... Es war die Beerdigungsszene. ... Wie der kleine Junge seine tote Mutter angesehen hat. Das hat dich irgendwie ... Seitdem bist du so deprimiert.«

*Schweigen.*

»Nicht wahr, das *war's* doch?«

*Schweigen.*

»Los, Bennett, du machst mich *rasend*. Bitte sag es mir. Bitte.«

In dieser Stimmung geht die traurige Szene weiter, bis Bennett Anstalten macht, aus dem Zimmer zu gehen, und Isadora versucht, ihn aufzuhalten. Der Auszug scheint Sattels Behauptung, daß Bennett mit seinem Schweigen seine Frau unterwirft, zweifellos zu unterstützen, zumal die Szene so endet, daß sie buchstäblich am Boden ist und sich an seiner Schlafanzughose festklammert. Doch der Grund dafür, warum sein Schweigen eine wirksame Waffe ist, ist ihr Insistieren, er solle ihr sagen, was los ist. Hätte *sie* sich in Schweigen gehüllt, das Zimmer verlassen oder sich geweigert, mit ihm zu reden, hätte sie ihn in seinem Schweigen entwaffnet. Das Verheerende daran ist nicht allein auf sein Schweigen zurückzuführen, sondern auch auf ihr Insistieren zu reden, mit anderen Worten, auf die Interaktion ihrer voneinander abweichenden Gesprächsstile.[9]

WissenschaftlerInnen haben die Anzahl der gesprochenen Wörter gezählt oder die Länge der Redezeit gemessen, um zu zeigen, daß Männer mehr sprechen als Frauen und dadurch die Interaktion dominieren.(Siehe James und Drakich 1993 für eine Zusammenfassung der Forschungsergebnisse zum Umfang der Redeanteile). In manchen Situationen ist an dieser Beobachtung zweifellos etwas Wahres. Die Assoziation von Wortreichtum mit Dominanz läßt sich jedoch nicht für alle Situationen und alle Kulturen aufrechterhalten. Stellen Sie sich zum Beispiel ein Verhör vor, in dem der Verhörende zwar nur wenig spricht, doch die ganze Macht hat. Die Verhältnismäßigkeit der »Bedeutung« von Schweigsamkeit und Wortreichtum wird in Margaret Meads (1977) Diskussion der »Endverknüpfung« hervorgehoben, ein Konzept, das Mead, Gregory Bateson und Geoffrey Gorer gemeinsam entwickelt haben. Danach werden universelle und biologisch konstruierte Beziehungen, wie etwa die Eltern-Kind-Beziehung, in verschiedenen Kulturen mit verschiedenen Verhaltensweisen in Zusammenhang gebracht. Eines ihrer paradigmatischen Beispiele betrifft die Aufteilung in Zuschauerschaft und Exhibitionismus. So wird in der Kultur der amerikanischen Mittelschicht von Kindern, die in der Konstellation offensichtlich die Schwächeren sind, erwartet, daß sie sich zur Schau stellen, während ihre mächtigeren Eltern die Zuschauerschaft bilden. (Denken Sie zum Beispiel an das amerikanische Kind, das dazu gedrängt wird, Gästen zu zeigen, wie gut es das Alphabet aufsagen kann.) Im Gegensatz dazu wird das Zurschaustellen in der britischen Mittel- und Oberschicht mit der elterlichen Rolle und die Zuschauerschaft mit den Kindern verbunden, von denen man erwartet, daß man sie sieht, aber nicht hört.

Außerdem können sich Wortreichtum und Schweigsamkeit auch aus Unterschieden im Gesprächsstil, und nicht aus den Absichten der SprecherInnen ergeben. Wie ich (Tannen 1984, 1985) und andere (Scollon and Scollon 1981, Scollon 1985) erörtert haben, gibt es kulturelle und subkulturelle Unterschiede in der Länge von Pausen, die zwischen und in den Sprecheinheiten erwartet werden. In meiner Untersuchung des Dinner-Gesprächs hatten jene, welche kürzere Pausen zwischen den Gesprächssequenzen erwarteten, das Gefühl, daß ein unangenehmes Schweigen einzusetzen begann, während ihre Freunde, die längere Pausen machten, einfach auf die ihrer Einschätzung nach »normale« Pause warteten, die eine Rede-Sequenz beendet. Das Ergebnis war, daß diejenigen mit den kürzeren Pausen schließlich am meisten redeten, noch ein Zeichen, das von ihren GesprächspartnerInnen so ausgelegt wurde, als dominierten sie das Gespräch. Es war jedoch ihre Absicht gewesen, auszufüllen, was für sie eventuell unangenehmes Schweigen war, das heißt, das Gespräch voranzutreiben und seinen Erfolg sicherzustellen. Aus ihrer Sicht waren die schweigsamen TeilnehmerInnen nicht kooperativ, sie hatten versagt und ihren Part zur Aufrechterhaltung des Gesprächs nicht erfüllt. Schweigen und Wortreichtum können also nicht immer so verstanden werden, daß sie Macht oder Ohnmacht, Dominanz oder Unterwerfung »bedeuten«. Vielmehr können beide sowohl Macht als auch Solidarität andeuten, was von den erörterten Dynamiken abhängt.

## Das Anschneiden von Gesprächsthemen

Typisch ist die Voraussetzung von Shuy (1982), daß die/der SprecherIn, die/der die meisten Themen anschneidet, auch das Gespräch dominiert. Aus einer von mir durchgeführten Untersuchung (siehe Kapitel 3 in diesem Band) von Videoaufnahmen von FreundInnen verschiedener Altersgruppen (aufgenommen von Dorval 1990) ging jedoch hervor, daß die/der SprecherIn, welche/r die meisten Themen anschnitt, nicht immer dominant waren, wenn sie/er nach anderen Kriterien beurteilt wurde (zum Beispiel: Wer sprach den Untersuchungsleiter als erste/r an, als dieser den Raum betrat?). In einem zwanzigminütigen Gespräch zwischen zwei Mädchen der sechsten Klasse, die sich als beste Freundinnen bezeichneten, sprach Shannon die Beziehung Julias zu Mary an und sagte: »Schade, daß ihr beide keine guten Freundinnen mehr seid.« Das Gespräch konzentrierte sich in seinem weiteren Verlauf fast ausschließlich auf Julias schwierige Beziehung zu Mary.

Ebenso ging es in einem Gespräch zwischen zwei Mädchen der zehnten Klasse hauptsächlich um Nancy, doch bestimmte Sally das Thema, nämlich Nancys Probleme. Auf Nancys Frage: »Also, worüber wollen wir denn sprechen?« antwortete Sally: »Deine Mutter. Hast du mit deiner Mutter geredet?« Das folgende Gespräch konzentriert sich dann auf Ereignisse, die Nancys Mutter und ihren Freund betreffen. Insgesamt sprach Sally neun Themen an, Nancy sieben. Doch alle Themen, außer einem, die von Sally angesprochen wurden, waren Fragen, die sich auf Nancy konzentrierten. Wenn das Anschneiden von mehr Themen in einem Gespräch ein Zeichen für Dominanz ist, dann hat Sally das Gespräch mit dem Anschneiden von Themen kontrolliert, auch wenn das nur dadurch möglich war, daß Nancy mitspielte und die Themen aufnahm. Ob Sally das Gespräch nun kontrolliert hat oder nicht, sei dahingestellt, aber auf jeden Fall ist ihre Dominanz ganz sicher eine andere als das, was normalerweise unter diesem Begriff verstanden wird, wenn es bei den Themen, die sie angesprochen hat, immer nur um Nancy ging.

Schließlich kann die Wirkung der Ansprache von Themen auch eine Wirkung der Unterschiede im Tempo und in den Pausen sein, wie oben hinsichtlich meiner Untersuchung des Dinner-Gesprächs erörtert wurde. Ein/e SprecherIn, die/der denkt, die/der andere hätte zu einem Thema nichts mehr zu sagen, versucht vielleicht dadurch zu dem Gespräch beizutragen, daß sie/er ein anderes Thema anspricht. Aber ein/e SprecherIn, welche/r die Absicht hatte, noch mehr zu sagen und einfach auf die geeignete Pause für den Sprecherwechsel gewartet hat, wird das Gefühl haben, das Wort sei ihr/ihm entzogen und das Thema gewaltsam gewechselt worden. Wieder einmal kann sich also der Eindruck von Dominanz aus den Unterschieden im Gesprächsstil ergeben.

### Ablehnung: Konflikt und verbale Aggression

Die Forschung zu Geschlechtsspezifik und Sprache hat durchgängig festgestellt, daß männliche Sprecher konkurrenzbewußt und eher konfliktbereit (zum Beispiel streiten sie, sie erteilen Befehle und vertreten entgegengesetzte Standpunkte) und Sprecherinnen kooperativ und eher konfliktscheu sind (sie stimmen beispielsweise zu, unterstützen und machen Vorschläge, anstatt Befehle zu erteilen). (Einige dieser Forschungsergebnisse fassen Maltz und Borker [1982] zusammen.) Ong (1981:51) behauptet, daß »Ablehnung« universell ist, doch »auffällige und ausdrückliche Ablehnung eine größere Rolle im Leben von Männern als im Leben von Frauen spielt«.

In meiner Video-Analyse von Freunden, weiblichen und männlichen, die miteinander reden (Kapitel 3 in diesem Band), habe ich zunächst untersucht, wie sich männliche Ablehnung und weibliche Kooperation im Gespräch abspielen, sich komplizieren und sich widersprechen. Bei der Analyse der Videoaufnahmen, in denen befreundete Kinder miteinander redeten, traf ich auf einen Jungen aus der sechsten Klasse, der zu seinem besten Freund sagte:

Es sieht so aus, als ob wir beide sofort mittendrin sind, wenn es einen Streit gibt. Und alle anderen wollen auf dich und alles losgehen und so. Es ist schwer, sich zu vertragen, ohne daß jemand etwas zu dir sagt.

Im Gegensatz dazu verbringen gleichaltrige Mädchen (und auch die meisten Mädchen anderer Altersgruppen, deren Gespräche ich untersucht habe) viel Zeit damit zu diskutieren, wie riskant es ist, wütend zu werden und sich zu streiten. Um ihr zu versichern, daß sie gut befreundet seien, sagte ein Mädchen zu ihrer Freundin: »Wir beide streiten uns doch fast nie.« Und: »Also, wenn ich mit dir reden will, dann sagst du doch: ›Red' mit mir!‹ Und wenn du mit mir reden willst, dann rede ich auch mit dir.«

Diese Beispiele für den geschlechtsspezifischen Interaktionsstil werfen ein Licht darauf, daß Macht und Solidarität sich gegenseitig hervorrufen. Wie sich an der Äußerung des Sechstkläßlers ablesen läßt, bringt die Opposition zu anderen Jungen aus anderen Gruppen die Verbundenheit innerhalb einer Gruppe mit sich. Das dramatischste Beispiel für männliche Verbundenheit, die sich aus dem Konflikt mit anderen ergibt, ist die Kameradschaft unter Soldaten, ein Phänomen, das von Norman (1990) untersucht worden ist.

Ebenso ist das Bemühen bei Mädchen, ihre Freundinnen zu unterstützen, zwangsläufig mit der Ausgrenzung oder Ablehnung anderer Mädchen verbunden. Das stellt sich in einer Studie von Hughes (1988) über Mädchen bei einem Straßenspiel, das »foursquare« heißt, heraus, wobei vier Spielerinnen jeweils in einem viereckigen Feld stehen und einen Ball in das Feld der anderen werfen. Der Sinn des Spiels ist, Spielerinnen auszusondern, indem der Ball so in das Feld geworfen wird, daß sie es nicht schaffen, ihn zurückzuschlagen. Dieses Bemühen darum, »jemanden rauszukriegen«, stimmt nicht mit der sozialen Regel überein, nach der Mädchen handeln, nämlich »nett« und nicht »gemein« zu sein. Hughes hat festgestellt, daß die Mädchen diesen Konflikt lösten, indem sie mit Freundinnen »neue Teams« bildeten und sich darauf beriefen, sie würden einige Spielerinnen nur deshalb ausscheiden lassen, damit andere (ihre Freundinnen) mitspielen könnten, denn die ausgeschiedenen Spielerinnen würden ja von den wartenden Spielerinnen ersetzt. »Jemanden rauszukriegen« war für die Mädchen jetzt »nett-gemein«, denn es erschien als neu, »jemanden [eine Freundin] reinzukriegen«. Diese Dynamik wird auch durch meine Analyse der

Gespräche zwischen Mädchen der sechsten Klasse aufrechterhalten: Im größten Teil ihres Gesprächs ging es darum, sich in Opposition zu einem anderen Mädchen miteinander zu verbünden, das nicht anwesend war. Also bringt ihr Zusammmenwirken (Solidarität) auch Opposition (Macht) mit sich.

Für Jungen bringt Macht nicht nur durch die Opposition zu einer anderen Gruppe Solidarität mit sich, sondern auch durch die Opposition zueinander. In Videoaufnahmen von Gesprächen unter Freunden fand ich heraus, daß alle Gespräche zwischen kleinen Jungen (und keines zwischen kleinen Mädchen) zahlreiche Beispiele dafür enthielten, daß sich die Jungen gegenseitig ärgerten oder übereinander lustig machten.[10] Bei der Untersuchung von Gesprächen in der Vorschule, die von Corsaro und Rizzo (1990:34) transkribiert und analysiert wurden, entdeckte ich mit Erstaunen, daß ein Streit eine Freundschaft einleiten kann, anstatt sie zu verhindern. In der folgenden Episode drängt sich ein kleiner Junge zwischen zwei andere Jungen, und es kommt zu einem bösen Streit. Corsaro und Rizzo stellen den Dialog so dar:

*Zwei Jungen (Richard und Denny) spielen auf der Treppe, die nach oben zum Spielhaus der Vorschule führt, mit einem Slinky, einer Wurfspirale. Während sie spielen, kommen zwei andere Jungen (Joseph und Martin) dazu und bleiben in der Nähe des unteren Treppenabsatzes stehen.*

Denny: Haut ab!

*(Martin läuft jetzt weg, aber Joseph bleibt stehen und geht schließlich die Treppe halb hoch.)*

Joseph: Das sind ja Riesenschuhe.
Richard: Ich box' dem voll aufs Auge.
Joseph: Ich box' dir voll auf die Nase.
Denny: Ich box' dem eine mit meiner Riesenfaust.
Joseph: Ich werde – ich – ich –
Richard: Und dann kracht der, holterdipolter, völlig fertig die Treppe runter.
Joseph: Ich – ich – ich – Ich kann dir die Augen ausschießen mit meiner Pistole. Ich hab' eine Pistole.
Denny: Eine Pistole! Ich – ich – ich – sogar wenn –
Richard: Ich hab' auch eine Pistole.
Denny: Und ich hab' auch Pistolen, und meine ist viel größer als deine, und dann pup-pup, fertig. Das geht pup-pup.

*(Alle drei Jungen lachen über Dennys pup-pup.)*

Richard: Jetzt hau' ab.
Joseph: Hhhmm. Von mir aus kannst du dir deine – schmier dir doch deine Pistole in die Haare, und dann pupst sie dem genau ins Gesicht.
Denny: Na und?
Richard: Die Slinky hier knallt dir auch genau ins Gesicht.
Denny: Und meine Pistole knallt genau –

Bis zu diesem Punkt hatte ich keine Schwierigkeiten, die Interaktion zu interpretieren: Die Jungen hatten einen Streit, der dadurch verursacht wurde, daß sich Joseph in das Spiel von Richard und Denny eingemischt hatte. Doch was dann passierte, hat mich überrascht und zuerst verblüfft. Corsaro und Rizzo (1990:34) beschreiben es so:

Jetzt kommt ein Mädchen (Debbie) dazu, sagt, sie sei »Batgirl« und fragt, ob sie Robin gesehen hätten. Joseph sagt, er sei Robin, doch sie sagt, sie suche nach einem anderen Robin und läuft dann weg. Nachdem Debbie weg ist, klettern Denny und Richard ins Spielhaus, und Joseph geht mit. Von nun an bis zum Ende der Episode spielen die drei Jungen zusammen.

Zunächst konnte ich nicht glauben, daß die Jungen so kurz auf ihre anscheinend feindliche Begegnung friedlich zusammen spielten. Ich kam zu dem Schluß, daß einen Streit vom Zaun zu brechen, für Joseph ein Weg war, um mit den anderen Jungen in Interaktion zu treten; und ihn in den Streit zu verwickeln, war Richards und Dennys Art, um ihn in ihre Interaktion einzubeziehen – zumindest nachdem er sich in dem Streit zufriedenstellend bewährt hatte. In diesem Licht besehen wurde mir klar, daß die Anspielung auf das pup-pup, die allgemeines Gelächter auslöste, der Anfang war für eine Umformung vom Streiten zum Spielen.[11]

Die Folklore liefert uns zahlreiche Geschichten, worin Männerfreundschaften Kämpfe vorausgehen. Bly (1990:243–44) führt eine dieser Geschichten auf Joseph Campbells Darstellung des sumerischen *Gilgamesch*-Epos zurück. In der Wiedergabe von Bly will sich der junge König Gilgamesch mit einem wilden Mann namens Enkidu anfreunden. Als Enkidu von Gilgamesch hört,

»wurde ihm leicht ums Herz. Er sehnte sich nach einem Freund. ›Nun gut!‹ sagte er. ›So werde ich ihn herausfordern.‹« (Ebenda)

Bly umschreibt die Fortsetzung:

»Dann reist Enkidu in die Stadt, wo er auf Gilgamesch trifft; die beiden ringen miteinander, Enkidu gewinnt, und die beiden werden unzertrennliche Freunde.«[12]
(Ebenda)

Eine moderne, akademische Entsprechung der Bindung, die sich aus Opposition heraus ergibt, ist in der fruchtbaren Zusammenarbeit zu finden, die entstand, wenn jemand aus dem Publikum die/den SprecherIn nach ihrem/seiner Rede öffentlich herausforderte. Schließlich unterrichtet mich Penelope Eckert (im persönlichen Gespräch) darüber, daß sie bei ihrer Forschungsarbeit über High-School-SchülerInnen (Eckert 1990) von Jungen, aber nie von Mädchen, gehört hat, ihre engen Freundschaften hätten durch Kämpfen ihren Anfang genommen.

Diese Beispiele stellen auf der einen Seite die Wechselbeziehung zwischen Aggression und Macht und jene zwischen Kooperation und Solidarität auf der anderen in Frage. Auch hier liefert uns die interkulturelle Sichtweise ein unschätzbares Korrektiv bei der Versuchung, Aggression mit Macht und nicht mit Solidarität zu verbinden. In vielen Kulturen der Welt wird das Streiten als angenehmes Zeichen für Intimität angesehen. Schiffrin (1984) zeigt, daß zwischen Männern *und Frauen* der unteren Mittelschicht mit osteuropäisch-jüdischer Herkunft ein freundlicher Streit eine Form der Geselligkeit ist. Frank (1988) zeigt uns ein jüdisches Ehepaar, das dazu neigt, zu polarisieren und entgegengesetzte Standpunkte zu vertreten, sich aber nicht wirklich streitet; die beiden inszenieren eine Art öffentlichen Zweikampf, in dem beide zum gleichen Team gehören. Byrnes (1986) behauptet, Deutsche hielten amerikanische StudentInnen für uninformiert und unengagiert, weil sie ungern mit neuen Bekanntschaften über Politik streiten. AmerikanerInnen hingegen halten deutsche StudentInnen für streitlustig, weil diese mit AmerikanerInnen, die sie eben erst kennengelernt haben, Auseinandersetzungen über amerikanische Außenpolitik provozieren.

Das griechische Gespräch ist beispielhaft für einen kulturellen Stil, in dem dynamische Opposition bei Frauen wie Männern positiver bewertet wird. Kakava (1989) kommt zu den gleichen Ergebnissen wie Schiffrin, wenn sie zeigt, wieviel Spaß eine griechische Familie an Streitgesprächen beim Abendessen hat. In einer anderen Untersuchung von Gesprächen im heutigen Griechenland kommen Tannen und Kakava (1992) zu dem Ergebnis, daß SprecherInnen laufend unterschiedliche

Ansichten vertreten, wenn sie eigentlich gleicher Meinung sind, und genau dann, wenn sie einander entgegentreten, Namen in der Verkleinerungsform und andere Kosenamen – Zeichen der Nähe – benutzen.[13] Diese Muster werden im folgenden Auszug eines Gesprächs sichtbar, das zwischen einer älteren griechischen Frau und mir in Griechenland stattgefunden hat. Die Frau – die ich hier Frau Stella nenne – hat mir gerade erzählt, sie habe sich bei der Polizei über eine Bauarbeitertruppe beschwert, die illegalerweise während der Siesta weiter gebohrt und gehämmert und sie bei ihrem Nickerchen gestört habe:

> Deborah: Echete dikio.
> Stella: Ego <u>echo</u> dikio. Kopella mou, den xero an echo dikio i den echo dikio. Alla ego yperaspizomai ta symferonta mou kai ta dikaiomata mou.
> Deborah: Da haben Sie recht.
> Stella: Ich <u>habe</u> recht. Mein liebes Mädchen, ich weiß nicht, ob ich recht habe oder nicht. Aber ich gebe acht auf meine Interessen und meine Rechte. (Ebenda)

Meine Erwiderung auf Frau Stellas Beschwerde ist, daß ich sie unterstütze, indem ich ihr zustimme. Sie ist mit meiner Zustimmung jedoch nicht einverstanden und formt meine Aussage auf ihre Weise um, anstatt sie einfach hinzunehmen und nach dem »Ich <u>habe</u> recht« aufzuhören. Ihre Abweichung von meiner Form kennzeichnet sie auch mit den Kosewörtern »kopella mou« (wortwörtlich »mein Mädchen«, aber idiomatisch eher »mein liebes Mädchen«).

Das folgende Gespräch ist ebenfalls aus Tannen und Kakava (1992). Laut Kakava ist es typisch für einen geselligen Streit in ihrer Familie. Die jüngere Schwester hat gesagt, sie könne nicht verstehen, warum diese attraktive, junge Frau, die Freundin des Premierministers Papandreou, eine Affäre mit so einem alten Mann habe. Die ältere Schwester, Christina, argumentiert, daß die Frau möglicherweise das Gefühl gehabt habe, sie täte etwas Bemerkenswertes, indem sie eine Affäre mit dem Premierminister habe. Ihre Schwester erwiderte:

> Poly megalo timima re Christinaki na pliroseis pantos.
> Das ist jedenfalls ein sehr hoher Preis, den sie da zahlt, Chrissie. (Ebenda)

Ich verwende die englische Verkleinerungsform »Chrissie« für die griechische Diminutiv-Endung -*aki*, aber die Partikel *re* ist eigentlich nicht übersetzbar; sie ist einfach ein Zeichen der Nähe und wird immer dann gebraucht, wenn eine andere Ansicht vertreten wird, wie in dem überall zu hörenden Ausdruck »Ochi, re« (»Nein, *re*«).

## Schlußfolgerung

Die Überschneidung zwischen Sprache und Geschlechtsspezifik liefert einen fruchtbaren Boden für die Analyse, wie Macht und Solidarität in der Kommunikation erzeugt werden. Frühere Forschungen auf diesem Gebiet zeigen jedoch, wie problematisch es ist, sprachliche Formen mit Interaktionsabsichten wie Dominanz zu verknüpfen. Bei dem Versuch zu verstehen, wie SprecherInnen Sprache gebrauchen, müssen wir den Zusammenhang berücksichtigen (in jeder Hinsicht, einschließlich zumindest Beziehungszwänge, textliche und institutionelle Zwänge), die Gesprächsstile der SprecherInnen und, ganz entscheidend, die Interaktion ihrer Gesprächsstile untereinander.

Versuche zu verstehen, was zwischen Frauen und Männern im Gespräch passiert, werden durch die Mehrdeutigkeit und Vieldeutigkeit von Macht und Solidarität verwirrt. Dieselben sprachlichen Mittel können das eine oder das andere herbeiführen, und jede Äußerung verbindet Elemente beider. WissenschaftlerInnen, wie auch Personen in der Interaktion, sehen eher nur das eine, und nicht das andere, wie ein Bild, das nicht als das gesehen werden kann, was es ist – gleichzeitig ein Kelch und zwei Gesichter –, sondern nur abwechselnd als das eine oder das andere. Wenn wir das Unmögliche versuchen, beide Bilder gleichzeitig im Blick zu behalten, mag es uns zumindest gelingen, ständig und schnell genug von dem einen Bild zum anderen zu wechseln, um so unser Verständnis für die Triebkräfte zu vertiefen, die der Interaktion zugrundeliegen; Macht und Solidarität wie auch Geschlechtsspezifik und Sprachgebrauch gehören dazu.

Kapitel 2

# Unterbrechung im Gespräch: eine Interpretation

*Eine der in Kapitel 1 erörterten Redestrategien ist die Unterbrechung. Kapitel 2 richtet den Blick ganz auf dieses Phänomen. Dabei berufe ich mich auf meine Forschungsarbeit, die sich über mehr als ein Dutzend Jahre erstreckt und in der ich die Muster und Wirkungsweisen von Überlappung und Unterbrechung untersucht habe.*

*Das Phänomen der Unterbrechung hat schon immer zu meinen Hauptinteressen gehört, seit ich im Bereich der Linguistik arbeite. In meiner Dissertation, die später unter dem Titel* Conversational Style: Analyzing Talk Among Friends (1984) *neu herausgekommen ist, habe ich ein zweieinhalbstündiges Gespräch bei einem Thanksgiving-Dinner zwischen zwei KalifornierInnen, drei New Yorker JüdInnen und einem gebürtigen Engländer untersucht. Aus der Studie wurde schließlich eine Analyse dessen, was ich »stark involvierten Gesprächsstil« genannt habe – der Gesprächsstil der jüdischen SprecherInnen aus New York, zu denen auch ich gehörte. Einer der erstaunlichsten Aspekte des stark involvierten Gesprächsstils, den ich entdeckt und detailliert analysiert habe, war der Gebrauch dessen, was ich »kooperative Überlappung« nannte: ein/e Zuhörer/in, die/der mit der/dem SprecherIn gleichzeitig redet, nicht, um zu unterbrechen, sondern um enthusiastische Zuhörerschaft und Teilnahme zu zeigen. Das Konzept der Überlappung gegen Unterbrechung wurde zu einem der Eckpfeiler meines Arguments, daß das Stereotyp, New Yorker Juden seien penetrant und aggressiv, eine unglückliche Widerspiegelung des stark involvierten Gesprächsstils darstellt, und zwar im Gespräch mit SprecherInnen, die einen anderen Stil gebrauchen. (In meiner Untersuchung habe ich den anderen Stil »stark rücksichtnehmend« genannt.)*

*Diese Einsicht liegt meiner Abneigung zugrunde, mich dem populären Argument »Männer dominieren Frauen, indem sie sie unterbrechen« anzuschließen. Ich will nicht bestreiten, daß Männer häufig Frauen dominieren und daß Unterbrechung eine Form ist, in der sie es tun; doch haben mir meine Jahre sorgfältiger Erforschung von Gesprächsmechanismen gezeigt, daß man in einem Gespräch nicht einfach die Überlappungen zählen, sie Unterbrechungen nennen und dem Sprecher die Schuld daran geben kann, dessen Stimme sich durchsetzt.*

*In diesem Kapitel beschäftige ich mich mit der theoretischen Fragestellung, wie der Begriff »Unterbrechung« zu definieren ist, um zu zeigen, daß eine scheinbare Unterbrechung nicht notwendig eine Zurschaustellung von Dominanz sein muß. Das Kapitel geht von der einleitenden Betrachtung aus, daß die Annahme, Überlappung sei immer Unterbrechung, und Unterbrechung übe Macht aus, aus methodischer Sicht hinterfragt worden ist, aus soziolinguistischer Sicht hinterfragt werden kann und aus ethischer Sicht hinterfragt werden muß. Ich untersuche jeden dieser drei Einwände nacheinander und stelle die Forschung, die befindet, Männer benutzten die Unterbrechung, um Frauen zu dominieren, meiner eigenen und der Forschungsarbeit anderer gegenüber, worin sich zeigt, daß überlappendes Reden eher unterstützend als hemmend sein kann. Wenn die Schlußfolgerung, daß jene, von denen gesagt wird, sie »unterbrechen« in der Absicht zu dominieren, auf die Interaktion zwischen SprecherInnen bestimmter ethnischer Gruppen oder auf die Interaktion zwischen Frauen angewendet wird, werden damit Stereotype untermauert, welche die Mitglieder dieser Gruppen treffen – einschließlich der Frauen.*

Es gibt einen Witz, in dem eine Frau die Scheidung einreicht. Als der Richter sie fragt, warum sie sich scheiden lassen will, erklärt sie, daß ihr Mann seit zwei Jahren nicht mehr mit ihr gesprochen habe. Der Richter fragt daraufhin ihren Mann: »Warum haben Sie seit zwei Jahren nicht mehr mit Ihrer Frau gesprochen?« Er erwidert: »Ich wollte sie nicht unterbrechen.«

In diesem Witz spiegelt sich das allgemein verbreitete Stereotyp wider, daß Frauen zuviel reden und damit auch die Männer unterbrechen. Auf der anderen Seite besagt eine der am häufigsten zitierten Ergebnisse der Forschungen zu Geschlecht und Sprache, daß Männer Frauen weitaus häufiger unterbrechen, als Frauen die Männer. Dieses Ergebnis ist insofern äußerst befriedigend, als es das frauenfeindliche Stereotyp widerlegt und der Schwierigkeit, angehört zu werden, Rechnung zu tragen scheint, welche viele Frauen nach eigenen Berichten in der Interaktion mit Männern haben. Gleichzeitig spiegelt und unterstützt es das allgemeine Weltbild: den Glauben, die Unterbrechung sei ein feindseliger Akt, mit dem Unterbrechenden als Aggressor und der Unterbrochenen als unschuldigem Opfer. Außerdem geht dieses Weltbild von der Voraussetzung aus, die Unterbrechung sei ein Mittel der sozialen Kontrolle, ein Ausüben von Macht und Dominanz.

Diese Forschung ist aus methodischer Sicht hinterfragt worden, kann aus soziolinguistischer Sicht und muß aus ethischer Sicht hinterfragt werden, weil sie die Stereotype hinsichtlich einer Personengruppe unter Berufung auf ihren Gesprächsstil unterstützt. Ich werde hier jeden dieser Einwände nacheinander untersuchen und der Forschung, die behauptet, Männer unterbrechen Frauen, meine eigenen Forschungsergebnisse und die anderer zum Thema Ethnizität und Gesprächsstil gegenüberstellen.

### Männer unterbrechen Frauen: die Forschung

Wenn es darum geht festzustellen, daß Männer Frauen unterbrechen, werden am häufigsten die Forschungsarbeiten von Candace West und Don Zimmerman (z. B. Zimmerman und West 1975; West und Zimmerman 1983, 1985) zitiert. Das sind jedoch nicht die einzigen Forschungsarbeiten, die zu dem Schluß kommen, daß Männer Frauen unterbrechen. Zu den anderen gehören Bohn und Stutman (1983), Eakins und Eakins (1976), Esposito (1979), Gleason und Greif (1983) und McMillan, Clifton, McGrath und Gale (1977).[1]

Zimmerman und West (1975) haben spontan entstehende, zwanglose Gespräche, die an verschiedenen Orten auf dem Campus stattfanden, aufgenommen. Sie berichten, daß bei 96 Prozent der Unterbrechungen, die sie gefunden haben (46 von 48), die Männer die Frauen unterbrachen. (Die Skala reicht von keinen Unterbrechungen in einem Gespräch bis zu 13 in einem anderen.)

Aus einer als Versuch angelegten Nachuntersuchung, in der Studenten im ersten und zweiten Studienjahr, die einander bis zu jenem Zeitpunkt nicht kannten, paarweise (jeweils ein Student und eine Studentin) miteinander redeten, ergab sich laut West und Zimmerman (1983) ein ähnliches, wenn auch nicht so überdeutliches Muster: Bei

75 Prozent der Unterbrechungen (21 von 28) waren es die Männer, die Frauen unterbrachen. Eakins und Eakins (1976) haben in sieben Fachbereichskonferenzen Muster beim Sequenzwechsel untersucht und herausgefunden, daß »die Zahl der aktiven Unterbrechungen bei Männern im allgemeinen pro Konferenz – mit maximal acht und minimal zwei – im Durchschnitt höher lag als bei Frauen. Bei Frauen war die Skala zwischen zwei und null« (ebenda:58).

Einige der Untersuchungen, die zu dem Ergebnis kamen, daß die männlichen Gesprächsteilnehmer die weiblichen unterbrechen, wurden mit Kindern und nicht mit Erwachsenen durchgeführt. Esposito (1979:215) teilte 40 Vorschulkinder wahllos in Spielgruppen ein und kam zu dem Ergebnis, daß die Jungen die Mädchen im Verhältnis zwei zu eins unterbrachen. Bei der Untersuchung der Sprechweise von 16 Müttern und 16 Vätern haben Gleason und Greif (1983:147) herausgefunden, daß Väter ihre Kinder öfter unterbrechen als Mütter und daß beide Elternteile die Mädchen mehr unterbrechen als die Jungen.

## Unterbrechung als Dominanz

Es ist typisch, daß West und Zimmerman (1983:103) die Unterbrechung als »Instrument zur Ausübung von Macht und Kontrolle im Gespräch« und »Verstöße gegen die Sprecher-Sequenzen beim Reden« bezeichnen. Doch sie behaupten auch, daß das Schweigen ein Mittel zur Ausübung von Dominanz ist. Sie berufen sich (108) auf Komarovsky (1962:353) und sagen, daß die/ der »dominante« PartnerIn in der Ehe oft die/der schweigsamere ist, wie die Frau zu erkennen gibt, die über ihren Mann sagt: »Er sagt nicht viel, aber er meint, was er sagt, und die Kinder hören auf ihn.« Daß Männer Frauen kontrollieren und dominieren, indem sie sich weigern, etwas zu sagen, ist der wichtigste Punkt bei Sattel (1983), der das anhand eines vor Leidenschaft glühenden Auszugs aus Erica Jongs Roman *Angst vorm Fliegen* (1973) illustriert, in dem eine Frau ihren Mann immer verzweifelter darum bittet, ihr zu sagen, was sie getan hat, daß er so wütend auf sie ist. Wenn beides, Reden und Nichtreden, dominierende Strategien sind, fragt man sich, ob Macht und Dominanz überhaupt als Teil der sprachlichen Strategie zu verstehen sind oder ob sie zu einer anderen Ebene der Interaktion gehören.

**Methodischer Einspruch**

Alle ForscherInnen, die berichten, daß Männer Frauen mehr unterbrechen als Frauen Männer, gebrauchen mechanische Definitionen, um Unterbrechungen zu erkennen. Das ergibt sich aus ihrem Forschungsziel: das Zählen macht Kodifizierungen erforderlich, und die Kodifizierungen machen »operationale« Definitionen erforderlich. Zum Beispiel definieren Zimmerman und West (1975) und danach auch Schegloff (1987)[2] eine Unterbrechung als Verstoß gegen das System des Sequenz-Wechsels und eine Überlappung als Fehlzündung in diesem System. Beginnt ein/e zweite/r SprecherIn an einer Stelle zu sprechen, die für den Übergang relevant sein könnte, wird das als Überlappung gezählt. Die Voraussetzung ist dabei, daß die/der SprecherIn eine mögliche, für den Übergang relevante Stelle falsch verstanden und als die tatsächliche Stelle aufgefaßt hat. Wenn ein/e zweite/r SprecherIn an einer Stelle zu sprechen beginnt, die für den Übergang nicht relevant sein könnte, wird das als Unterbrechung gezählt: Die/Der zweite SprecherIn hatte Anhaltspunkte dafür, daß die/der andere SprecherIn nicht beabsichtigt hat, seine Sequenz aufzugeben, hat das Wort aber trotzdem ergriffen, wodurch das Recht der/des ersten Sprechenden, weiterzusprechen, mißachtet wurde.

Die meisten anderen, die dieses Phänomen untersucht haben, stützen sich in ihren Definitionen auf Zimmerman und West. So meinte beispielsweise Esposito (1979), daß »Unterbrechungen dann stattfinden, wenn Sprecher A von Sprecher Bs Sprech-Einheit mehr als ein Wort abschneidet.« Leffler, Gillespie und Conaty (1982:156) haben nicht zwischen Überlappung und Unterbrechung unterschieden. Sie verstehen unter Unterbrechung »alles, was ausgesprochen wird, während die eine Person gesprochen hat, und die andere Person zumindest zwei aufeinanderfolgende identifizierbare Wörter oder wenigstens drei Silben eines einzelnen Wortes geäußert hat.« Wiederholungen wurden dabei jedoch nicht mitgezählt.

Operational definierte Kriterien, die für ForscherInnen erforderlich und befriedigend sind, die sich an Versuchen orientieren, sind ethnographisch orientierten ForscherInnen ein Greuel. Unterbrechungen sind für derartige Einwände ein Paradebeispiel. Bennett (1981) weist darauf hin, daß Überlappung und Unterbrechung logischerweise unterschiedliche Typen sind. (Barbara Johnstone [im persönlichen Gespräch] schlägt vor, daß die linguistischen Termini ›etic‹ und ›emic‹* hier ebenso nützlich sein könnten.) Um eine Überlappung zu erkennen, muß lediglich festgestellt werden, daß zwei Stimmen gleichzeitig verlauten. (Überlappung ist also eine »etic«-Kategorie.) Die Behauptung jedoch, daß ein/e SprecherIn eine/n andere/n unterbricht, ist ein auslegender und kein beschreibender Akt (eine »emic«-Kategorie.) Während der Begriff »Überlappung« im Prinzip neutral ist (obwohl er auch einige negative Konnotationen enthält), ist das Etikett »Unterbrechung« eindeutig negativ. Wenn einer/m SprecherIn dieses Etikett angeheftet wird, wird sie/er beschuldigt, sie/er habe das Rederecht einer/s anderen Sprechenden verletzt, sie/er sei ein Gesprächstyrann. Die Behauptung, man habe eine Unterbrechung »festgestellt«, bedeutet, daß ein Urteil gefällt wird, das tatsächlich im Allgemeinen als moralisches Urteil wahrgenommen wird.

Eines der Beispiele von West und Zimmerman (1983:105) für die Unterbrechung ist ein Fall von Überlappung, die hinsichtlich der Interaktionsrechte entschuldbar zu sein scheint:

(1) Frau: Du kannst doch nun wirklich nicht meckern, wo du die alle am selben Tag hast (4.2) aber ich äh hab' meinen Physikprofessor gefragt, ob ich nicht tausch[en könnte]
Mann:                                   [Faß das] nicht an
(1.2)
Frau: Was?
(#)
Mann: Ich hab' alles so geordnet wie ich's haben will in dem Heft (#) du bringst alles durcheinander, wenn du da so rumblätterst.**

---

\*   Vgl. beispielsweise phon<u>etic</u> = phon<u>etisch</u>, phon<u>emic</u> = phon<u>emisch</u> (Anm. d. Übers.).

\*\*  Die Zahlen in Klammern geben die gemessene Pausenlänge in Sekunden wieder (Anm. d. Übers.).

Diese Unterbrechung ist eher verfahrenstechnisch bedingt und keine inhaltliche Unterbrechung. Viele würden argumentieren, wenn der Mann das Gefühl habe, der Umgang mit seinem Heft seitens der Frau ruiniere die Organisation seines Hefts, dann hat er das Recht, sie zu bitten, das sofort zu unterlassen, und muß nicht hinnehmen, daß noch mehr Schaden angerichtet wird, während er auf die für den Übergang relevante Stelle wartet.[3]

Stephen Murray hat mit methodischen Argumenten eine Reihe von Angriffen gegen Zimmerman und West initiiert (Murray 1985, 1987; Murray und Covelli 1988). Er bringt zum Beispiel vor, es könne keine »absoluten syntaktischen oder akustischen Kriterien geben, um ein Auftreten von ›Unterbrechung‹ zu erkennen«, weil »das Recht auszureden« seitens der/s Sprechenden von einer Reihe von Faktoren abhängt, einschließlich der Sprech-Länge oder Sprech-Frequenz, der Anzahl der vorgebrachten Kernpunkte und der besonderen Befugnis, über einzelne Themen zu sprechen (Murray 1985). Er äußert auch, ob ein/e SprecherIn sich unterbrochen fühle oder nicht, sei nicht absolut, sondern graduell abweichend. Er zeigt zum Beispiel, daß der folgende Austausch von der einen Hälfte der von ihm befragten Frauen als Unterbrechung bewertet wurde, von der anderen Hälfte jedoch nicht:[4]

(2)     H: Ich glaube [daß
        W:            [Möchtest du noch etwas Salat?

Harvey Sacks hat geäußert, daß es am Abendbrottisch häufig Priorität hat, etwas zu essen anzubieten, und dies nicht als Unterbrechung, sondern als beiläufige Bemerkung gehört wird. In diesem Punkt, wie in allen Angelegenheiten von Rechten und Pflichten im Gespräch, gibt es individuelle und kulturelle Unterschiede. Einige hätten das Gefühl, sie würden durch das Anbieten von Salat unterbrochen; andere hätten dieses Gefühl nicht. Es lassen sich noch viele ähnliche Beispiele für scheinbare Unterbrechungen finden, die jedoch eigentlich verfahrenstechnisch bedingte Meta-Kommentare sind und von vielen als berechtigt angesehen werden, um sich damit über ein laufendes inhaltliches Gespräch hinwegzusetzen.

## Soziolinguistischer Einspruch

Unterbrechung als Beweis für Macht oder Dominanz auszulegen, setzt voraus, daß die Unterbrechung ein Sprechakt ist, der im Alleingang stattfindet, etwas, was die/der eine SprecherIn dem anderen antut. Die soziolinguistische Forschung jedoch (zum Beispiel Duranti und Brenneis 1986; Erickson 1986; Goodwin 1981; McDermott und Tylbor 1983; Schegloff 1982, 1988) weist nach, daß das Gespräch eine gemeinsame Produktion ist: Alles, was passiert, geschieht durch das Tun aller Gesprächsteilnehmer. Damit eine Unterbrechung stattfinden kann, müssen zwei SprecherInnen handeln: Eine Person muß zu sprechen anfangen, und eine andere muß aufhören. Wenn die/der erste SprecherIn nicht aufhört, gibt es keine Unterbrechung. Also ist es, sogar wenn eine Überlappung von einer der am Gespräch teilnehmenden Personen als Unterbrechung erlebt wird, wissenschaftlich verbohrt, daraus den Schluß zu ziehen, die Unterbrechung sei das alleinige Tun einer Partei.

Überdies spiegelt die Behauptung, Unterbrechung sei ein Zeichen für Dominanz, zwei Annahmen wider, die weder universal zutreffen noch selbstverständlich sind. Die eine ist, daß ein Gespräch ein Kampf um das Wort ist. Die Gültigkeit dieser Behauptung variiert sowohl mit den subkulturellen, kulturellen und individuellen Geneigtheiten als auch mit dem Interaktionszusammenhang. Yamada (1992) vertritt zum Beispiel den Standpunkt, daß japanische SprecherInnen es vorziehen, in Situationen, die zu einer Konfrontation führen könnten, nichts zu sagen, denn für das Sprechen kann man in ihren Augen verantwortlich gemacht werden. Eine ähnliche Ansicht wird FinnInnen von Lehtonen und Sajavaara (1985) zugeschrieben.

Angesichts des methodischen Einwands, daß der »Sinn« einer Überlappung nicht anhand ihres Auftretens ausgelegt werden kann, hat die Überlappung außerdem in vielen Fällen eine eher unterstützende als hemmende Wirkung. Als StudentInnen in einem meiner Kurse in den von ihnen aufgenommenen 30minütigen, zwanglosen Gesprächen die Überlappungen gezählt haben, wurde die große Mehrheit dieser Überlappungen, nämlich rund 75 Prozent, von den StudentInnen als kooperativ und nicht als hemmend bewertet. Greenwood (1989) fand heraus, daß eine hohe Unterbrechungsquote in Gesprächen, die Jungen und Mädchen in der Prä-Adoleszenz mit ihren Freunden beim Abendessen führten, ein Zeichen sozialen Wohlbefindens war: Je wohler sich die Kinder nach ihren eigenen Aussagen mit ihren gleichaltrigen Gästen fühlten, desto mehr Unterbrechungen stellte Greenwood in der Gesprächsabschrift fest. Es ist nicht nur der Fall, daß eine Abschrift eine Überlappung zeigen kann, und die TeilnehmerInnen nicht das Gefühl hatten, ihre Rede-Rechte seien verletzt worden, sondern die TeilnehmerInnen können auch das Gefühl haben, ihre Rechte seien verletzt worden, wenn aus der Abschrift hervorgeht, daß sie es nicht waren. Greenwood erörtert beispielsweise ein Gesprächs-Segment, in dem Dara (12 Jahre alt) und ihre Schwester Stephanie (11 Jahre alt) eine komische Nummer aufgeführt haben, die ihren Höhepunkt in einem Zungenbrecher hat, was sie Max (14 Jahre alt) zuliebe tun, den ihr Bruder zum Abendessen eingeladen hat. Obwohl diese Nummer bei anderen Gelegenheiten und anderen Freunden freudiges Gelächter ausgelöst hatte, lachte Max nicht und gab an, den Witz nicht zu verstehen. Dara und Stephanie versuchen, ihn ihm zu erklären. Max fällt ein Zungenbrecher ein, den er kennt. Als Dara und Stephanie mit ihrer Erklärung weitermachen, beklagt sich Max darüber, daß er unterbrochen wird:

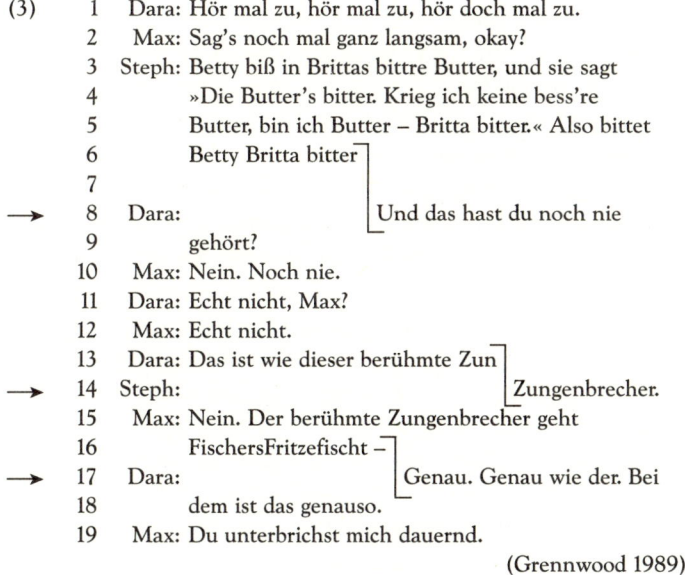

(3)  1  Dara: Hör mal zu, hör mal zu, hör doch mal zu.
     2  Max: Sag's noch mal ganz langsam, okay?
     3  Steph: Betty biß in Brittas bittre Butter, und sie sagt
     4  »Die Butter's bitter. Krieg ich keine bess're
     5  Butter, bin ich Butter – Britta bitter.« Also bittet
     6  Betty Britta bitter
     7
→    8  Dara:              Und das hast du noch nie
     9  gehört?
    10  Max: Nein. Noch nie.
    11  Dara: Echt nicht, Max?
    12  Max: Echt nicht.
    13  Dara: Das ist wie dieser berühmte Zun
→   14  Steph:                              Zungenbrecher.
    15  Max: Nein. Der berühmte Zungenbrecher geht
    16  FischersFritzefisch –
→   17  Dara:                 Genau. Genau wie der. Bei
    18  dem ist das genauso.
    19  Max: Du unterbrichst mich dauernd.

(Grennwood 1989)

Obwohl sich Dara und Stephanie wiederholt das Wort abschneiden, gibt es keinen Hinweis darauf, daß sie sich diese Einmischungen gegenseitig übelnehmen. Sie unterstützen sich vielmehr und spielen gemeinsam eine einzige Gesprächs-Rolle – ein verbreitetes Phänomen, das Falk (1980) als Gesprächs-Duo bezeichnet. Obwohl Max sich darüber beklagt, daß er unterbrochen wird, kann die von ihm übernommene Sprecheinheit in 15-16 (»Nein. Der berühmte Zungenbrecher geht FischersFritzefischt –«) durchaus als Unterbrechung der Erklärung der Mädchen betrachtet werden, obwohl es keine Überlappung gibt. In diesem Austausch versuchen die Mädchen, Max in ihr freundschaftliches Geplänkel einzubeziehen, aber durch sein Insistieren auf sein Recht, weiterzureden, ohne daß sich jemand einmischt, weigert er sich, Teil ihrer freundlichen Gruppe zu sein, und schlägt damit aus, was sie ihm an Solidarität zu bieten versuchen. Es ist daher nicht überraschend, daß Dara später zu ihrer Mutter sagte, sie könne Max nicht leiden. Obwohl Dara Max in 17 tatsächlich »unterbricht«, um ihm zu sagen, daß er es verstanden hat (»Genau. Genau wie der.«), gibt es keinen Hinweis darauf, daß sie versucht, ihn zu dominieren. Überdies gibt es auch bei Dara und Stephanie, auch wenn die eine sich in die Sequenz der anderen einmischt, keinen Hinweis darauf, daß sie versuchen, sich gegenseitig zu dominieren.

Eine Annahme, die dem Unterbrechung-als-Dominanz-Paradigma zugrundeliegt, ist, ein Gespräch sei ein Übereinkommen, wonach ein/e SprecherIn nach der/dem anderen spricht. Das wurde als einer der Arbeitslehrsätze in den ersten Forschungsarbeiten zum Sequenz-Wechsel festgestellt (Sacks, Schegloff und Jefferson 1974) und spiegelt mehr die Begriffslehre als die Praxis wider. Die meisten AmerikanerInnen *glauben*, es *sollte* nur ein/e SprecherIn zur gleichen Zeit sprechen, ungeachtet dessen, was sie in Wirklichkeit tun. Ich habe GesprächsteilnehmerInnen die Aufnahmen von Gesprächen vorgespielt, die ihnen, während sie daran teilnahmen, sehr viel Spaß machten und in denen viele Stimmen zugleich zu hören waren; lediglich mit dem Ergebnis, daß es sie verlegen macht, die Aufnahme zu hören, und sie sich häufig so verhalten, als wären sie mit schlechten Gesprächsmanieren erwischt worden.

Meine eigene Forschungsarbeit zeigt, daß gleichzeitiges Sprechen »kooperatives Überlappen« sein kann – das heißt, indem es eher unterstützend als hemmend ist, keinen Beweis für Dominanz, sondern einen für Teilnahme, keinen Beweis für Macht, sondern einen für die paradoxerweise verwandte Dimension, die Solidarität, darstellt. Unter Anwendung des Forschungsrahmens, den Gumperz (1982) für die Analyse der interkulturellen Kommunikation entwickelt hat, habe ich gezeigt, daß die scheinbare Unterbrechung das Ergebnis des »Stil-Kontakts« – nicht der Fehler oder die Absicht einer der Parteien, sondern die Wirkung von Stilunterschieden in der Interaktion ist.

In einem zweieinhalbstündigen Gespräch bei einem Thanksgiving-Dinner, das ich ausführlich untersucht habe (Tannen 1984), ergaben sich Unterbrechungen aus dem unterschiedlichen Gesprächsstil der GesprächsteilnehmerInnen hinsichtlich Tempo, Pausen und Überlappung. Das Gespräch enthielt viele Segmente, in welchen ZuhörerInnen mit SprecherInnen gleichzeitig redeten, *und jene, die zuerst gesprochen hatten, hörten nicht auf.* Es gab keine Unterbrechung, sondern lediglich ein unterstützendes und für alle befriedigendes gemeinsames Sprechen. Für diese SprecherInnen und in diesem Kontext war das gemeinsame Reden kooperativ, indem es Verständnis und Teilnahme zeigte. Im Rahmen des Höflichkeits-Phänomens (Brown und Levinson 1987) wurden Überlappungen von den SprecherInnen nicht als Verstoß auf der negativen Seite (ihrem Bedürfnis nach Nicht-Einmischung) wahrgenommen, sondern vielmehr so verstanden, daß sie ihnen auf der positiven Seite (ihrem Bedürfnis zu wissen, daß andere etwas mit ihnen zu tun haben) gerecht wurden. Das ist keine Ausübung von Macht, sondern von Solidarität. Es war weder ihre Absicht noch ihr Tun, den Eindruck von Macht und Unterbrechung zu hinterlassen. Es war jedoch auch nicht pure Einbildung von jenen, welche sich unterbrochen fühlten. Es war das Ergebnis des »Stil-Kontakts«, die Interaktion von zwei unterschiedlichen Sequenz-Wechsel-Systemen.

Ich bezeichnete den Gesprächsstil der SprecherInnen, die zwischen dem Sequenz-Wechsel nur eine kleine oder gar keine Pause machten und häufig zu sprechen begannen, während ein/e andere/r SprecherIn schon sprach, als »starkes Involviert-Sein«, weil die Strategien dieser SprecherInnen das Bedürfnis auf der positiven Seite vorrangig behandeln, Teilnahme zu zeigen. Wenn stark involvierte SprecherInnen diese Strategien (und auch andere, die meines Erachtens charakteristisch für diesen Stil sind) untereinander gebraucht haben, wurde das Gespräch nicht gestört. Das schnelle Tempo und das Überlappen hatten vielmehr die Funktion, das Gespräch voranzutreiben. Wenn sie aber dieselben Strategien mit GesprächspartnerInnen gebrauchten, die diesen Stil nicht teilten, so zögerten diese, gerieten ins Stocken oder hörten auf zu reden, weil sie sich unterbrochen und, mehr zur Sache, dominiert fühlten. Ich bezeichnete den Stil der SprecherInnen, die für eine längere Pause und gegen die Überlappung sind, als »stark rücksichtnehmend«, weil ihre Strategien eher die Erfüllung des Bedürfnisses auf der negativen Seite betonen, sich nicht einzumischen.

An dieser Stelle möchte ich diese kontrastierenden Situationen mit ihren ebenso kontrastierenden Wirkungen, die die Überlappung auf die Interaktion hat, anhand zweier Beispiele illustrieren. Beispiel (4) zeigt eine Überlappung, die in einem Gesprächs-Segment zwischen drei stark involvierten SprecherInnen stattfindet und sich positiv auf die Interaktion auswirkt. Beispiel (5) zeigt eine Überlappung, die zwischen stark involvierten und stark rücksichtnehmenden SprecherInnen stattfindet und zu einer leichten Störung führt. Das Gespräch in Beispiel (4) fand im Zusammenhang einer Diskussion darüber statt, wie sich Fernsehen auf Kinder auswirkt. Steves allgemeine Feststellung, das Fernsehen habe bei Kindern Schaden angerichtet, löst die Frage von Deborah (der Autorin) aus, ob Steve und sein Bruder Peter (der ebenfalls anwesend ist) mit dem Fernsehen aufgewachsen sind[5]:

```
(4)   1    Steve:   Ich denke, es hat bei Kindern grundlegenden
      2             Schaden angerichtet. .... Das Gute daran
      3             wird ... in den Schatten gestellt ... von
      5             dem Schaden.
      6   Deborah:              Habt ihr beide denn als Kinder
      7             viel ferngesehen?
      8    Peter:   Ganz wenig. Wir hatten einen Fernseher in
      9             der Wellblechbaracke
→    10   Deborah:  Wie alt wart ihr denn, als eure Eltern den ange-
                    schafft haben?
→    11    Steve:                Wir hatten zwar einen
     12             Fernseher, aber wir haben nicht dauernd davor
     13             gesessen. .... Wir waren noch ganz klein.
     14             Ich war vier als meine Eltern einen
     15             Fernseher angeschafft haben.
→    16   Deborah:                           Vier?
```

| | 17 | Peter: | Ich weiß das sogar noch genau. ..... |
|---|---|---|---|
| | 18 | | ⌈Ich weiß das nicht mehr /??/ |
| → | 19 | Steve: | ⌊Ich weiß noch, daß sie einen Fernseher |
| | 20 | | gekauft haben, bevor wir aus den Baracken |
| | 21 | | ausgezogen sind. 1954⌉ |
| → | 22 | Peter: | ⌊Ich weiß noch, daß |
| | 23 | | wir den in den Baracken gekriegt haben. |
| | 24 | Deborah: | *[Glucksen]* Ihr habt in Baracken gewohnt? |
| | 25 | | .... Als ihr wie alt wart? |
| | | | ..... |
| | 26 | Steve: | Weißt'e, der Zahnarzt von meinem Vater hat zu |
| | 27 | | ihm gesagt: »Was ist denn eine Wellblechbaracke.« |
| | | | ... Und er hat gesagt: »Mein Gott, |
| | 28 | | Sie müssen ja jünger sein als meine |
| | 29 | | Kinder.« .... Das war er auch. .... Jünger |
| | 30 | | als wir beide. |

Dieser Austausch zwischen drei stark involvierten SprecherInnen zeugt von zahlreichen Überlappungen und Einklinkungen (das sind Sequenz-Wechsel mit keiner wahrnehmbaren, dazwischenliegenden Pause). Dennoch gibt es von Seiten der SprecherInnen keinen Hinweis darauf, daß sie sich unwohl fühlen. Wie die Pfeile anzeigen, beginnen alle drei Sprecher Sequenzen, die sich in die Sequenzen der anderen einklinken oder sich in sie einmischen. Peter und Steve sind Brüder und operieren als Duo, ebenso wie Dara und Stephanie in Beispiel (3).

Sehen wir uns zum Beispiel die Zeilen 8–15 an: Peters Aussage, die in 8 (»Wir hatten einen Fernseher in der Wellblech-Baracke«) anfängt, wird durch meine Frage (10: »Wie alt wart ihr denn, als eure Eltern den angeschafft haben?«) abgeschnitten. Bevor er meine Frage beantwortet, wiederholt Steve den Anfang des Satzes von seinem Bruder und führt ihn zu Ende (12:»Wir hatten zwar einen Fernseher, aber wir haben nicht dauernd davor gesessen.«). Diese Aussage geht sanft in eine Antwort auf meine Frage über (13–15: »Wir waren noch ganz klein. Ich war vier als meine Eltern den Fernseher angeschafft haben.«). Der Wechsel im Schwerpunkt, indem er die vorangegangene Aussage von Peter zu Ende führt, dann meine Frage beantwortet, läßt sich sowohl an dem Wechsel von der ersten Person Plural (»Wir hatten zwar einen Fernseher«) zur ersten Person Singular (»Ich war vier, als meine Eltern den

Fernseher angeschafft haben«) ablesen, als auch daran, daß er sich zunächst darauf konzentriert, daß die Kinder einen Fernseher haben, (Wiederaufnahme der unvollendeten Aussage Peters) und dann darauf, daß die Eltern den Fernseher angeschafft haben (Wiederaufnahme meiner Frage). Daß Steve einen anderen Gedanken zu Ende führte (den, welchen er von seinem Bruder aufgegriffen hat), bevor er meine Frage beantwortete, und die Leichtigkeit dieses Übergangs von der einen Sache zur anderen, ist ein Beweis dafür, daß er die überlappte Frage nicht als Einmischung empfunden hat.

Ein ähnliches Beispiel für die kooperative Wirkung der Überlappung, das sogar noch schlagender ist, ist in 26–30 zu sehen, wo Steve meine Frage ignoriert (24–25:»Ihr habt in Baracken gewohnt? Als ihr wie alt wart?«) und lieber eine kleine Geschichte von seinem Vater zum besten gibt, die ihm bei der Erwähnung der Wellbleckbaracken eingefallen ist. Wenn er meine Fragen nicht als Einmischung empfindet, so liegt das zum Teil daran, daß er sich nicht gezwungen sieht, auf sie einzugehen. Der positive Überlappungseffekt in diesem Austausch wurde endlich auch durch die Erinnerung der Teilnehmer während der Abspielens des Tonbands bestätigt.

In Beispiel (5) waren die Überlappung und das Einklinken ungleichseitig und – wenn auch unbeabsichtigt – hemmend. David ist Dolmetscher für die Amerikanische Gebärdensprache (American Sign Language = ASL) und erzählt von der ASL. Beim Zuhören gebrauchen Peter und ich die Überlappung und das Einklinken, um unterstützende Fragen zu stellen, genau wie ich es vorher in Beispiel (4) gemacht habe. (Zu beobachten ist, daß die Fragen in beiden Beispielen eher Interesse an der Rede der/ des SprecherIn, und nicht an einem Themenwechsel zeigen.)[6]


(5)     1     David: Also: und dies ist jetzt das System
         2             von Berkeley. Und dies ist das Berkeley ...
         3             Zeichen für .. ⌈Weihnachten
→     4     Deborah:          ⌊Kommt man von allein auf diese
         5             .. diese ähm Entsprechungen? ⌈oder sa–
→     6     David:                ⌊/?/
         7             wenn man die Zeichen lernt,/ sagt/
         8             einem das jemand.

```
    9   David:   Oh du meinst, ob es jemand ⌈kontrolliert? wie
→  10   Deborah:                            ⌊Weil ich mir
   11            vorstellen könnte, daß man das
   12            Zeichen zwar kennt, ... aber nicht .. drauf
   13            kommt, daß es vielleicht etwas mit
   14            Weihnachtsdekoration zu tun hat.
                 ....
   15   David:   Nein. M– man weiß eben, daß es mit der
   16            Dekoration zu tun hat.⌉
→  17   Deborah:                       ⌊Weil es dir jemand
   18            sagt? Oder kommt man von selber ⌈drauf.⌉
→  19   David:                                  ⌊Nein. ⌊Oh.
   20            ... Du du meinst jetzt mich,⌉oder einen,
   21            der taub ist.⌉
→  22   Deborah:              ⌊Genau
   23            ⌊Du. Du.
   24   David:   Ich? Ähm: Normalerweise sagt's mir
   25            jemand. ... Aber viele kann ich auch so
   26            erkennen. Ich meine die sind ganz klar.
   27            .... Je besser ich werde, desto schneller
   28            kann ich sie erkennen. Je länger ich
   29            dabei bin, desto besser verstehe ich, was sie
                 sagen. ⌈.....
   30   Deborah:        ⌊Hhm.
   31            Ohne ⌈das Zeichen genau zu kennen.⌉
   32   Deborah:      ⌊Das ist ja interessant.
   33   Peter:                                  ⌊Aber
   34            wie lernst du denn dann ein neues Zeichen?
                 ....
   35   David:   Wie ich ein neues Zeichen lerne?⌉
   36   Peter:                                   ⌊Ja. Ich
   37            meine nehmen wir mal an ... Victor redet
   38            und ganz plötzlich benutzt er ein
   39            Zeichen für Thanksgiving, und du hast
   40            das noch nie gesehen.
```

In diesem Austausch klinken sich Peters und meine Sequenzen alle in Davids ein, oder sie überlappen sie. Im Kontrast dazu überlappen nur zwei von Davids sieben Sequenzen eine vorherige Sequenz; diese beiden Äußerungen – eine nicht zu verstehende in Zeile 6 und Davids »Nein« in Zeile 19 sind wahrscheinlich ein Versuch, den ersten Teil meiner vorangegangenen doppeltgeladenen Sequenz zu beantworten

(4–5 »Kommt man von allein auf diese .. diese ähm Entsprechungen?« und 17 »Weil es dir jemand sagt?«). Davids Pausen, sein Zögern, seine Wiederholungen und sein Drumherumreden deuten darauf hin, daß er sich unwohl fühlt. Beim Wiederabspielen des Gesprächs beteuerte David, daß er auf das schnelle Tempo der Fragen an dieser und an anderen Stellen nicht gefaßt gewesen war und er sich dadurch in die Enge getrieben gefühlt habe. Es fällt mir schwer, diesen Austausch im gnadenlosen Abdruck eines Transkripts zu betrachten, weil es mich so anmaßend erscheinen läßt. Doch erinnere ich mich, daß ich David (der immer noch einer meiner engsten Freunde ist) wohlwollend gesonnen war und daß ich mich über seine vagen Antworten gewundert habe. Im Vergleich zu den Anhaltspunkten aus dem letzten und zahlreichen anderen Beispielen in diesem Dinner-Gespräch wird deutlich, daß das schnelle Tempo, das Einklinken und das Überlappen der Fragen (die ich »Maschinengewehr-Fragen« getauft habe) genau die Wirkung haben, die von mir beabsichtigt war, als ich sie zusammen mit Personen, die meinen Gesprächsstil haben, gebrauchte: Sie werden als Zeichen für Interesse und Gemeinsamkeit verstanden; sie ermutigen und bestärken den Sprecher. Nur in der Interaktion mit denjenigen, die den stark involvierten Gesprächsstil nicht teilen, führen solche Fragen und andere Beispiele der Überlappung zu Störungen und Unterbrechungen.

**Kulturelle Abwandlung**

Scollon (1985) führt aus, daß, wann immer die an der Interaktion beteiligten Personen unterschiedliche Gewohnheiten in Bezug auf das Tempo, die Länge der Pause zwischen den Sequenzen und auf ihre Haltung zum gleichzeitigen Sprechen haben, nicht beabsichtigte Unterbrechungen unvermeidlich sind, weil die/der SprecherIn, die/der mit einer kürzeren Pause rechnet, ein ihm unangenehmes Schweigen wahrnimmt und ausfüllt, während die/der SprecherIn, die/der mit einer längeren Pause rechnet, immer noch auf eine Pause wartet, die einen Sequenz-Wechsel kennzeichnet. Dieses irritierende Phänomen hat ernste Folgen, denn der Gebrauch dieser sprachlichen Strategien ist kulturell veränderlich. Es ist kein Zufall, daß die SprecherInnen mit stark involviertem Gesprächsstil in meiner Untersuchung osteuropäisch-jüdischer Herkunft und in New York aufgewachsen waren, wohingegen die SprecherInnen, deren Stil ich als stark rücksichtnehmend bezeichnet habe, Christen und aus Kalifornien waren.

Es ist entscheidend zu beachten, daß Tempo, Pause und Haltung zum gleichzeitigen Sprechen relative und nicht absolute Werte darstellen. Merkmale wie »schnelles Tempo« sind keine Werte an sich, sondern ergeben sich aus den Gesprächsstilen der SprecherInnen in der Interaktion *im Verhältnis zueinander*. Während KalifornierInnen in meiner Untersuchung im Verhältnis zu den New YorkerInnen relativ lange Pausen zwischen den Sequenzen zu machen schienen, zeigen Scollon und Scollon (1981), daß in Gesprächen zwischen AmerikanerInnen aus dem Mittleren Westen und athabaskischen IndianerInnen in Alaska die GesprächsteilnehmerInnen aus dem Mittleren Westen zu aggressiven UnterbrecherInnen werden, und die AthabaskInnen werden zu ihren unschuldigen Opfern, denn die Länge der Pause zwischen dem Sequenz-Wechsel, die von den Personen aus dem Mittleren Westen erwartet wird – und die wiederum länger ist, als sie von jüdischen New YorkerInnen erwartet wird –, ist bedeutend kürzer als die Pause, die von AthabaskInnen erwartet wird. Im Gespräch mit SkandinavierInnen werden die meisten AmerikanerInnen zu UnterbrecherInnen, doch die SchwedInnen und NorwegerInnen werden von den FinnInnen, die ihrerseits noch längere Pausen und ein noch längeres Schweigen bevorzugen, für UnterbrecherInnen gehalten, wobei die FinnInnen, nach Aussagen von Lehtonen und Sajavaara (1985), durch inländische regionale Unterschiede hinsichtlich Pausenlänge und Tempo voneinander abweichen.

Labov und Fanshel (1977) behaupten, daß Rhoda, die 19jährige Psychotherapiepatientin in dem Therapiegespräch, das sie analysieren, ihre Sequenz nie durch ein einsetzendes Schweigen beendet. Wenn sie alles, was sie zu sagen hat, gesagt hat, fängt sie vielmehr an, sich zu wiederholen, um damit die Therapeutin aufzufordern, ihre Sequenz zu übernehmen, indem sie sie überlappt. Dies ist ein wirksames Muster, um einen sanften Sequenz-Wechsel zu erreichen, ohne zwischen den Sequenzen ein wahrnehmbares Schweigen zu haben, ein großer Vorzug für SprecherInnnen mit einem Gesprächsstil, bei dem das Schweigen, und weniger das gleichzeitige Sprechen im Gespräch als Beweis für Gesprächsprobleme gesehen wird. Es ist sicher kein Zufall, daß das von

Labov und Fanshel analysierte Therapiegespräch in New York zwischen jüdischen SprecherInnen stattgefunden hat. Reisman (1974) war einer der ersten, der einen kulturell erkennbaren Stil dokumentiert hat, in dem die Überlappung eine kooperative und keine hemmende Wirkung hat. Zur Beschreibung dieses Phänomens in Antigua prägte er den Begriff »kontrapunktisches Gespräch«. Watson (1975) übernimmt diesen Begriff, um einen verbalen Ablauf zu beschreiben, welcher von hawaiischen Kindern durch Witze-Erzählen und »Erzähl-Geschichten« gemeinsam produziert wird. Als Teil dieses Ablaufs bedeutet »die Übernahme der eigenen Sequenz keine persönliche Selbstdarstellung«, sondern vielmehr »inszenierte Partnerschaft« (ebenda: 55). Moerman (1988) macht ähnliche Beobachtungen bei thailändischen Gesprächen. Hayashi (1988) stellt fest, daß japanische SprecherInnen wesentlich häufiger gleichzeitig sprechen als AmerikanerInnen. Shultz, Florio und Erickson (1982) haben herausgefunden, daß ein italo-amerikanischer Junge, der in der Schule für sein unbändiges Verhalten getadelt wird, lediglich die Konventionen innerhalb seiner Familie hinsichtlich des Sequenzwechsels einhält, zu denen auch das gleichzeitige Sprechen gehört.

Lein und Brenneis (1978) haben den Streit von Kindern in drei Sprachgemeinschaften verglichen: »weiße amerikanische Kinder in einer kleinen Stadt in New England, schwarze amerikanische Kinder von Wander- und Erntearbeitern und Hindi sprechende Fidschi-Indianerkinder aus einer ländlichen Region« (ebenda: 229). Während sie keine Überlappungen in den Streitgesprächen der schwarzen amerikanischen Kinder feststellten und nur gelegentliche Überlappungen in den Streitgesprächen von weißen amerikanischen Kindern, zeigten die Fidschi-Indianer-Kinder ganz deutlich eine Menge Überlappungen, die bis zu 30 Sekunden dauern konnten. Lein und Brenneis interpretieren diese Überlappungen nicht als Fehlzündungen oder Versehen, sondern als »bewußte Versuche, die/den andere/n SprecherIn zu überfahren« (ebenda: 307). Auch wenn dieser Gebrauch der anhaltenden Überlappung nicht kooperativ im unterstützenden Sinne ist, so ist er doch kooperativ in dem Sinn, daß man nach Spielregeln und nicht gegen sie spielt.[7]

Es ist paradox (angesichts der Forschung zum Thema ›Männer unterbrechen Frauen‹), daß eine andere Gruppe, über die geschrieben wird, sie bevorzuge im Gespräch untereinander die überlappende

Sprechweise, die Frauen sind. Eine der ersten, die diese Beobachtung gemacht haben, war Kalcik (1975). Edelsky (1981), die der Frage nachging, ob in einer Reihe von Fachbereichsausschuß-Sitzungen die Frauen oder die Männer mehr redeten, kam zu dem Ergebnis, sie könne diese Frage nicht angehen, ohne sich zuerst mit der anderen Frage auseinanderzusetzen, was es in einem Gespräch bedeutet, das Wort zu haben. Sie entdeckte zwei Formen: einmal, wenn eine einzelne Person das Wort hatte, und die anderen schweigend zuhörten, und dann, wenn man das Wort gemeinsam hatte, das heißt, wenn mehr als eine Stimme zu hören war, in dem Ausmaß, daß das Gespräch zeitweise als »allgemeines Geschrei« erschien. Edelsky stellte fest, daß dann, wenn ein einzelner das Wort hatte, Männer eher mehr redeten als Frauen, und dort, wo man gemeinsam das Wort hatte, Frauen genauso viel zu reden pflegten wie Männer.[8] Mit anderen Worten, diese Studie läßt darauf schließen, daß es Frauen angenehmer ist zu reden, wenn mehr als eine Stimme gleichzeitig zu hören ist.

Der folgende Auszug (6) zeigt Frauen in einem beiläufigen Gespräch, in welchem sie sich gegenseitig äußerst kooperativ und kollaborativ überlappen. Er stammt aus einem ungezwungenen Gespräch, das von Janice Hornyak (1989) aufgenommen wurde und am Küchentisch stattfand.[9] Marge ist zu Besuch bei Verwandten in Washington, D.C., wo ihre Tochter Jan jetzt lebt, die zum ersten Mal in ihrem Leben mit Schnee konfrontiert wird. Peg und Marge sind Schwägerinnen und erzählen Jan, in Erinnerungen schwelgend, was für eine Plage es ist, kleine Kinder zu haben, die gern im Schnee spielen:

```
(6)  1      Peg:   Was ich gar nicht gern gemacht habe, war all
     2             diese Schneeanzüge und Stiefel nehmen
     3            ⌈und
     4    Marge:  ⌊O ja, das war das Schlimmste daran,
     5      Peg: ⌈und Schals
     6    Marge: ⌊und sie dann in die Stiefel und all das
     7             Zeug verpacken, dann sind sie draußen
     8             für 'ne halbe Stunde, und dann kommen
     9             sie wieder rein, von oben bis unten voll
    10             von diesem Schnee und dieser Matsch
                   überall⌉
    11      Peg:        ⌊Das ganze
    12             nasse Zeug und
```

| 13 | Jan: Darum mögen Erwachsene also keinen Schnee, was? |
| 14 | Marge: Genau. |
| 15 | Peg: Und dann das ganze Zeug in den Trockner, und |
| 16 | sie kommen rein und sitzen rum für eine |
| 17 | ⌈halbe Stunde |
| 18 | Marge: ⌊Und es dauert nicht lange, da wollen |
| 19 | sie wieder raus. |
| 20 | Peg: Dann wollen sie wieder raus. |

(Ebenda)

Wie in dem Beispiel mit Steve, Peter und mir leiten alle drei Sprecherinnen in diesem kurzen Segment ihre Sequenzen so ein, daß sie sich entweder in die Sequenzen der anderen einklinken oder sich in sie einmischen. Wie Dara und Stephanie in Beispiel (3) und Steve und Peter in Beispiel (4) spielen Peg und Marge gemeinsam eine Gesprächs-Rolle, sie überlappen sich, ohne Unwillen darüber zu zeigen (oder davon zu berichten), daß sie unterbrochen werden. Darüber hinaus weist Hornyak darauf hin, daß diese Sprecherinnen häufig die Konjunktion »und« an das Ende ihrer Sequenzen setzen, um den Anschein der Überlappung zu erwecken, wenn es gar keine gibt, wie zum Beispiel in in den Zeilen 11–12 bei Peg zu sehen ist: »Das ganze nasse Zeug und.«[10]

Es ist also offensichtlich, daß die Überlappung in vielen, wenn nicht sogar den meisten Fällen – zumindest im zwanglosen Gespräch unter Freunden – eher kooperative als hemmende Wirkung hat. Und sogar wenn die Wirkung einer Überlappung als hemmend wahrgenommen wird, kann die Absicht dennoch kooperativ gewesen sein.

## Ethischer Einspruch: Stereotype und Gesprächsstil

Wenn Menschen, die als kulturell anders erkannt werden, andere Gesprächsstile haben, wird ihre Sprechweise zur Grundlage negativer Stereotype. Der Antisemitismus schreibt jüdischen SprecherInnen klassischerweise die Eigenschaften laut, aggressiv und »penetrant« zu. Das Bestehen dieses Stereotyps benötigt kaum noch Bestätigung, doch gebe ich ein kurzes Beispiel, auf das ich kürzlich gestoßen bin. In einem Brief an Henry Miller beschreibt Lawrence Durrell einen jüdischen Schriftstellerkollegen namens Lowenfels: »Er ist unzuverlässig, sprunghaft, hat ein schlechtes Urteilsvermögen, ist großmäulig, aufdringlich, vulgär, durch und durch jüdisch ...« (Gornick 1988: 47).

Es ist offensichtlich, daß die Beurteilung der Juden als laut und penetrant eine Minderheitengruppe für die Wirkung der Interaktion von sich unterscheidenden Gesprächsstilen verantwortlich macht.[11] Kochman (1981) zeigt, daß ein paralleler Stil-Unterschied, welchen er »Rechte auf freien Ausdruck« in Berührung mit den »Rechten auf Empfindlichkeiten« nennt, dem Stereotyp zugrundeliegt, Mitglieder der ›Schwarzen-Gemeinde« seien rücksichtslos, anmaßend und laut. Schließlich ist das Modell des Gesprächs als Vorgang, bei dem nur jeweils eine Stimme zu hören sein sollte, wesentlich für frauenfeindliche Stereotype. Es ist wahrscheinlich auf ihren Gebrauch der kooperativen Überlappung zurückzuführen, daß Frauen im Gespräch untereinander häufig als laut gackernde Hühner stereotypisiert werden.

## Geschlecht, Ethnizität und Gesprächsstil

Die Gegenüberstellung dieser beiden Untersuchungsrichtungen – Geschlecht und Unterbrechung auf der einen, Ethnizität und Gesprächsstil auf der anderen Seite – stellt ein entscheidendes und schwieriges Dilemma dar. Wenn es theoretisch verbohrt, empirisch nicht haltbar und moralisch heimtückisch ist zu behaupten, SprecherInnen aus bestimmten ethnischen Gruppen seien penetrant und dominierend, weil sie in Gesprächen SprecherInnen mit anderem, »vorherrschendem« ethnischen Hintergrund scheinbar unterbrechen, kann es dann richtig sein, eine Forschung gutzuheißen, die »beweist«, daß Männer Frauen dominieren, weil sie sie in Gesprächen scheinbar unterbrechen? Wenn die WissenschaftlerInnen, die festgestellt haben, daß Männer Frauen in Gesprächen unterbrechen, meine Bandaufnahmen mit den Gesprächen von New Yorker Jüdinnen und Juden und kalifornischen ChristInnen »analysieren« würden, kämen sie zweifellos zu dem Schluß, daß die New YorkerInnen »unterbrächen« und »dominierten« – der Eindruck, den auch die anwesenden KalifornierInnen hatten, jedoch war das nicht, wie ich gezeigt habe, die Absicht der New YorkerInnen, noch die Wirkung ihrer Gesprächsstile in der Interaktion unter sich. Meine kurze

Analyse hier und die ausführlichere Analyse an anderer Stelle (Tannen 1984) machen deutlich, daß der Gebrauch des überlappenden Sprechens bei stark involvierten Sprechern in der Interaktion mit anderen Sprechern, die einen ähnlichen Stil haben, keine Unterbrechung herbeiführt. Kurz gesagt, eine derartige »Forschung« würde nicht viel mehr tun, als die ethnozentrischen Normen der Mehrheitsgruppe auf das kulturell andere Verhalten der Minderheitsgruppe anzuwenden.

Die Forschung zum Thema Geschlecht und Unterbrechung unterbreitet uns dazu eine soziolinguistische Parallele, jedoch gibt es einen auffälligen politischen Unterschied. Obwohl sie keine Minderheit sind, sind Frauen sozial und kulturell benachteiligt. Damit verändern sich die politischen Folgen, wenn man die eine Gruppe dafür verantwortlich macht, die andere Gruppe zu dominieren. Die meisten würden zustimmen, daß Männer Frauen in unserem Kulturkreis dominieren, wie in den meisten, wenn auch nicht allen Kulturen der Welt. Deshalb würden viele behaupten (wie Henley und Kramarae 1988), daß Soziolinguisten wie Maltz und Borker (1982) und ich (Tannen 1986), die geschlechtsspezifische Gesprächsunterschiede im Rahmen des Paradigmas der interkulturellen Kommunikation von Gumperz (1982) betrachten, sich klammheimlich davonmachen – die tatsächliche Dominanz mit dem Deckmäntelchen des kulturellen Unterschieds versehen. Auch wenn ich diesen Standpunkt gut verstehen kann, sagt mir mein Gewissen, daß wir nicht beides gleichzeitig behaupten können. Wenn wir Forschungsergebnisse in einem Paradigma – nämlich dem Paradigma Männer-unterbrechen-Frauen – akzeptieren, geraten wir zwangsläufig in eine Position, die behauptet, daß stark involvierte SprecherInnen, wie Schwarze und Jüdinnen und Juden und in vielen Fällen Frauen, penetrant, aggressiv oder auf rücksichtslose und lächerliche Art laut sind.

Und was sind angesichts der Interaktion zwischen Geschlecht, Ethnizität und Gesprächsstil schließlich die Folgen für amerikanische Frauen mit ethnischem Hintergrund, für die stark involvierte Gesprächsstile typisch sind – Stile, welche von anderen Amerikanern als penetrant, aggressiv und dominierend wahrgenommen werden? Die Sichtweise, welche – in Anlehnung an das Männer-unterbrechen-Frauen-Paradigma – einen Gesprächsstil mit Macht gleichsetzt, geht mit der abstoßenden Schlußfolgerung einher, daß viele Frauen (einschließlich der vielen von uns, die afrikanischer, karibischer, südeuropäischer, südamerikanischer, levantinischer, arabischer und osteuropäischer Herkunft sind) dominierend, aggressiv und penetrant seien – Eigenschaften, die zudem bei Frauen weitaus negativer wahrgenommen werden als bei Männern. Es war genau diese Sichtweise, die Barbara Bush dazu verleitete, Geraldine Ferraro abzustempeln\*, als diese eine Sprechweise gebraucht hat, die bei männlichen Politikern akzeptiert und eigentlich erwartet wird.

## Schlußfolgerung

Viele Frauen berichten darüber, wie schwierig es manchmal sein kann, sich in der Interaktion mit Männern Gehör zu verschaffen. Als Frau, die diese Schwierigkeiten aus persönlicher Erfahrung kennt, ist es verführerisch, die Untersuchungen, die erklären, daß Männer Frauen unterbrechen, nur allzu bereitwillig anzunehmen: Damit hätte ich die Möglichkeit, meine Erfahrungen so zu erklären, daß die Schuld anderen zugeschoben wird. Als stark involvierte Sprecherin jedoch bin ich verletzt, wenn ein Merkmal meines Gesprächsstils als abstoßend abgestempelt wird, und zwar nach der Norm jener, welche diesen Stil weder teilen noch verstehen. Als jüdische Frau, die in New York aufgewachsen ist und die negativen Stereotype gegenüber New YorkerInnen, Frauen und Jüdinnen und Juden nicht nur als verletzend, sondern auch als beängstigend empfindet, graut mir davor, wenn die wissenschaftliche Forschung die Untermauerung von Stereotypen betreibt, die einer Gruppe von SprecherInnen schlechte Absichten und Charaktereigenschaften zuschreiben. Als Linguistin und Wissenschaftlerin weiß ich, daß die Wirkungsweisen in einem Gespräch komplexer sind. Als Mensch möchte ich verstehen, was wirklich vor sich geht. Ein solches Verständnis muß daher von Gesprächsanalytikern geliefert werden, denen es darauf ankommt, Muster des Sequenzwechsels im Gespräch zu erforschen.

---

\*   »The word that rhymes with rich« gemeint ist »bitch«, ein äußerst abwertender Begriff für Frauen; etwa mit »Miststück«, »Schlampe« zu übersetzen. (Anm. d. Übers.)

## Nachwort

Mein Vortrag vor der Chicago Linguistic Society (siehe die Anmerkung ohne Ziffer) endet hier, aber das Kapitel mit dem Titel »Wer unterbricht wen? Dominanz und Kontrolle« in *Du kannst mich einfach nicht verstehen* geht darüber hinaus. Wichtig dabei ist, daß es noch zwei Beispiele aus einer Kurzgeschichte mit dem Titel »Häßlich sind Sie auch« von Lorrie Moore (1989; dt. 1994) enthält, in der das Überlappen nicht kooperativ ist. In einem der Beispiele entzieht ein Mann einer Frau das Wort, indem er einen Witz erzählt, den die Frau schon angefangen hatte zu erzählen. In dem anderen Beispiel wechselt er das Thema, nachdem sie ihm ihre Absicht, eine Geschichte zu erzählen, verkündet hat. Ich habe diese Beispiele hinzugefügt, damit nicht der falsche Eindruck entsteht, ich wolle bestreiten, daß es Unterbrechungen gibt, daß eine Überlappung als Unterbrechung gemeint sein kann oder daß Männer die Unterbrechung benutzen können, um Frauen zum Schweigen zu bringen.

Da diese Beispiele der Literatur, und nicht dem Leben entnommen sind, haben sie in gewisser Hinsicht einen anderen Stellenwert als Auszüge aus Gesprächsabschriften. Die literarischen Beispiele sollen eine andere Art der Unterbrechung veranschaulichen, die vorkommen kann, jedoch nicht als Beweis dafür dienen, daß solch eine Unterbrechung tatsächlich vorkommt, obwohl ich das nicht bezweifle. Die relevanten Passagen werden hier wiedergegeben. Während die kooperativen Überlappungen von Frauen häufig Männer stören, weil diese Überlappungen scheinbar ihr Thema vereinnahmen, verärgern Männer Frauen häufig dadurch, daß sie das Thema an sich reißen oder wechseln. Ein Beispiel für diese Art der Unterbrechung wird in »Häßlich sind Sie auch«, einer Kurzgeschichte von Lorrie Moore, geschildert. Die Heldin in dieser Kurzgeschichte, Zoe, eine Geschichtsprofessorin, hat wegen einer Wucherung im Bauch einen Ultraschalltest machen lassen. Als sie nach der Untersuchung nach Hause fährt, betrachtet sie sich im Rückspiegel und erinnert sich an einen Witz:

Sie dachte an den Witz von dem Mann, der zu seinem Arzt geht, und der Arzt sagt: »Also, es tut mir leid, daß ich Ihnen das sagen muß, aber Sie haben nur noch sechs Wochen zu leben.«

»Ich will noch eine zweite Meinung hören«, sagt der Mann. ...

»Sie wollen noch eine zweite Meinung hören? Okay«, sagt der Arzt. »Häßlich sind Sie auch.« Sie mochte den Witz. Sie fand ihn schrecklich, schrecklich komisch.(Moore 1994: 101)

Später in der Geschichte ist Zoe auf einer Halloweenparty und redet mit einem Mann namens Earl, der seit kurzem in Scheidung lebt und den ihre Schwester für sie organisiert hat. Earl fragt: »Was ist dein Lieblingswitz?« Dann passiert folgendes:

»Äh, mein Lieblingswitz ist wahrscheinlich ... Okay, na gut. Das ist der Mann, der zum Arzt kommt und –«

»Ich glaube, den kenn ich«, unterbrach Earl sie ungeduldig. Er wollte ihn selbst erzählen. »Ein Mann kommt zum Arzt, und der Arzt sagt zu ihm, er habe eine gute und eine schlechte Nachricht – das ist doch der, oder?«

»Ich weiß nicht genau«, sagte Zoe. »Das könnte eine andere Version sein.«

»Also sagt der Mann: ›Erzählen Sie mir zuerst die schlechte Nachricht‹, und der Arzt sagt: ›Okay. Sie haben noch drei Wochen zu leben.‹ Und der Mann schreit: ›Drei Wochen zu leben! Herr Doktor, was ist die gute Nachricht?‹ Und der Arzt sagt: ›Haben Sie diese Sprechstundenhilfe da draußen gesehen? Ich hab sie endlich gevögelt.‹«

Zoe runzelte die Stirn.

»Das ist nicht der, an den du gedacht hast?«

»Nein.« Sie hatte etwas Anklagendes in ihrer Stimme. »Meiner ging anders.«

»Oh«, sagte Earl. Er schaute weg und dann wieder zu ihr hin. »Du lehrst Geschichte, oder? Was für eine denn?« (Ebd., S. 109f.)

Earl unterbricht Zoe nicht, um sie beim Erzählen des Witzes zu unterstützen, sondern um ihren Witz an ihrer Stelle zu erzählen. (Um alles noch zu verschlimmern, ist der Witz, den er erzählt, nicht nur anders; er ist unanständig.) Als er merkt, daß sein Witz nicht der Witz war, den sie gemeint hatte, fragt er sie nicht nach ihrem. Statt dessen spricht er ein völlig anderes Thema an (»Was für eine denn?«).

Die meisten Leute würden zustimmen, daß Zoe durch Earls Unterbrechung in ihren Rede-Rechten verletzt wird, denn als Zoe gerade im Begriff war, einen Witz zu erzählen, riß er die Rolle des Witze-Erzählers an sich. Zu beachten ist jedoch, daß Zoe dem Versuch Earls, ihren Witz zu erzählen, sehr schnell nachgegeben hat. Schon als er sagte »eine gute und eine schlechte Nachricht«, war klar, daß er an einen anderen Witz dachte; anstatt jedoch seine Frage »das ist doch der, oder?« mit »Nein« zu beantworten, sagte Zoe: »Ich weiß nicht genau. Das könnte eine andere Version sein«, womit sie das, was er ihr bietet, unterstützt und Raum für Übereinstimmung zuläßt, wo es in Wirklichkeit gar keine Übereinstimmung gab. Jemand, der ein Gespräch als Wettstreit betrachten würde, hätte an dieser Stelle, wenn nicht schon vorher, das Wort wieder ergreifen können. Zoe scheint ein Gespräch jedoch als ein Spiel zu betrachten, bei dem jede/r SprecherIn die Worte der/des anderen unterstützen muß. Es ist durchaus möglich, daß es Earl (seinem Muster vom wirklichen Leben) lieber gewesen wäre, wenn sie mit ihm um das Recht, den Witz zu erzählen, konkurriert hätte, anstatt ihn weiterreden zu lassen, als er damit eigentlich danebenlag.

Eine andere Stelle in derselben Geschichte zeigt, daß Unterbrechungen nicht durch Überlappungen erzeugt werden, sondern Schritte im Gespräch, die der Richtung einer/eines anderen Sprechenden das Thema entreißen. Zoe hat Bauchschmerzen, entschuldigt sich und verschwindet ins Bad. Als sie zurückkommt, fragt Earl, ob alles in Ordnung sei, und sie erzählt ihm, daß sie eine Reihe von ärztlichen Untersuchungen hinter sich habe. Statt sie danach zu fragen, gibt Earl ihr etwas von dem Essen, das herumgereicht wurde, als sie im Bad war. Kauend sagt Zoe: »Bei meinem Glück wird's wahrscheinlich 'ne Gallenblasenoperation.« Earl wechselt das Thema: »Deine Schwester heiratet also? Nun sag mir doch mal, was du über die Liebe denkst, wirklich.« Zoe fängt an zu antworten:

»Also gut. Ich sage dir, was ich über die Liebe denke. Hier ist eine Liebesgeschichte. Diese Freundin von mir – –

»Du hast da was am Kinn«, sagte Earl und griff danach.
(Ebd., S. 115)

Jemandem etwas aus dem Gesicht zu entfernen mag zwar ebenso wie dem Angebot, etwas zu essen, Vorrang vor dem Gespräch eingeräumt werden, aber es dann zu tun, als Zoe gerade angefangen hat, etwas zu erzählen, ist wohl eher ein Zeichen mangelnden Interesses an ihrer Geschichte und ein Zeichen mangelnden Respekts für ihr Recht, diese

Geschichte weiterzuerzählen. Außerdem handelt es sich hier nicht um einen isolierten Einzelfall, sondern um einen Fall, der zu einer ganzen Serie gehört. Als Zoe ihm etwas über ihren Gesundheitszustand offenbart hatte, ging Earl nicht weiter darauf ein, er stellte keine Fragen, unterstützte sie nicht, bot ihr keinen Rat an und reagierte nicht mit einer vergleichbaren Offenbarung über sich selbst. Statt dessen schnitt er ein anderes Thema an – die Liebe – ein Thema, das ihm möglicherweise geeigneter erschien als eine Gallenblasenoperation, um eine romantische Beziehung anzubahnen. (Aus demselben Grund wollte er sich vielleicht auch nicht die günstige Gelegenheit entgehen lassen, ihr etwas vom Kinn zu entfernen, um auf diese Weise ihr Gesicht berühren zu können. Tatsächlich scheinen viele seiner Schritte Versuche zu sein, das Gespräch in die Richtung eines Flirts zu steuern.)

Kapitel 3

# Geschlechtsspezifische Unterschiede im Gesprächszusammenhang: Körperhaltung und Themenzusammenhalt

*Dieses Kapitel ist der Bericht über eine Studie, die ich mit Kindern im Gespräch mit ihren besten Freunden beziehungsweise Freundinnen in vier Altersstufen durchgeführt habe, von Zweitkläßlern bis ins Erwachsenenalter. Das Kapitel beginnt mit einer kurzen Einführung in den interkulturellen Ansatz zu geschlechtsspezifischen Unterschieden im Gespräch. Dann werden die zwanzigminütigen Gespräche von vier befreundeten Paaren, jeweils zwei Männern oder zwei Frauen, miteinander verglichen. Ich kam zu dem Ergebnis, daß sich die Mädchen und die Frauen in dieser Untersuchung in jeder Altersgruppe in ihrer Körperhaltung aneinander orientierten und sich direkter ansahen als die Jungen und die Männer. Die Teilnehmerinnen jeder Altersgruppe legten sehr schnell Themen fest, um darüber zu reden, und stellten eine längere Unterhaltung (extended talk)\* über eine kleine Anzahl von Themen her. Im Gegensatz dazu stellten die Jungen aus der zweiten und sechsten Klasse kürzere Unterhaltungen über viele verschiedene Themen her. Jungen in der zehnten Klasse und Männer im Studentenalter stellten längere Unterhaltungen über ein paar Themen her, die Ebene, auf der sie die Themen diskutierten, war jedoch abstrakter, und ihre Diskussion über persönliche Probleme war indirekter. Also steht die Analyse im Widerspruch zu der häufig zu hörenden Behauptung, die Sprache von Frauen sei indirekter als die Sprache von Männern. In diesem Zusammenhang ist sowohl die Körperhaltung als auch der Themenzusammenhalt in der Unterhaltung der weiblichen Teilnehmerinnen fester oder direkter. Ich vertrete jedoch den Standpunkt, daß der*

---

\* ›Talk‹ wird im Folgenden mit dem Wort ›Unterhaltung‹ wiedergegeben, ›Gespräch‹ wäre in vielen Fällen eine angemessenere Übersetzung, doch ist das Wort bereits besetzt (conversation; Anm. d. Übers.).

*männliche Stil gleichermaßen engagiert ist. Die Körperhaltung der Jungen, insbesondere die der Zehntkläßler, liefert einen bildlichen Ausdruck für das Verständnis des Zusammenhangs im Dialog von Jungen und Männern: ihre Beteiligung verläuft wie auf parallelen Schienen.*

## Einleitung

In der Einleitung einer Aufsatzsammlung mit dem Titel *Coherence in Spoken and Written Discourse*, habe ich *Zusammenhang (coherence)* als »zugrundeliegende Organisationsstruktur, welche die Wörter und Sätze zu einem einheitlichen Diskurs macht, welche für diejenigen, die sie erzeugen oder verstehen, kulturelle Bedeutung hat,« definiert, im Unterschied zum *Zusammenhalt*, den ich als »Oberflächenbindungen, die die Beziehungen zwischen den Textelementen aufzeigen,« (Tannen 1984) definiert habe. Diese Definitionen kommen mir jetzt zu statisch vor, vielleicht lassen sie sich eher auf die monologische Rede anwenden als auf das interaktive Gespräch. Die Organisation des Zusammenhangs im Gespräch darf keine vorgegebene Struktur sein, sondern es muß sich um eine sich ergebende Struktur handeln, ebenso wie Hopper (1988) die Grammatik als eine sich ergebende Grammatik darstellt. Mit anderen Worten, ein Gespräch ist nicht wie Fleisch, das einem vorgeformten Skelett angepaßt wird, sondern eine Form, die in der Interaktion neu ausgehandelt wird, von den Teilnehmern immer wieder aufs neue geschaffen wird, und zwar im Einklang mit den gemeinsam geteilten Erwartungen, die auf vorheriger Gesprächserfahrung beruhen oder darauf, was Becker (1988) den »vorausgegangenen Text« nennt.

Zwei Elemente des sich im Gespräch ergebenden Zusammenhangs – das heißt, zwei Elemente, die aus dem gesonderten Sprechen der/des Einzelnen eine sich ergänzende Tätigkeit, das Gespräch, schaffen – sind die Körperhaltung und der Themenzusammenhalt. Mit *Körperhaltung* meine ich, wie die SprecherInnen in der Beziehung zueinander ihren Kopf und ihren Körper halten, einschließlich der Ausrichtung ihres Blicks. In Anlehnung an Schiffrin (1988) verstehe ich unter »Thema« einfach das, »worüber die SprecherInnen reden«. Der *Themenzusammenhalt* bezieht sich dann darauf, wie die SprecherInnen Themen einleiten und entwickeln, in Bezug auf ihr eigenes vorheriges und projiziertes Reden und auf das der anderen SprecherInnen. Dieses Kapitel beschreibt und diskutiert die Körperhaltung und den Themenzusammenhalt in zwanzigminütigen Videoaufnahmen von acht befreundeten Paaren, jeweils einem weiblichen und einem männlichen Paar, in vier verschiedenen Altersstufen: ZweitkläßlerInnen, SechstkläßlerInnen, ZehntkläßlerInnen und 25jährige.[1]

Die Videoaufnahmen wurden von Bruce Dorval gemacht, der Klassen des zweiten, sechsten und zehnten Schuljahres besuchte und die SchülerInnen einlud, in sein Büro auf dem Campus einer Universität zu kommen und sich 20 Minuten lang mit ihren gleichgeschlechtlichen besten Freunden bzw. Freundinnen zu unterhalten. Er ließ sie während der Gespräche, die von einem installierten Videorekorder aufgenommen wurden, allein. Er lud auch erwachsene Frauen und Männer, die an seinem Psychologie-Kurs der Universität teilnahmen, ein, ihre besten Freunde beziehungsweise Freundinnen zum gleichen Zweck mit in sein Büro zu bringen. Er wies jedes miteinander befreundete Paar an, für den Beginn der Gespräche etwas »Ernstes und/oder Intimes« zu finden und darüber zu reden, und informierte sie darüber, daß er nach fünf Minuten zurückkommen würde, um sie an diese Anweisungen zu erinnern.[2]

1986 organisierte Dorval mit der Unterstützung der Gesellschaft zur Erforschung der Entwicklung von Kindern (Society for Research in Child Development) eine Studiengruppe, zu der er WissenschaftlerInnen aus einer Reihe von Disziplinen zur Analyse der Videoaufnahmen einlud. Als eine der Eingeladenen bin ich an diese Daten nicht mit der Absicht herangegangen, geschlechtsspezifische Unterschiede zu untersuchen. Im Rahmen meines damaligen Forschungsinteresses (Tannen 1987, 1988, 1989) hatte ich vielmehr die Absicht, Strategien des Involviertseins zu analysieren, zum Beispiel die Wiederholung und den Dialog. Als ich mir jedoch die Videobänder mit den gleichgeschlechtlichen Paaren in jeder der Altersstufen ansah, war ich von den geschlechtsbezogenen Mustern so beeindruckt, daß ich der Versuchung nicht widerstehen konnte, sie genauer zu studieren. Meine eigene vorherige Forschungsarbeit umfaßt lediglich eine Studie zu geschlechtsspezifischen Unterschieden, genauer gesagt, zur Indirektheit im Gespräch (siehe Kapitel 5). Für ein Buch über den Gesprächsstil allgemein (Tannen 1986a) hatte ich jedoch die neuere Forschung zu geschlechtsspezifischen Unterschieden referiert und diskutiert. Einige der Muster, die ich anhand der Videoaufnahmen von den miteinander sprechenden Freunden beziehungsweise Freundinnen sah, unterstützten die vorherigen, mir bekannten Studien, doch einige andere hatte ich nicht erwartet. Zum Teil durch den starken Eindruck inspiriert, den diese Daten auf mich machten, habe ich mich zum Schreiben eines Buches entschlossen, das sich mit den geschlechtsspezifischen Unterschieden im Gesprächsstil befaßt (Tannen 1990).

### Überblick über geschlechtsbezogene Muster in den Videoaufnahmen

Als ich mir die Videoaufnahmen von den Jungen und Mädchen und Frauen und Männern in den vier Altersstufen ansah, sah ich, daß es Muster gab, die die SprecherInnen gleichen Geschlechts durch die Altersstufen hindurch miteinander verbanden und sie von ihren AltersgenossInnen anderen Geschlechts abhoben. In jeder Altersstufe orientierten sich die Mädchen und Frauen in ihrer Körperhaltung und ihrem Blick weitaus direkter aneinander als die Jungen und die Männer. Während alle Paare zeigten, daß sie sich in der Versuchssituation und mit den übertragenen Aufgaben unwohl fühlten, schnitten die miteinander befreundeten Teilnehmerinnen aller Altersstufen schnell Themen für eine Unterhaltung an und stellten, auf eine geringe Anzahl von Themen bezogen, längere Unterhaltungen her. Im Kontrast dazu stellten die Jungen in den beiden jüngeren Altersstufen einen geringen Umfang an Unterhaltung über viele verschiedene Themen her. In den beiden älteren Altersstufen stellten die Jungen und Männer, wie ihre weiblichen Pendants, längere Unterhaltungen über wenige Themen her, doch war die Ebene, auf der sie die Themen diskutierten, abstrakter und weniger persönlich.

### Eine interkulturelle Sicht geschlechtsspezifischer Unterschiede

Trotz dieser Ergebnisse hinsichtlich geschlechtsspezifischer Unterschiede stelle ich die Schlußfolgerung in Frage, die sowohl von ForscherInnen im Bereich der Familientherapie als auch von Frauen, die mit Männern im alltäglichen Leben umgehen, gezogen wurde, nämlich Jungen und Männer seien nicht »beteiligt« oder »involviert«, weil sie sich in ihrer Haltung und in ihrem Blick weniger direkt an ihren GesprächspartnerInnen orientierten. Außerdem hinterfrage ich die Schlußfolgerung, daß die Jungen ein Versagen oder einen Mangel aufweisen, weil sie über eine große Anzahl von Themen jeweils einen geringen Umfang an Unterhaltung herstellen. Ich schließe mich eher dem interkulturellen Ansatz zum Gespräch zwischen Männern und Frauen an, demzufolge Frauen und Männer, Jungen und Mädchen so gesehen werden können, daß sie im Gespräch auf verschiedene Art, aber mit gleicher Geltung einen Zusammenhang zustandebringen und entfalten.

Ein Modell für das Verständnis interkultureller Kommunikation liefert Gumperz (1982). Daß ein solcher Ansatz auf die Gespräche zwischen Frauen und Männern anwendbar ist, wird von Maltz und Borker (1982) auf der Grundlage ethnographischer Forschungsarbeit von Soziologen und Anthropologen zur sprachlichen Sozialisation gezeigt, insbesondere der Arbeiten von Goodwin (1990) und anderen. An dieser Stelle kann nur eine kurze Zusammenfassung gegeben werden.

Begründet auf der Mikro-Analyse von Gesprächen, sowohl zwischen britisch-englischen und indisch- und pakistanisch-englischen SprecherInnen in London, als auch zwischen schwarzen und weißen englischsprachigen SprecherInnen in den Vereinigten Staaten, zeigt Gumperz, daß GesprächspartnerInnen im Gespräch Schlüsse ziehen und die Sprechaktivität, an der sie sich beteiligen, an Zeichen für die Herstellung eines Zusammenhangs festmachen: Aspekten der Unterhaltung wie Intonation, Prosodie, Lautstärke, Stimmlage, Sequenzierung und Wortwahl, die den Zusammenhang, in dem die Kommunikation stattfindet, sowohl anzeigen als auch erzeugen. SprecherInnen aus unterschiedlichen Kulturen gebrauchen jedoch unterschiedliche Zeichen für die Herstellung des Zusammenhangs. Mit anderen Worten, sie haben unterschiedliche Gewohnheiten, ihre Unterhaltung in einen Zusammenhang zu bringen: eine unterschiedliche Art und Weise, in der sie ähnliche Sprechaktivitäten anzeigen. In der interkulturellen Kommunikation ist es deshalb wahrscheinlich, daß solche Zeichen falsch ausgelegt oder überhaupt nicht wahrgenommen werden.

In ihrem Überblick über die Forschungsarbeit von Goodwin und anderen erklären Maltz und Borker (1982), daß Männer und Frauen ihren Unterhaltungsstil in geschlechtlich gesonderten Peer-groups erlernen. In diesem Sinn wachsen sie in unterschiedlichen kulturellen

Umwelten auf, wo sie dann auch unterschiedliche Gewohnheiten dafür, ihre Absichten und ihr Verständnis anzuzeigen, entwickeln. Weil sie lernen, in der gleichgeschlechtlichen Peer-Interaktion Gespräche zu führen, entwickeln Männer und Frauen unterschiedliche Normen, um Gesprächsbeteiligung herzustellen und zu entfalten. Diese »kulturellen« Unterschiede erklären die verschiedenen Muster, die bei Mädchen und Jungen und Frauen und Männern beobachtet wurden, als auch die auf beiden Seiten negative Auswertung, zu der es bei der Interaktion zwischen den Geschlechtern häufig kommt.

In der folgenden Diskussion gehe ich zuerst auf die Muster der Körperhaltung ein und komme dann auf den Themenzusammenhalt zu sprechen.

## Körperhaltung

### Überblick

Die Formen der Körperhaltung, welche die gleichgeschlechtlichen SprecherInnen in allen untersuchten Videoaufnahmen miteinander verbinden und die SprecherInnen-Paare unterschiedlichen Geschlechts der gleichen Altersstufe voneinander unterscheiden, sind sofort zu erkennen, wenn man sich die Aufnahmen ohne Ton ansieht. Selbst wenn es keine Unterschiede in der Sprechweise gab, ihre Körperhaltung, Bewegungen und ihr Blick sprechen für sehr unterschiedliche Formen des Involviertseins in das Gespräch.

In allen vier Altersstufen sitzen die Mädchen und Frauen dichter beieinander. Sie sitzen quer auf ihren Stühlen, um ihre Körper so auszurichten, daß sie sich direkt gegenüber sitzen. Sie machen ihren Blick am Gesicht ihres Gegenübers fest und wenden ihn nur gelegentlich ab. Hin und wieder berühren sie sich auch, und sie sitzen verhältnismäßig ruhig. Im Gegensatz dazu sind die Jungen und Männer in jeder Altersstufe in Bezug auf ihre Körperhaltung und ihren Blick weniger direkt einander zugewandt. Die Stühle stehen sich nicht gegenüber, sondern im Winkel zueinander, und sie sitzen gerade auf den Stühlen, folglich auch im Winkel zueinander. Sie machen ihren Blick irgendwo im Zimmer fest, werfen sich gelegentlich einen Blick zu, doch selten, wenn überhaupt, frontal. Die beiden jüngeren Paare der Jungen sind unruhig und, was ihre Aufmerksamkeit angeht, scheinbar zerstreut; sie vermitteln den Eindruck, daß es sie kaum auf den Stühlen hält. Die beiden älteren männlichen Paare sitzen ruhig, richten sich aber eher parallel aus, als sich direkt gegenüber zu sitzen. Besonders die Jungen der zehnten Klasse strecken sich auf ihren Stühlen aus und sitzen nicht darauf.[3]

Im folgenden Abschnitt gehe ich nach Altersstufen, um die Körperhaltung der Jungen und Mädchen oder Männer und Frauen im Vergleich zueinander in der jeweiligen Altersstufe zu beschreiben.

*Zweite Klasse*

Die Jungen der zweiten Klasse, Kevin und Jimmy, sehen sich nur gelegentlich an. (Siehe Abbildung 3.1) Sie schauen im Zimmer herum, sehen an die Decke, winden sich auf ihren Stühlen, stehen auf und setzen sich wieder hin, trommeln auf den Armlehnen ihres Stuhls (jener, dessen Stuhl Armlehnen hat), klopfen einen gleichmäßigen Takt mit den Füßen, schneiden Grimassen, zeigen auf Gegenstände im Zimmer, blödeln in die Video-Kamera.

Die Mädchen der zweiten Klasse geben ein auffallend unterschiedliches Bild ab. (Siehe Abbildung 3.2) Zu Beginn der Sitzung sitzt Ellen

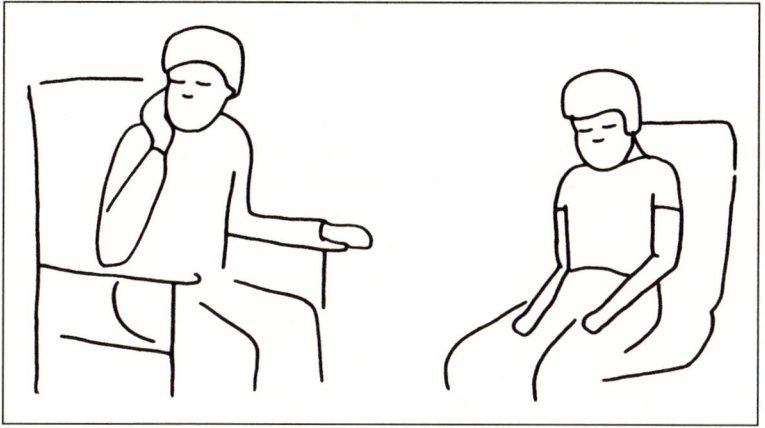

*Abbildung 3.1: Zweitkläßler*

*Abbildung 3.2:* Zweitkläßlerinnen

auf der vorderen Kante ihres Stuhls. Später setzt sie sich wieder ganz auf den Stuhl, aber dann setzt sich Jane auf die vordere Kante des ihren. Damit bleibt der Abstand zwischen den beiden klein. Schließlich sind sie einen großen Teil der Sitzung beide auf der Stuhlkante und sitzen sich ganz dicht gegenüber, im Vergleich zu den Jungen fast Nase an Nase. In allen Stellungen, in denen sie sitzen, sehen sie sich gegenseitig direkt ins Gesicht. Wenn sie überlegen, was sie sagen wollen, wenden sich Augen und Köpfe ab, doch ihre Körper bleiben die ganze Sitzung hindurch einander zugewandt.

Der Kontrast in der Körperbeherrschung und im Grad der körperlichen Aktivität entspricht vorausgegangenen Forschungsergebnissen bei sehr kleinen Jungen und Mädchen. Amy Sheldon (im persönlichen Gespräch, September 1988) berichtet, daß sie in ihrer Untersuchung von Videomitschnitten zur Interaktion von 3- bis 5jährigen Jungen und Mädchen in gleichgeschlechtlichen Dreiergruppen beim Spielen zu ähnlichen Ergebnissen kommt. (Siehe Sheldon 1990 für die anderen Ergebnisse dieser Untersuchung). Beim Spiel im gleichen Areal waren die Jungen mehr in Bewegung als die Mädchen. Diesen Unterschied machte mir der Video-Techniker in Sheldons Untersuchung klar, der Probleme hatte, die ganze Dreiergruppe der Jungen im Aufnahmebereich der Kamera zu behalten; derartige Probleme traten bei den Mädchen nicht auf.

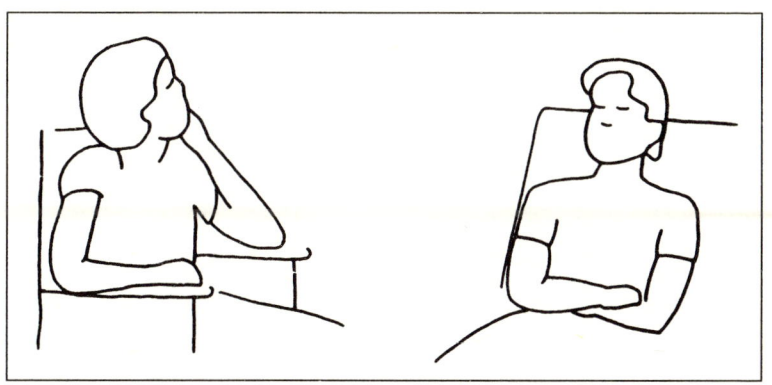

*Abbildung 3.3:* Sechstkläßler

## Sechste Klasse

Die zerstreute körperliche Ausrichtung bei den Jungen der sechsten Klasse ist nicht so auffällig wie bei den Jungen der zweiten Klasse, sie folgt jedoch demselben Muster. (Siehe Abbildung 3.3) Die Jungen der sechsten Klasse bleiben zwar auf ihren Stühlen sitzen, doch ein Junge, Walt, dreht und windet sich ständig. Der Mangel an direktem Blickkontakt wird noch dadurch verstärkt, daß Walt sich häufig die Augen reibt und mit seinen Fingern auf dem Schoß spielt, dabei ist sein Blick starr auf seine Finger gerichtet. Tom ist weniger sichtbar unruhig, aber er streckt die Beine vor sich aus und hängt seinen rechten Arm gelegentlich kurz hinter den Stuhl. Er sitzt in Richtung seines gepolsterten Stuhls und daher im Winkel zu Walt.

Von den Mädchen der sechsten Klasse sitzt Shannon die ganze Sitzung hindurch ganz ruhig, mit den Armen auf den Lehnen ihres Holzstuhls. Am Anfang sitzt sie auf der Stuhlkante, später lehnt sie sich zurück, doch ist sie mit ihrem Körper immer Julia zugewandt, und obwohl sie mit ihrem Blick abschweift, richtet er sich schon nach kurzer Zeit immer wieder auf Julia. Julia sitzt quer auf ihrem gepolsterten Stuhl ohne Armlehnen, um Shannon frontal gegenüberzusitzen. Anders als der Junge der sechsten Klasse, der ausgestreckt auf seinem Stuhl sitzt, sitzt Julia mit zusammengezogenem Körper auf dem Stuhl. Sie legt ihren linken Fußknöchel auf ihr rechtes Knie; sie hält ihren Fuß und spielt

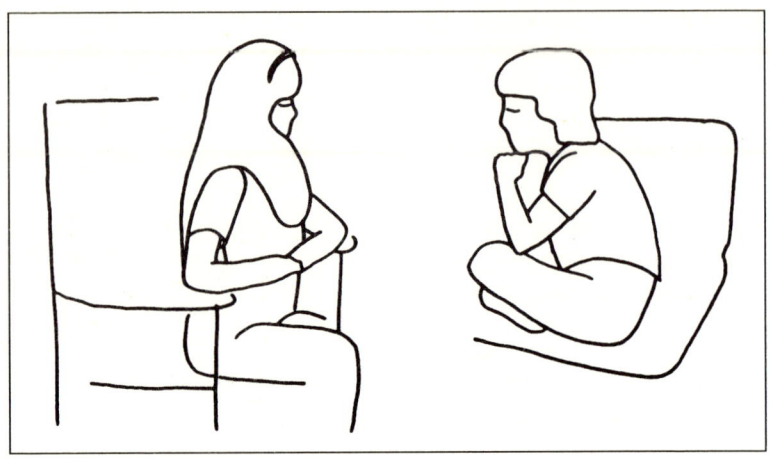

*Abbildung 3.4: Sechstkläßlerinnen*

mit ihren Schnürsenkeln. Obwohl dies ihren Blick teilweise beschäftigt, richtet sie ihn immer wieder auf Shannon, im Gegensatz zu dem Jungen derselben Altersstufe, welcher seinen Blick über lange Zeiträume starr auf seine Hände richtete. Die Mädchen der sechsten Klasse ändern während der zwanzigminütigen Sitzung einige Male ihre Körperstellung: Julia sitzt zurückgelehnt auf ihrem Stuhl und rutscht schließlich wieder nach vorn. Nachdem sie ihr linkes Bein heruntergenommen hat, hebt sie es am Ende wieder an und hält es fest. Diese Wechsel sind jedoch weder abrupt noch häufig, und die Mädchen sind in ihrem Blick und ihrer Körperhaltung immer eng einander zugewandt (siehe Abbildung 3.4).

*Zehnte Klasse*

Im Gegensatz zu den Jungen der zweiten Klasse sind die Jungen der zehnten verhältnismäßig ruhig; sie verändern ihre Stellung nur einmal auffällig. Aber die Haltungen, in welchen sie verharren, sind bezeichnend. Sie sitzen anfangs in ihrer Körperhaltung in Richtung der Stühle, auf denen sie sitzen und die im Winkel zueinander stehen, so daß ihre Körper sich auch im Winkel zueinander befinden. Um sich ansehen zu können, müßten sie den Kopf drehen; das tun sie selten. Sie sehen hauptsächlich weg oder in die Ferne; Todd, rechts auf dem gepolsterten

Stuhl, wirft Richard gelegentlich verstohlene, flüchtige Blicke zu, doch Richard, links auf dem Holzstuhl mit Lehnen, sieht Todd fast nie an, als sei es ihm verboten worden, so wie Orpheus sich nicht nach seiner Frau umdrehen und sie ansehen durfte. Während des gesamten zwanzigminütigen Gesprächs sitzt Richard mit nach vorn ausgestreckten Beinen da und hängt fast liegend in seinem Stuhl. Die ersten fünf Minuten sitzt Todd aufrecht auf seinem Stuhl. Als der Versuchsleiter nach seinem Kontrollbesuch nach den ersten fünf Minuten jedoch wieder hinausgeht und den Jungen gerade gesagt hatte, sie sollten über etwas Intimes reden, dreht sich Todd auf seinem Stuhl herum – *weg* von Richard. Er legt seine Hände eine auf die andere kurz auf die Rückenlehne seines gepolsterten Stuhls und den Kopf auf die Hände, eine hilflose und überdrüssige Haltung. Gleich danach lehnt er sich auf dem Stuhl zurück, streckt seine Beine aus und zieht einen hölzernen Drehstuhl auf Rollen mit seinen Füßen so zu sich heran, daß er die Füße ablegen kann. Im weiteren Verlauf des Gesprächs manipuliert Todd mit seinen Füßen an dem Drehstuhl herum, legt sie abwechselnd auf den Stuhl oder dreht ihn mit ihnen herum oder rollt ihn weg. Doch ungeachtet dessen, was er mit den Füßen macht, behält er seine halb liegende Position bei, sein Rücken ist ganz weit nach unten gerutscht. So führen die beiden Jungen ihr Gespräch in halb liegender Körperhaltung, parallel nebeneinander, ihre Blicke gerade nach vorn gerichtet. Eine Person, die einen kurzen Ausschnitt von den beiden so ausgerichteten Jungen gesehen hat, meinte dazu, sie sähen aus wie zwei Leute, die im Auto sitzen: einer neben dem anderen, jeder sieht nach vorn, und sie sehen sich selten an.

Die Mädchen der zehnten Klasse bieten dazu einen erstaunlichen Kontrast. Wie die Mädchen der sechsten Klasse sitzen sie quer, und nicht in Stuhlrichtung auf den Stühlen, um sich gegenseitig anzusehen. Während die Jungen in diesem Alter ihre Beine ausstrecken, sitzen beide Mädchen mit angezogenen Beinen auf den Stühlen. Nancy, links auf dem Holzstuhl, sitzt ziemlich ruhig und verändert ihre Stellung kaum. Für eine kurze Zeit lehnt sich Sally, rechts, zurück und legt einen Arm auf die Lehne des gepolsterten Stuhls; an einer Stelle nimmt sie eine Flasche Hautcreme aus ihrer Handtasche und reibt sich die Ellbogen mit der Creme ein; doch die ganze Sitzung hindurch sitzt sie fest auf ihrem Stuhl und sieht ihre Freundin stetig an, die auch sie stetig ansieht.

## Fünfundzwanzigjährige

Die fünfundzwanzigjährigen Männer sitzen, wie auch die Jungen der zehnten Klasse, eher in Richtung ihrer Stühle als einander zugewandt, so daß sie schließlich im Winkel zueinander sitzen. Außerdem steht Winstons Stuhl, links, etwas weiter vorn, daher muß er den Kopf nicht nur zur Seite, sondern auch etwas nach hinten drehen, um Timothy anzusehen. Das tut er gelegentlich – nicht so selten wie die Jungen der zehnten Klasse sich ansehen, aber nicht oft. Wenn er zuhört, sieht er Timothy häufiger an als beim Sprechen, aber nie über einen längeren Zeitraum. Timothy hält seinen Blick mehr oder weniger ständig nach vorn gerichtet, was bedeutet, daß er Winston kaum ansieht. Er wendet den Blick jedoch nicht so weit in eine andere Richtung wie die Zehntkläßler.

Die fünfundzwanzigjährigen Frauen entsprechen dem Muster. Marsha, links, sitzt quer auf ihrem Stuhl, so daß sie Pam direkt gegenübersitzt, mit dem Profil zur Kamera, und diese Seitenansicht verändert sich während des zwanzigminütigen Gesprächs nicht wahrnehmbar. Am Anfang hat sie ihr linkes Bein auf dem Stuhl angezogen, und ihr rechtes Bein ist leicht angewinkelt, den rechten Fuß auf die vordere Kante von Pams Stuhl gestützt. Das bringt ihren Körper fast oder tatsächlich in Berührung mit Pams Körper. Später streckt sie ihr linkes Bein aus und legt es auf die hintere linke Kante der Lehne von Pams Stuhl. Die ganze Zeit sieht sie Pam direkt an. Obwohl Marsha immer nur ein Bein gleichzeitig ausstreckt, werden ihre Beine so zu einem physischen Verbindungsglied zu der anderen Frau, sie werden nicht nach vorn und weggestreckt, wie das Ausstrecken der Glieder bei den Jungen. Außerdem bleibt ihr Körper gerade aufgerichtet und hängt nicht schlaff und ausgebreitet herunter. Pam hat den Holzstuhl mit den Armlehnen; sie sitzt gerade auf dem Stuhl, hat ihre Arme auf den Armlehnen und sieht Marsha an. Beide Frauen halten das ganze Gespräch hindurch einen festen und nur selten unterbrochenen Blickkontakt aufrecht.

### *Sind männliche Gesprächsteilnehmer unbeteiligt?*

Der Eindruck, den die Betrachtung der Körperhaltung von Jungen und Mädchen und Frauen und Männern im Vergleich zueinander hinterläßt, ist, daß die Mädchen und Frauen enger aneinander orientiert sind. Sie scheinen involvierter zu sein, man könnte sagen, mehr in den Gesprächszusammenhang eingebunden. Als ich das Muster, welches ich beobachtete, einer praktizierenden Therapeutin beschrieb, meinte sie dazu: »Oh, natürlich. Wenn ich in der Therapie mit Familien zu tun habe, sieht der Mann seine Frau nie an und mich auch nicht. Die Männer sind immer unbeteiligt.« Sie bemerkte dazu, daß die Literatur zur Familientherapie die Beschreibungen dieses Phänomens berücksichtigt. Doch ist der Mangel an Zuwendung des Gesichts und des übrigen Körpers Hinweis auf einen Mangel an Beteiligung?

Werden geschlechtsspezifische Unterschiede im interkulturellen Rahmen betrachtet, wird deutlich, daß die Einschätzung, der Mangel an Blickkontakt und körperlicher Orientierung aneinander bedeute Unbeteiligtsein, das weibliche Muster, Gesprächsbeteiligung zu zeigen, zur Norm setzt. Die anthropologische Forschungsliteratur ist jedoch reich an Beispielen von Kulturen, in denen von GesprächsteilnehmerInnen erwartet wird, einander in einzelnen Situationen und Interaktionen nicht anzusehen. Zum Beispiel wird in vielen Kulturen Respekt dadurch gezeigt, daß man die Augen niederschlägt und einem Vorgesetzten nie ins Gesicht sieht. Niemand würde daraus jedoch den Schluß ziehen, das bedeute, die GesprächsteilnehmerInnen seien nicht »beteiligt«. Vielmehr ist das Vermeiden von Blickkontakt in solchen Situationen ein angemessenes Zeichen, daß man in das Gespräch involviert ist. Die Übereinstimmung des Musters, das ich in den Videoaufnahmen beobachtete – nach dem sich die Jungen und Männer körperlich nicht direkt aneinander orientieren und einander nicht in die Augen sehen –, deutet darauf hin, daß es für sie eine Norm gibt, das nicht zu tun. A. L. Becker hat meine Beobachtung kommentiert und darauf hingewiesen, daß die frontale Haltung und der frontale Blick für Männer die Bedeutung des Kämpferischen haben, also wird durch die Nichteinhaltung dieser körperlichen Orientierung freundschaftliche Beteiligung gezeigt und hergestellt.[4]

Die Gespräche der Jungen in der zehnten Klasse liefern den dramatischen Beweis dafür, daß die körperliche Orientierung – eher voneinander weg als zueinander hin – nicht einen Mangel an Beteiligung bedeutet. Wie oben beschrieben, sitzen die Jungen parallel zueinander, ausgestreckt in Haltungen, die als gleichgültig und nachlässig ausgelegt werden könnten, und werfen in einem Fall einander gelegentlich einen Blick zu, in dem anderen Fall fast nie. Die Betrachtung der Videoaufnahme ohne Ton könnte sehr leicht den Eindruck hinterlassen, daß diese Jungen nicht beteiligt sind. Aber der angestellte Ton bringt die »intimste« Unterhaltung zum Vorschein, die ich in all den gesehenen Aufnahmen gehört habe.

Dem Ablauf dieses Versuchs entsprechend kam der Versuchsleiter ins Zimmer, nachdem sich die Jungen fünf Minuten lang unterhalten hatten, und sagte: »Hallo, ich habe gesagt, daß ich in fünf Minuten zurückkommen würde? Und euch bitten würde, euch ernst oder intim zu unterhalten?« Nachdem er weg ist, kichern und glucksen die Jungen kurz. Dann kommt es zu folgendem Austausch:[5]

> Todd: Über was zum Teufel noch mal sollen wir denn bloß reden? Ich meine ich weiß was mich nervt.
> Richard: Was nervt dich denn?
> Todd: *[Kichern]* Daß wir nicht zusammen reden.
> Richard: Wer redet nicht?
> ...
> Todd: Wir machen es schon wieder.
> Richard: Was?
> Todd: Nicht zusammen reden.
> Richard: Ich weiß. Also, fang doch an.
> Todd: Wir machen noch nicht mal mehr Small talk.
> *[Lachen]*
> Richard: Stimmt, okay. (3.4)
> Ich meine weißt du.
> Was soll ich denn dazu sagen? (3.6)
> Ich meine,
> wenn du das alles, was du letztes Wochenende gesagt hast, wirklich so gemeint hast,
> und <u>ich</u> alles so gemeint habe, was <u>ich</u> gesagt habe.
> (1.0)
> Todd: Also, natürlich habe ich das so gemeint.
> Aber ich meine ich weiß nicht.
> Ich schätze wir werden langsam erwachsen.
> Ich meine – ich weiß nicht.
> Ich schätze, ich lebe in der Vergangenheit irgendwie.
> Ich fand das wirklich gut damals
> als wir immer die ganze Nacht aufgeblieben sind
> und einfach weißt du

>           wenn wir bei anderen über Nacht geblieben sind
>           und dann einfach nur geredet haben.
> Richard: hhm
> Todd: Das hat irgendwie Spaß gemacht.
> Richard: Ja, das hat Spaß gemacht.
>           (2.2)
> Todd: Aber jetzt können wir schon froh sein, wenn wir auf
>           dem Schulflur überhaupt mal was zueinander sagen.
> Richard: Oh, na prima! *[herausfordernder Tonfall]*
> Todd: Ich mein's ernst.
>           Ich weiß noch, als wir mal den Flur lang gingen
>           und ich habe zu dir »Hi« gesagt
>           und du hast »Hi du« gesagt
>           oder manchmal schubst du mich vielleicht noch mal in
>           den Spind, wenn ich Glück habe.
>           *[Lachen]*
>           (1.4)
> Richard: Wir re:den doch. *[protestierend]*
> Todd: Nicht mehr so wie früher.
>           (4.8)
> Richard: Ich habe ja nie gewußt, daß du reden wolltest.

Das Gespräch geht in dieser Stimmung weiter, bis der Versuchsleiter hereinkommt und es beendet. Todd gibt tiefe Gefühle der Verletztheit und der Enttäuschung darüber zu erkennen, daß seine Freundschaft mit Richard nicht mehr so eng ist, wie sie einmal war.

## Zusammenfassung: Körperhaltung

Zusammengefaßt läßt meine Analyse der körperlichen und visuellen Orientierung von befreundeten Paaren darauf schließen, daß Mädchen und Jungen und Männer und Frauen ihre Anteilnahme aneinander und am Gespräch auf verschiedene Weise erreichen und zum Ausdruck bringen. Die Mädchen und Frauen sind körperlich ruhiger, gefaßter in dem Raum, den sie einnehmen, und direkter aneinander orientiert durch körperliche Nähe, gelegentliche Berührungen, Körperhaltung und das Festmachen ihrer Blicke. Die Jungen und Männer berühren einander nicht, außer in spielerischer Aggression, sie richten ihren Blick nicht auf den anderen und breiten sich auf den Raum, den sie einnehmen, eher aus, als sich darauf zurückzuziehen. Die Jungen in den jüngsten Paaren sind körperlich unruhiger, zerstreuter im Raum, in ihren Bewegungen wie mit ihrem Blick. Die Jungen und Männer der beiden älteren Paare sind körperlich ruhiger, aber in der Haltung und dem Blick weniger direkt aneinander orientiert. Das bedeutet jedoch nicht, daß Männer und Jungen nicht engagiert, nicht beteiligt sind. Es bedeutet lediglich, daß ihre Mittel, Gesprächsbeteiligung herzustellen, unterschiedlich sind. Diese Unterschiede führen jedoch schnell zu einer negativen Bewertung und dem Eindruck eines Mangels an Beteiligung, wenn sie an den Interaktionsnormen von Frauen gemessen werden.[6]

## Themenzusammenhalt

Das Muster des Themenzusammenhalts ist analog zum Muster der körperlichen und visuellen Orientierung: Die Unterhaltung der Mädchen und Frauen ist fester konzentriert, die der Jungen und Männer ist zerstreuter. In allen Altersgruppen zeigen die Mädchen und Frauen nur minimale oder keine Schwierigkeiten, etwas zu finden, worüber sie reden können, und sie reden über eine kleine Zahl von Themen. In allen Altersgruppen, mit Ausnahme der Jungen der zehnten Klasse, die oben besprochen wurden, zeigen die Jungen und Männer große Schwierigkeiten, etwas zu finden, worüber sie reden können. Die beiden jüngeren Paare gehen auf kein Thema näher ein, und so stellen sie jeweils einen geringen Umfang an Unterhaltung über eine große Zahl von Themen her. Die beiden älteren Paare reden über eine kleine Anzahl von Themen, doch sie besprechen die Themen auf abstrakterer Ebene. In allen vier Altersstufen gibt es Unterschiede zwischen den Geschlechtern hinsichtlich der Themen, die sie besprechen, und der Interessen, welche sie in ihrer Themenwahl zeigen. Die männlichen Teilnehmer benutzen häufig das Zimmer als Hilfsquelle für ihre Themen; die Teilnehmerinnen tun das selten. In der Unterhaltung der Jungen gibt es gelegentlich Anspielungen auf Gewalt, bei den Mädchen nie. Schließlich ist das Ausschließen und Vermeiden von Wut und Nichtübereinstimmung ein wichtiges Anliegen der Mädchen. Ich zeige diese Ergebnisse, indem ich nacheinander jedes der einzelnen Paare bespreche.

## Die Jungen der zweiten Klasse

Sowohl bei den Jungen in der zweiten als auch in der sechsten Klasse wird auf kein Thema näher eingegangen. Die Jungen der zweiten Klasse zeigen äußerstes Unbehagen in der Situation, in einem Raum zu sitzen, ohne etwas anderes zu tun zu haben als zu reden. Sie sprechen darüber, was sie tun könnten. Sie ziehen sich gegenseitig auf, erzählen Witze und planen Aktivitäten für später. Sie reden darüber, was sich im Zimmer befindet und verwenden, was Erickson (1982) »lokale Hilfsquellen« für Gesprächsthemen nennt. Sie suchen nach einem Spiel, das sie spielen können (*Jimmy:* »Was für Spiele haben wir – hat er denn.«) und versuchen, sich eins auszudenken (*Kevin:* »Laß uns Kuchen backen spielen.«). Sie bleiben bei keinem Thema länger als für ein paar Sequenzen. Sie singen, machen Motorengeräusche nach, äußern Nonsens-Silben und schmutzige Wörter (*Jimmy:* »Du hast Pu pu in deiner Hose,« »und dann hat es einen Furz gemacht – Hier kommt er!«). Es gibt nur zwei längere Sequenzen in dem zwanzigminütigen Gepräch: eine Sequenz, in der Jimmy ein Videospiel erklärt, und eine andere, in der er erklärt, wie man Kuchenbacken spielt (obwohl es Kevin war, der vorschlug, es zu spielen.)

Wie die meisten TeilnehmerInnen in dieser Untersuchung fangen die Jungen der zweiten Klasse so an, daß sie über das Problem sprechen, vor dem sie stehen: Kevin fragt: »Worüber wollen wir denn sprechen?« Jimmy reagiert mit einem Kommando »Guck mal, hier« und schneidet eine Grimasse, indem er seine Wangen nach unten zieht und seinen Mund vorstreckt. Jimmy zieht Kevin auf:[7]

Deine Haare stehen hoch.
Guck mal.
Sie stehen immer noch ganz hoch.
Immer noch. Immer noch. Immer noch. Immer noch. Immer noch.
Laß mal los.
Sie stehen ganz hoch.
Nein. Mach mal so und –
Jetzt sind sie fast glatt aber ein bißchen –
und dann mach mal so.
Mach mal so.
Mach mal so.

Während er ihn aufzieht, lacht Jimmy die ganze Zeit und streicht zur Demonstration seine eigenen Haare glatt. Später zieht er ihn wieder mit der gleichen Sache auf:

> Deine Haare stehen ganz hoch.
> Immer noch.
> Deine Haare stehen immer ganz hoch.

In der Videoaufnahme gibt es keinen Hinweis darauf, daß Kevins Haare hochstanden, doch Kevin scheint das, womit ihn Jimmy aufzieht, seinem Verhalten nach (er ahmt Jimmys Geste nach und streicht immer wieder seine Haare glatt) und seinen Worten nach (»Ich habe sie eben nicht gekämmt. Darum.«) ernst zu nehmen.

Kevin reagiert darauf, daß er aufgezogen wird, mit einer Geste, als ob er auf Jimmy schießen würde. (Die Jungen in der sechsten Klasse verwenden ebenfalls diese Geste, aber keines der Mädchen.) An anderen Stellen ignoriert Kevin, daß er aufgezogen wird, zum Beispiel als Jimmy ihm erzählt: »Ich weiß, das Jerome dich überhaupt nicht leiden kann.«

Die Jungen reden immer wieder darüber, etwas zu finden, was sie machen können:

> Kevin: Willst du mal irgendwann zu mir nach Hause kommen?
>        Mit meinem Fahrrad fahren?
> Jimmy: Was machen wir'n jetzt?
> Jimmy: Guck mal. Was das für ein Spiel ist –
>        Was das für ein Spiel ist da drüben –
>        Wir spielen – das hatten wir in der ersten Klasse.
> Jimmy: Was für Spiele haben wir – hat er denn? [»er« bezieht
>        sich auf den Versuchsleiter]
> Kevin: Ich weiß nicht.
> Jimmy: Wahrscheinlich bloß das.
>        Das ist doch ein blödes Spiel oder.
> Kevin: Sieht aber ganz gut aus.
> Jimmy: Ich kann's gar nicht abwarten bis wir Spiele spielen.
> Jimmy: Also wenn du etwas weißt, dann mach's doch.
> Kevin: Jetzt kommt er wieder rein.
>        Was würdest du denn gern machen?
> Jimmy: Fußball spielen.
> Jimmy: Sag du doch mal was wir machen können.

Kevin: Kuchen backen.
Jimmy: *[Lachen]* Guck.
Kuchen backen.
Los komm, laß uns Kuchenbacken spielen.
Los komm.

Um eine Unterhaltung zustande zu bringen, übernimmt Jimmy die Rolle eines Interviewers. Er fragt Kevin immer wieder: »Wie bist du denn in der Schule?«, bis Kevin sich wehrt: »Das brauchst du mir nicht immer wieder zu sagen.« Jimmy fragt Kevin auch: »Wie spielst du denn Fußball?« Dann faßt er die Themen kurz zusammen, die er für geeignet hält:

Jimmy: Ich hab' vier Sachen zu sagen.
Kevin: Na gut.
Jimmy: Ich hab' vier Sachen zu sagen.
Kevin: Sag's mir doch.
Jimmy: Du bist gut in der Schule, hmh?
Kevin: Ja.
Jimmy: äh Spielst'e gut Fußball?
Kevin: Mh hmh.
Jimmy: Du bist nett.
Und was war das letzte?
Wie geht es dir.
Kevin: Gut.
Jimmy: Jetzt bist du dran.

Jimmys Vorbild für das Zusammensitzen und Reden ist anscheinend ein Interview, vielleicht wie ein Kind von einem Elternteil oder einem Erwachsenen befragt wird. Das deutet darauf hin, daß lediglich zusammenzusitzen und zu reden nicht etwas Natürliches zu sein scheint, was man mit einem Freund macht. Außerdem hat Jimmy, so jung wie er ist, das Modell artikuliert, das die Gespräche aller Jungen und Männer, die ich mir angesehen habe, zu kennzeichnen scheint. »Wie geht es dir?« ist eine Routine-Eröffnung und »Du bist nett« ein unbestimmtes Thema. Die anderen beiden Themen, die Jimmy nennt, Schule und Sport, sind tatsächlich die Themen, mit welchen die Jungen und Männer in der Untersuchung am häufigsten beginnen und die sie besprechen.[8]

## Die Mädchen der zweiten Klasse

Im Themenzusammenhalt wie auch in der Körperhaltung liefern die Mädchen in der zweiten Klasse einen erstaunlichen Gegensatz zu den Jungen derselben Klassenstufe. Während die Jungen der zweiten Klasse von Thema zu Thema sprangen, sich nie für eines entschieden, auf irgendeines näher eingingen und über Aktivitäten sprachen, einigten sich die Mädchen der zweiten Klasse sofort auf ein Thema, das gleichzeitig auch eine Aktivität war: Sie erzählten einander Geschichten.

Am Beginn der Aufnahme erzählt Ellen ein gemeinsames Erlebnis auf einer Party, die sie beide besucht haben. Jane reagiert darauf mit einer Geschichte über einen Vorfall, der kürzlich bei ihr zu Hause passiert ist, als sie ihrem Bruder etwas vorgelesen hat. Ellen reagiert daraufhin mit einer Geschichte darüber, daß sie *ihrem* Bruder etwas vorgelesen hat. Janes nächste Sequenz ist eine Geschichte über ein anderes gemeinsames Erlebnis in einem Restaurant. An dieser Stelle sind die fünf Minuten vorüber, und der Leiter des Experiments kommt herein und sagt:

Also gut, Leute,
ich hab' euch doch gesagt, daß ich nach einer Weile
zurückkomme?
Ja, damit ihr euch etwas Ernstes überlegen könnt,
worüber ihr reden könnt.
Na ja, es wird jetzt Zeit,
warum fangt ihr nicht einfach an
und denkt darüber nach
und redet irgendwie ein bißchen darüber,
und ich geh jetzt raus
und komme nach einer Weile wieder zurück,
okay?

Die Mädchen befolgen seine Anweisungen ganz genau. Sie rücken dicht zusammen und flüstern und reden anscheinend darüber, worüber sie reden könnten. Sie kommen auf ein Thema zu sprechen, das unbestreitbar ernst ist: Den Rest der Zeit tauschen sie Geschichten über Krankheiten, Unfälle, Krankenhausaufenthalte, Stürze und Schrammen aus. Sie erzählen ihre Geschichten in einem stilisierten Muster in der Satzmelodie, beginnen mit in die Länge gezogenem, ansteigendem Tonfall, wie Michaels und Cook-Gumperz (1979) das Erzählen während der »Erzählstunde« in einer Kindergartengruppe beschreiben. Ein besonders kurzer, aber dennoch bezeichnender Austausch von Geschichten sieht so aus:

Ellen: Weißt du noch,
       was ich dir von meinem Onkel erzählt habe?
       Er ist hinter meinem Großvater her die Leiter hochgestiegen?
       Und er ist runtergefallen und äh hat sich den Kopf aufgeschlagen?
       Er ist und weißt du was?
       Das ist immer noch nicht geheilt.
Jane: Einmal,
       mein Onkel,
       er war mh er hat so eine Bullenfarm?
       In Millworth?
       Und die Hörner von dem Bullen
       haben sich genau durch seinen Kopf gebohrt.
Ellen: Das ist ernst.

Obwohl die Mädchen ihre Geschichten nicht ausdrücklich an der vorherigen Geschichte festmachen, ist es leicht, den Zusammenhang einer Geschichte mit der nächsten nachzuvollziehen. Zum Beispiel ist in dem obigen Auszug die Geschichte von Jane der Geschichte von Ellen nicht nur darin ähnlich, daß sie von einem Unfall handelt, sondern auch darin, daß sie auch von einem Onkel und von einer Kopfverletzung handelt. Ellens Einschätzung »Das ist ernst« ist rührend, nicht nur deshalb, weil sie sich damit an den Anweisungen des Versuchsleiters orientiert, über »etwas Ernstes« zu reden, sondern auch, weil sie zustimmend ist, in auffallendem Gegensatz zu der gespielt-feindseligen Aufzieherei der Jungen im gleichen Alter. Die Mädchen orientieren sich mit ihren Geschichten auch aneinander, indem sie sie häufig mit »Weißt du noch?« beginnen und sich gegenseitig an vorherige gemeinsame Erlebnisse und Gespräche erinnern. Daher ließe sich über die Mädchen sagen, daß sie ein einziges Thema, ernste Mißgeschicke, mit vielen untergeordneten Themen besprechen. Überdies einigen sie sich auf die Tätigkeit des Austauschens von Geschichten ohne sichtbares Unbehagen; sie scheinen sich wohl dabei zu fühlen, sich an der Unterhaltung zu beteiligen.

## Die Jungen der sechsten Klasse

In ihrem zwanzigminütigen Gespräch tippten die Jungen der sechsten Klasse 55 Themen an. Sie begannen damit, die Schule und die Hausaufgaben zu erwähnen, und redeten dann über Themen wie Kabelfernsehen, Sport, Sex und Gewalt im Fernsehen, Bemerkungen über den Raum, andere Jungen in der Schule, die Schuhe von Walt (die er aus einer Tasche nimmt und an Tom zur Begutachtung weitergibt), eine Rock-Gruppe, in der sie spielen, die Inflation, darüber, daß Nancy Reagan ein Kleid für 3000 Dollar kauft, über Mädchen, Pistolen, Videofilme und über ihre Freundschaft. Kein Thema erstreckte sich über mehr als ein paar Einheiten, und nur zwei Sequenzen dehnten sich über mehr als ein paar Äußerungen aus. Eine dieser beiden längeren Einheiten war nicht gerade eine Rede-Sequenz: Tom sang ein Lied, das er kürzlich für ihre Rock-Gruppe komponiert hatte. Die andere längere Einheit war eine kurze Geschichte über einen Fahrradunfall (Erickson 1990 bespricht Geschichten über Unfälle mit dem Rad als ein Gesprächsgenre, an dem sich Jungen und Männer beteiligen). Die meisten Sequenzen waren lediglich einzelne Phrasen, oder sie waren ein oder zwei Sätze lang.

Im Folgenden ein bezeichnendes Segment aus dem Gespräch der Jungen der sechsten Klasse:

Tom: Verdammt. Das ist ja ein Bild. [*sich auf das Bild im Zimmer beziehend*]
Walt: mh-hmh
Tom: Ich kann das manchmal nicht ab, wenn man fernsieht und es wirklich langweilig ist.
Walt: Jaa.
Tom: Jaa, das einzige was man im Fernsehen heute noch sieht ist Sex und das alles.
Walt: Und die Verbrechensrate und so die ist doch nicht wie sie wirklich ist in der echten Welt.
Tom: Genau, ich meine man geht in – man geht doch nicht jeden Tag in ein Kaufhaus und wird erschossen.
Walt: Genau.
Tom: Ich habe heute James Bond gesehen. – Ich glaube nicht, daß die wirklich solche Motorräder haben. Die Ganoven fahren hinter einem Polizisten mit Maschinenpistolen auf ihrem Motorrad her. Das hätte ich gern, ein Motorrad, aber mein Vater findet Motor-

räder nicht gut.
Walt: Meiner auch nicht. Er sagt die sind zu gefährlich.
Tom: Hast du schon von diesem neuen Song gehört, der heißt Miss Dance? Flash Dance?
Walt: Jaa.
Tom: Ich weiß nicht, die ist in so einer Tanzgruppe oder so.
Walt: Ich finde den Song gut.
Tom: Wa – was /??/ deine Noten dieses Mal, oh Jesus.
Walt: Ziemlich gut. Die sind hochgegangen.

Wie dieses Segment zeigt, wechseln die Jungen häufig das Thema, und auf kein Thema wird näher eingegangen; die Bemerkungen sind unvollständig und kurz. Die Jungen handeln aber trotzdem viel Übereinstimmung aus – ein Stil, der mit Mädchen in Zusammenhang gebracht worden ist (siehe Eckert 1990).

Damit soll nicht gesagt werden, daß die Jungen in der sechsten Klasse niemals zwischenmenschliche Beziehungen besprechen. Es folgt ein Segment, in dem sie das tun.

Tom: Mensch, die Schule geht vielleicht auf die Nerven.
Walt: Ja wirklich.
Tom: Jeder fängt an
den anderen zu nerven.
Mrs. Gladdis –
Walt: Ich hoffe, daß Jerry nicht mehr wiederkommt.
Ich weiß nicht warum.
Tom: Früher mochte ich den eigentlich – aber jetzt –
ich weiß nicht was los ist,
aber ich interessiere mich nicht mehr für den.
Walt: Sid ist rausgeflogen, Mensch.
Tom: Ich weiß.
Mensch, ich – ich falle durch wenn –
Ich bin gerade etwas abgesackt in der Schule.
Weil Sid gibt –
Wie heißt dieser Typ?
Jerry? Jimmy? Der, der Sid gut findet.
Der sitzt direkt neben mir und redet.
Walt: Ich weiß.
Tom: Und ich kann noch nicht mal singen und der singt richtig.
Ich will auch nicht singen.

Walt: Jaa, ich weiß was du meinst.
Tom: Ich singe die neuen Songs, die wir schreiben.
Mensch, wir müssen unsere Rock-Gruppe mal geregelt kriegen, oder wir sind bald draußen, Mensch.

Ich habe dieses Segment über die anderen Kinder in der Schule und ihre Beziehungen ausgewählt, weil es den Mädchen in der Thematik am nächsten steht. Aber es zeigt auch, daß auf die Themen nicht näher eingegangen wird: Die Bemerkungen sind unvollständig und kurz. Auf einer eher oberflächlichen Ebene läßt sich feststellen, daß viele von Toms Sequenzen, die ein Thema einleiten (11 insgesamt) mit »Mensch« als Rede-Anzeichen beginnen.

*Die Mädchen der sechsten Klasse*

Wie bei den Zweitkläßlern weisen auch die Mädchen der sechsten Klasse einen umwerfenden Gegensatz zu den Jungen auf.

Beide, die Jungen und die Mädchen in diesem Alter beginnen, indem sie darüber sprechen, was am Abend vorher zu Hause passiert ist. Sie konzentrieren sich jedoch auf sehr unterschiedliche Aspekte ihrer Interaktion zu Hause. Von den Jungen der sechsten Klasse beginnt Tom mit dem Thema, indem er Objekte erwähnt: ein Flugzeug und einen Fernseher.

Tom: Mensch –
Gestern?
Wir haben da gesessen und Kabel gesehen?
Und da ist irgend so ein riesiges altes Flugzeug
vorbeigeflogen,
hat sich angehört, als ob es gleich landen würde.
Walt: *[lacht]*
Tom: Und dann ist gestern unser Kabelfernsehen ausgefallen.
Walt: Unsers auch.

Im Gegensatz dazu gibt das Mädchen der sechsten Klasse, die das Gespräch eröffnet und darüber erzählt, was am Abend vorher zu Hause passiert ist, einen gefühlsgeladenen Vorfall wieder, der ein Familienmitglied betrifft:

Julia: Äh: Stell dir vor, was gestern abend passiert ist.
Shannon: Was.
Julia: Äh ... Ich bin gegangen äh, okay
 Gestern abend, äh – *mein* Bruder äh, mein B –
 Okay, mein Vater hat gesagt,
 »Julia du mußt deine Sachen aufräumen, allein.«
 Und /?/ Ich habe gesagt:
 »Also, wenn mein Bruder das nicht muß«
 und dann haben mein Vater und ich einen Riesenkrach
 gekriegt und so weißt'e?
 Und ä:h, oh go:tt.
 Und ich habe ihn gebissen.
 Ich konnte das nicht glauben.
 Oh Go:tt!
Shannon: Oh meine Gü:te. Ist er sauer geworden?
Julia: Ja klar, aber nicht – nicht gleich nur –
 Ich bin auf mein Zimmer gegangen.
 Ich habe die ⌈Tür abgeschlossen.
Shannon:     ⌊Mhmh.
Julia: Oh Go:tt.

Es geht nicht nur darum, daß Julias Sequenz von einem Familienmitglied handelt. Sie ist länger als jede Sequenz, die von den Jungen im gleichen Alter hergestellt wurde; es ist sogar eine Geschichte. Und es geht um eine besondere Art der Familien-Interaktion: einen Streit. In den meisten Unterhaltungen der Mädchen in der sechsten Klasse geht es um Intimität und um Streitsituationen: die Sorge, daß Streitsituationen die Intimität zerstören. Während »Mensch« das kennzeichnende Rede-Anzeichen von einem der Jungen in der sechsten Klasse ist, ist das Rede-Anzeichen, das den Redeanteil Julias spickt, wenn sie an die Grenzen eines Themas stößt oder an prekäre Stellen kommt, »go:tt« oder »oh go:tt«, was 20 mal vorkommt. Darüber hinaus wird die Crux in Julias Geschichte in Dialog-Form zum Ausdruck gebracht: die Forderung ihres Vaters, daß sie ihre Sachen aufräumen soll (»›Julia du mußt deine Sachen aufräumen, allein‹«) und ihr Protest, daß ihr Vater von ihr mehr verlangte als von ihrem Bruder (»›Also, wenn mein Bruder das nicht muß‹«).

Gleich danach spricht Julia ein Thema an, das den größten Teil der Unterhaltung in diesem Gespräch ausmacht: ihre Freundschaft zu einem anderen Mädchen, Lizzie, die wegen der Wutausbrüche Lizzies zu Ende gegangen ist:

> Julia: Ich bin so froh, daß Lizzie, äh,
> und die anderen nicht mehr sauer auf mich sind.

Nach einem kurzen Redeschwall zu diesem Thema spricht Shannon ein anderes an: »Morgen möchte ich Schlittschuhlaufen gehen.« Beide Mädchen beurteilen dann ihre eigene Fähigkeit, Schlittschuh zu laufen, negativ, woraufhin Julia erklärt, sie hoffe, sie und Shannon werden noch in der High-School Freundinnen bleiben, obwohl sie auf verschiedene Schulen gehen werden. Die Gefahr, daß sie sich zerstreiten, wird wieder mit Bezug auf Lizzie angesprochen: »Denn du weißt ja, das ist das, was dir und Lizzie passiert ist.« Shannon protestiert und sagt: »Das war Lizzie allein.« Mitten in einem kurzen Austausch von Bemerkungen zu den Freundschaftsbeziehungen in der Schule und zu einem bevorstehenden Picknick gibt Julia Shannon einen Freundschaftsanstecker. Es dauert jedoch nicht lange, und sie sind wieder bei Lizzie:

> Shannon: Wie schade, daß du und Lizzie keine guten Freundinnen
> mehr seid.
> Julia: Ich weiß.
> Go:tt, das ist – sie ist so <u>gemein</u> manchmal.
> ...
> Und dann – was so traurig dabei war
> sie wird einfach – <u>sau:er</u> auf dich
> ganz plötzlich.
> Und so wenn sie 'was macht, was <u>mir</u> nicht gefällt,
> ich meine, es – <u>gefä:llt</u> mir einfach nicht,
> ich meine, ich werde doch auch nicht <u>sau:er</u> auf sie!

Die Diskussion geht in aller Ausführlichkeit darüber weiter, wie Julia mit Lizzie befreundet sein wollte und es auch versuchte, aber Lizzie diese Freundschaft unmöglich gemacht hat. An dieser Stelle, wie auch an anderen Stellen, zentriert sich Julias Sorge größtenteils auf die destruktiven Wirkungen der Wut und auf ihre Behauptung, daß Leute nicht sauer aufeinander werden sollten (zum Beispiel »Meine Mutter macht Sachen, die mir nicht besonders gefallen, un- ich- ich meine, ich werde doch auch nicht <u>sau:er</u> auf sie.«). Ein anderes, damit zusammenhängendes Anliegen, das Julia zum Ausdruck bringt, ist der Schmerz, Freundschaften zu verlieren (»Es tut weh, wenn du deine beste Freundin verlierst.«).

Die nächsten drei Themen werden ziemlich plötzlich von Julia angesprochen. Oberflächlich betrachtet scheinen es Themenwechsel zu sein, auf einer unterschwelligeren Ebene jedoch sind es neue Phasen ein und desselben Themas: das Anliegen, das mit Trennung und Verlust zu tun hat. Nachdem noch mehr über Lizzie geredet wurde, hüpft Julia auf ihrem Stuhl nach vorn und sagt:

> Julia: Oh! Das habe ich ganz vergessen,
> ich muß dich etwas fragen.
> Hast du schon mal das Gefühl gehabt, daß du adoptiert bist?

Die Mädchen diskutieren weiter darüber, wer adoptiert ist oder adoptiert sein könnte, und warum sie das glauben. Dann sagt Julia: »Ich möchte gern eine Freundin haben und sie für i:mmer behalten«, womit sie eine Diskussion über Freundschaft einleitet, die zu einem Streitgespräch über die Beziehungen von Kindern zu anderen Kindern und zu den Eltern führt und in dem es auch um Kritik an Kindern geht, die zu ichbezogen und anspruchsvoll sind, oder denen von ihren Eltern zuviel geboten wird. Es ist nicht überraschend, daß eines der Mädchen, das dieser Kritik ausgesetzt ist, Lizzie ist. Bei allen Themen geht es um Intimität und um die Angst vor ihrem Verlust. Schließlich sagt Julia, scheinbar ohne Bezug zu der vorherigen Unterhaltung:

> Wenn äh, also –
> Ich fände es schrecklich wenn meine Eltern geschieden wären.
> Das passiert dann, wenn sie anfangen, sich zu streiten.
> Ich denke, daß sie dann einfach sagen:
> »Na gut, ich laß mich jetzt scheiden.«
> Und dann immer wenn,
> immer wenn sie anfangen, sich zu streiten,
> dann sind mir ganz schnell Lizzie und Jonah durch den Kopf geschossen.

Der Zusammenhang ist jedoch klar: Julia hat den Verdacht, daß Lizzies inakzeptabler Charakter auf die Scheidung ihrer Eltern zurückzuführen ist; sie glaubt, daß die Äußerung von Wut zur Trennung führt; wenn ihre Eltern sich streiten, hat sie also Angst, daß sie sich scheiden lassen und das ihren Charakter genauso verdirbt wie den Charakter von Lizzie (»Ich fände es schrecklich wenn ich zu so einem Snob werden würde.«).

Bevor ich die Diskussion der Gespräche von den Mädchen der sechsten Klasse abschließe, möchte ich noch etwas zu zwei weiteren Gesichtspunkten ihres Sprachstils anmerken, welche deutlich festzustellen sind, wenn man sie reden hört. Erstens hat ihre Unterhaltung eine stark stilisierte Singsang-Qualität, die für die Unterhaltung von weiblichen Teenagern leicht als typisch zu erkennen ist. Diese Qualität ergibt sich aus den scharfen Wechseln in der Tonhöhe, der stark emphatischen Betonung vieler Wörter, aus der Intonation, die ansteigt und am Ende der Sätze gleichmäßig bleibt, und der Verlängerung der Vokale. Zweitens macht einen großen Teil der Unterhaltung aus, was ich als »konstruierten Dialog« (Tannen 1989) bezeichne, wie er oben zu sehen war, als Julia ihre Angst vorträgt, daß ihre Eltern »dann einfach sagen: ›Na gut, ich laß mich jetzt scheiden.‹«

*Die Mädchen der zehnten Klasse*

Es besteht eine so auffallende Ähnlichkeit zwischen den Mädchen der zehnten und denen in der sechsten Klasse, daß ich die Zehntkläßlerinnen an dieser Stelle bespreche und sie danach den Jungen der zehnten Klasse gegenüberstellen werde.

Die ersten 5 Minuten verbringen die Mädchen der zehnten Klasse damit, daß sie kichern, Witze machen und lachen. Ihre 20minütige Unterhaltung erstreckt sich über 18 Themen, doch 16 davon sind in den ersten 5 Minuten gefunden, bevor sie sich dem Gespräch widmen. Nach der Mahnung des Versuchsleiters an der 5-Minuten-Grenze, daß sie über etwas »Ernstes und/oder Intimes« sprechen sollten, entschließen sich die Mädchen sehr schnell für zwei miteinander zusammenhängende Themen: die problematischen Beziehungen Nancys zu ihrem Freund und zu ihrer Mutter. Es gibt eine Parallele zu der Situation bei den Mädchen der sechsten Klasse, worin sich die Unterhaltung auf die problematischen Beziehungen eines der Mädchen zu anderen Leuten konzentriert und in der diese Themen von dem anderen Mädchen angesprochen werden:

Sally: Rede doch über John.
Das ist ernst und/oder intim.

Auch wenn John endlich zum Thema der Unterhaltung wird, geschieht das nicht sofort. Nach ein paar unverbindlich gewechselten Bemerkungen (wie von Nancy »Was ist denn mit ihm?«) bringt Sally das zweite Problem von Nancy an:

Nancy: Okay.
Also, worüber willst du denn nun reden?
Sally: Deine Mama, hast du mit deiner Mama geredet?

Es stellt sich heraus, daß Nancy und Sally zu einer Gruppe gehörten, die einen Ausflug nach Florida gemacht hat, von wo Nancy auf Drängen ihrer Mutter kurzfristig wieder abgereist ist. Der Rest der Unterhaltung geht auf dieses Erlebnis genauer ein, konzentriert sich auf die Abreise Nancys und die Wirkung, die ihr Ausflug und ihre frühe Rückkehr auf ihre Beziehung zu John und zu anderen männlichen Freunden hatte.

Auch in anderer Hinsicht ist die Unterhaltung der Zehntkläßlerinnen der der Sechstkläßlerinnen ähnlich. Obwohl die Muster im Tonfall nicht so stilisiert sind wie bei dem jüngeren Paar, ist auch hier eine Tendenz zur Singsang-Intonation vorhanden, zur Verlängerung der Vokale, zu auffälligen Wechseln in der Stimmlage und zum konstruierten Dialog. Einige Wörter und Ausdrücke, die Nancy gebraucht, erinnern an die von Julia, wie zum Beispiel »Go:tt« und »Ich konnte [das] nicht glauben«. Dieses Muster taucht auf, sobald sie sich auf ein Thema geeinigt haben. Sally erzählt Nancy von der Wirkung, die Nancys Abreise auf ihre Freunde hatte:

Nancy: Go:tt, das war schli:mm.
Ich konnte es nicht glauben, daß sie mich dazu
gezwungen hat nach Hause zu fahren.⎤
Sally:                                    ⎣Ich dachte auch
das war irgendwie merkwürdig,
ich meine, wir gehen gerade los,
und im nächsten Moment fährt Nancy weg:
»Entschuldigung, ich muß jetzt los.« [beide lachen]
Ich wußte überhaupt nicht, was los war,

und dann kommt Mary zu mir,
und sie wispert,
(dabei wissen es natürlich alle):
»Weißt du schon, daß Nancy nach Hause fährt?«
Und ich dann: »Was?« *[beide lachen]*
»Nancy fährt nach Hause.«
Und ich: »Waru::m denn?«
Und sie: »Ihre Mutter will das so.«
Ich dann also *[verzieht das Gesicht]:* »Ach soo.«
Dann kommt sie wieder an und dann: »Nancy ist abgefahren.«
Na ja, und ich habe gesagt: »<u>Also</u>, das ist ja wohl eine feine Sache, so was <u>zu machen</u>, die ist noch nicht mal gekommen und hat sich verabschiedet.«
Und die platzt da los und regt sich auf,
und ich dann *[macht ein Schreien nach]:*
»<u>Ist ja gu::t!</u>!«
Die hat sich aufgeregt, die Mary,
und ich so ungefähr »Oh Go::tt«

Nancy: Ich mußte einfach nach Hause.

*[räuspert sich]* Ich weiß noch, als ich nach Hause gefahren bin,
habe ich gesagt, habe ich gesagt: »Mom, könnten wir uns vielleicht etwas beeilen?
Ich will nach Haus und John anrufen.«
Ich drehe, das wollte ich ihr damit sagen:
»Also, irgend etwas muß passieren,
oder <u>ich drehe ganz einfach du::ch</u>!«
Sally: Hat sie irgend etwas gesagt?
Nancy: Eigentlich nicht.

Wie in einer Schilderung von einem weiblichen Teenager, welche ich an anderer Stelle beschrieben habe (Tannen 1988), steht auch hier der Dialog im Mittelpunkt, und das häufigste Verb, das den Dialog einleitet, ist die Form »und ich dann« (»Und ich dann ›Waru::m denn?‹«). Eine alternierende und ebenfalls häufige Form, die einen Dialog einleitet (Tannen 1986b) ist »so ungefähr«, eher gefolgt von dem, wie sich jemand so ungefähr fühlte, als dem, was jemand gesagt hat, was sich auch in einer Äußerung zeigt: »Und ich so ungefähr ›Oh Go::tt‹«. Die

Konturen in der Intonation sind übertrieben, und die zentralen Ereignisse sind die Beziehungen zwischen Menschen und die Gefühle, welche die Sprecherin von ihnen hat.

## Die Jungen der zehnten Klasse

Während die Muster, welche die Gespräche der Mädchen und Frauen gemeinsam haben, durch die Altersstufen hindurch ziemlich gleichbleibend sind, ist das Gespräch der Jungen in der zehnten Klasse für die Gruppe der Jungen und Männer teilweise regelwidrig, und zum Teil entspricht es dem Muster. Sie sehen sich jedoch weder gegenseitig an, noch schauen sie ziellos im Zimmer herum, wie es die Jungen in der zweiten und sechsten Klasse taten. Auch gebrauchen sie Gegenstände im Raum als Hilfsquellen für die Unterhaltung. Anders als die beiden jüngeren Paare, wenn auch nicht anders als das älteste, reden sie ausführlich über jedes Thema.

Auch wenn viele untergeordnete Themen damit verknüpft sind, dreht es sich in der Unterhaltung der Jungen in der zehnten Klasse um zwei zusammenhängende Themen, und jedes von ihnen spiegelt jeweils das wider, was einen der Jungen am meisten beschäftigt. Beide Themen erwachsen aus den Beziehungen der Jungen, aus ihren Gefühlen, ihrem Verhalten und den Gesprächen, die sich während einer Party, an der sie am Abend vorher teilgenommen haben, ergaben. Richards Hauptanliegen ist seine Trinkerei: Als er Anne nach der Party nach Hause gebracht hat, sagte sie ihm, er verhalte sich unmöglich, wenn er trinkt, und sollte entweder lernen, in Maßen zu trinken, oder ganz mit der Trinkerei aufhören. Das Hauptanliegen von Todd ist sein Gefühl der Entfremdung von Richard und der Gruppe. Dieses Gefühl, außen vor zu sein, nicht hineinzupassen, wurde am Abend zuvor ausgelöst, als Richard von der Party wegging, um mit Mary allein zu reden.

Im folgenden Auszug bringt Richard sein Anliegen zur Sprache, indem er den konstruierten Dialog gebraucht, jedoch nicht mit den extremen Konturen im Tonfall, welche die Unterhaltung der Mädchen kennzeichnen:

Richard: Als ich Anne gestern Abend nach Hause gebracht hab',
    hat sie mir den Marsch geblasen.

Todd: Wirklich?
...
Richard: Weißt du, als sie das rausgekriegt hat, was letzten
Donnerstag abend zwischen mir und Sam los war?
Todd: mhmh
Richard: Sie wußte darüber Bescheid.
Und sie und sie hat nur gesagt
und dann hat sie angefangen, über das Trinken zu reden.
Weißt du?
Und danach hab' ich mir gedacht:
»Also, sieh dir mal die Scheinheilige da an,
sieh dir mal die Scheinheilige da an, wie die redet«,
und ich ha- ich habe das nicht gesagt.
Und dann hat sie gesagt, weißt du:
»Du, wie du jeden verletzt, wenn du das machst.
Du bist immer grantig.«
Und dann hat sie einfach gesagt: »Ich mag das nicht.
Du verletzt Sam.
Du verletzt Todd.
Du verletzt Mary.
Du verletzt Liz.«
Und ich habe gesagt:
»Oh ja, stell Richie mal ruhig als Alkoholiker hin.«

Richard nennt Anne scheinheilig, denn später in demselben Gespräch »[sagt] sie dann: ›ich freu' mich schon unheimlich auf morgen abend, wenn wir zu Joe's gehen und uns so richtig vollaufen lassen.‹« Er nimmt ihre Kritik jedoch ernst und kommt immer wieder auf die Frage zurück, ob er versuchen sollte, sein Trinken einzuschränken oder ganz damit aufzuhören.

Todd kommt immer wieder auf das Thema seiner Entfremdungsgefühle zurück. Das erste Gesprächsthema, eine bevorstehende Tanzveranstaltung, hat Richard im Zusammenhang mit seinem Gespräch mit Mary am Abend vorher angesprochen: Richard ist beunruhigt, weil Mary keine Verabredung für die Tanzveranstaltung hat. Anstatt Richards Sympathie für Mary zu teilen, reagiert Todd mit einer Bemerkung, die erkennen läßt, daß er selbst auch keine Verabredung zum Tanzen hat (»Ich hab' eben einfach keine Lust, jemanden zu fragen.«). Darüber hinaus sagt er, daß er eine Verabredung mit einem Mädchen namens Janet hatte, aber da habe er einfach nur ein schlechtes Gefühl gehabt, denn »Nach einer Verabredung wird es dann langweilig. [Lachen] Damit hat es sich dann auch schon.« Später, als Richard weiter über sein Gespräch mit Anne redet, bringt Todd noch einmal sein eigenes Anliegen zur Sprache: Er hat sich von Richard abgetrennt gefühlt, und er ist verstimmt, über die Zeit, die Richard mit Mary verbringt:

> Richard: Ich meine, als sie mir das gesagt hat, ...
> weißt'e, ich meine, da war ich irgendwie sprachlos.
> (5.6)
> Ich habe nun wirklich nicht soviel getrunken.
> Todd: Redest du denn noch mit Mary,
> oft, meine ich?
> Richard: Ob ich noch mit Mary rede?
> Todd: Jaa, denn darum –
> darum bin ich Freitag sauer gewesen.
> Richard: Warum?
> Todd: Darum.
> Richard: Was heißt denn nun darum?
> Todd: Weil ich nicht wußte, warum ihr alle einfach weg-
> ich meine, ich bin nur nach oben gegangen
> und dann seid ihr alle nicht mehr zurückgekommen.
> Und ich dann: »Na prima. Das ist mir doch egal.«
> Ich hab' mir gesagt: »Jetzt fängt der also damit
> wieder an.«

Anstatt Todds Klage darüber, daß er mit Mary von der Party verschwunden ist, weiterzuverfolgen, kommt Richard auf das Thema zurück, das er am Anfang angesprochen hat: seine Sorge, daß Mary für die bevorstehende Tanzveranstaltung keine Verabredung hat (»Mein Gott, das tut mir so leid für sie, wenn sie zu Haus bleibt.«). Nach einer kurzen Reaktion darauf, in der er keine Sympathie für Mary zum Ausdruck bringt (»Die bleibt doch nicht zu Hause, das ist ja lächerlich. Warum fragt sie denn nicht einfach jemanden?«), kommt Todd auf sein eigenes Anliegen zurück, sein Gefühl der Entfremdung: »Ich habe mich gestern abend wieder irgendwie unwohl gefühlt«, denn »Ich habe mich so fehl am Platz gefühlt.« Dann erklärt Todd weiter, daß das Grund dafür war, warum er selbst verschwunden ist:

> Todd: Und, äh, ich hab' mich einfach wieder fehl am Platz
> gefühlt,

also bin ich einfach rausgerannt hinten auf den Hof
für einen Moment,
und ich bin zurückgekommen
und da ist dann dieser Riesensuchtrupp, der nach mir
sucht.

Für die Jungen in der zehnten Klasse, wie auch für die Mädchen im gleichen Alter, sind Freundschaftsbündnisse von zentralem Interesse, und eine Seite, von der sie betrachtet werden, ist das Verhalten auf Partys: wer ist da, und wer setzt sich ab.[9]

Die Jungen reden – wie die Mädchen – über andere Leute. Sie verbringen auch viel Zeit damit, andere schlecht zu machen. Während die Mädchen jedoch bestimmt sind in ihrer Kritik an dem Verhalten anderer (die Art, wie sie sich kleiden, daß Lizzie wütend wird), machen die Jungen (besonders Todd) die anderen ganz allgemein schlecht (Mary und Richards Mutter haben »null Hirn«, jemand anders ist »so ein Trottel«).

Das Muster des Themenzusammenhalts spiegelt das von den Jungen in der zehnten Klasse gezeigte Muster der Körperhaltung wider. Genauso wie Richard und Todd parallel zueinander sitzen, anstatt sich direkt gegenüber zu sitzen, verläuft auch ihr Gespräch auf parallelen Schienen. Wie sich gezeigt hat, besprechen Richard und Todd zwei Hauptthemen, jeweils eins, welches für den einen oder den anderen von Bedeutung ist, während die Mädchen in der sechsten und der zehnten Klasse sich auf die Probleme konzentrieren, die eine der beiden hat. Wie sich auch gezeigt hat, bringt jeder der Jungen sein eigenes Thema außerdem unmittelbar dann zur Sprache, wenn der andere Junge gerade sein Thema zum Ausdruck gebracht hat. Darüber hinaus spielen beide Jungen das vom anderen geäußerte Anliegen häufig herunter oder sie tun es ab. Dafür wurden schon mehrere Beispiele genannt: beispielsweise war vorher zu sehen, daß von Todd bestritten wurde, Mary verdiene Mitgefühl dafür, daß sie keine Verabredung zum Tanzen hat. Es folgen andere Beispiele.

Im nächsten Beispiel, als Todd erklärt, warum er Janet nicht fragen will, ob sie mit ihm zum Tanzen gehen möchte, bringt Richard dafür nur wenig Verständnis zum Ausdruck:

Todd: Ich fühlte mich so schlecht, als sie
gestern abend zu mir rübergekommen ist und
angefangen hat, mit mir zu reden.
Richard: Warum denn?
Todd: Ich weiß nicht.
Es war mir unangenehm, denke ich.
Richard: Das werde ich nie verstehen. *[Lachen]*

Richard reagiert auf die wiederholten Äußerungen Todds, er fühle sich ausgeschlossen, mit der Versicherung, daß er dieses Gefühl nicht haben sollte. Zum Beispiel reagiert Richard auf Todds Bemerkung, daß er sich auf der Party am Abend vorher fehl am Platz gefühlt habe, mit dem Argument, Todds Gefühle seien unbegründet:

Richard: Wie konntest du dir denn fehl am Platz vorkommen?
Du kanntest doch Lois, und du kanntest Sam.
Todd: Ich weiß nicht.
Ich hab' mich einfach wirklich fehl am Platz gefühlt,
und dann gestern abend wieder auf der Party /?/
ich meine, Sam ist immer nur rumgesprungen,
er kannte alle aus der Schülerverbindung von den
Mädchen.
Da waren ungefähr fünf da.
Richard: Ach was, die kannte er nicht.
Todd: Er kannte eine Menge Leute.
Er war – ich weiß nicht.
Richard: Nur Lois,
er kannte nicht jeden.
...
Todd: Hmm. Ich hatte das Gefühl /?/
Ich fühlte mich eben wirklich fehl am Platz, an dem
Tag,
überall da.
Früher hatte ich immer das Gefühl, ich meine⌐
Richard:                                          ⌊Warum?
Todd: Ich weiß nicht.
Sogar in der Schule fühl' ich mich nicht mehr so
richtig wohl.
Richard: Ich /?/ weiß nicht, gestern abend, ich meine –
Todd: Ich glaube, ich weiß jetzt wie Ed Rierdon und
all denen da zumute ist. *[Lachen]*

117

Richard: *[Lachen]* Nein, ich glaube nicht, daß es dir so
  schlecht geht wie Ed Rierdon.
Todd: Das ist nur ein Witz.
Richard: Mh- mh. Warum solltest du dich denn so fühlen?
  Du kennst doch mehr Leute –
Todd: Ich kann mit keinem mehr reden.
Richard: Du kennst doch noch mehr Leute als ich.

Richard reagiert auf Todds Äußerung, daß er sich fehl am Platz fühlt, zuerst mit der Frage, warum er dieses Gefühl hat, und auf Todds Antworten hin kontert er mit dem Argument, daß die Gründe nicht gerechtfertigt sind: Todd kennt eine Menge Leute; Sam und er kennen auch nicht mehr; Todd konnte sich doch nicht so schlecht fühlen, wie er sagt.

Todd reagiert auf Richards Anliegen mit seiner Trinkerei in ähnlicher Form, er bestreitet, daß das ein Problem ist:

Richard: Also, Mann, ich hab' einfach nicht das Gefühl –
  ich meine, nach dem was Anne da gestern Abend gesagt hat,
  ich hab' einfach keine Lust mehr dazu.
Todd: Ich glaube nicht, daß das so schlimm war.
  Du selber hast doch auch gewußt, daß es kein so
  großes Problem war.
  *[rückt Stuhl und legt Füße hoch]*
Richard: Oh, Anne –
  Sam hat Anne erzählt, daß ich den Damm runtergefallen
  bin.
Todd: Das ist doch gelogen. *[fauchend]*
Richard: Ich bin nicht gefallen.
  Ich bin ausgerutscht, weggerutscht.
  Ich habe mich wieder aufgefangen.
Todd: Mach dir doch keine Gedanken darüber.
Richard: Mach' ich mir aber irgendwie.
  Es ist mir unangenehm vor Sam.
  Ich möchte ja auch nicht, daß so was vor dir
  passiert.
Todd: Das ist doch egal,
  und manchmal bist du ja auch so witzig,
  wenn du voll bist.

Dieses Muster erhärtet die Beobachtung von Eckert (1990), daß Jungen in der High-School sehr wohl über persönliche Themen sprechen, doch tun sie es anders als Mädchen. Auch wenn in dieser Untersuchung alle über persönliche Probleme und Sorgen sprechen, unterscheiden sich die Jungen in der zehnten Klasse trotzdem von den Mädchen in der sechsten und der zehnten Klasse. Während sich beide Mädchenpaare auf die Probleme eines der Mädchen konzentrieren, näher darauf eingehen und in ihren Sichtweisen übereinstimmen, spricht jeder der Jungen über seine eigenen Sorgen und erklärt sich nicht einverstanden mit den Anliegen, die von dem anderen geäußert werden, um damit dessen Probleme herunterzuspielen. Die geschlossenste Übereinstimmung in den Standpunkten, die sich bei den Jungen zeigt, ist vorhanden, wenn sie sich gemeinsam über jemand anders lustig machen; zum Beispiel lachen sie über Richards Mutter, weil sie »null Hirn« hat, denn sie hatte bemerkt, daß Todd etwas beschäftigte, und gedacht, er sei vielleicht verstimmt, »weil wir den Kuchen so früh rausgestellt haben«.

Frauen äußern häufig ihre Unzufriedenheit mit der Art, in der Männer auf ihre Anliegen reagieren. Während es ihnen gefallen würde, wenn Männer ihr Verständnis und ihr Mitgefühl zum Ausdruck bringen würden, ist das, was sie zu hören bekommen, ein Herunterspielen des Problems (oder, wenn das Problem zur Kenntnis genommen wird, Ratschläge für dessen Lösungen). Die Beobachtung bei den Jungen in der zehnten Klasse unterstützt die Vermutung, daß eine solche Unzufriedenheit das Ergebnis interkultureller Unterschiede ist. Keiner der Jungen zeigt Unzufriedenheit mit der Reaktion des anderen. Das Bestreiten der Grundlage für die Klage des anderen scheint kein Mangel an Einfühlungsvermögen zu sein (wie Frauen das vielleicht wahrnehmen), sondern vielmehr ein Mittel der Bestätigung.

*Fünfundzwanzigjährige Männer*

Die Männer in dem ältesten Paar zeigen fühlbare Schwierigkeiten, ein Thema zu finden, das sich nicht durch Kichern, Glucksen oder Herumwitzeln auszeichnet, sondern durch den Aufwand an geistigen Bemühungen und Anstrengung. Sie fangen mit der Schule an:

> Timothy: Also weißt du, jetzt im Nachhinein,
>     mal im Ernst mh
>     Jetzt tut's mir leid, daß ich nicht Psycho als
>     Hauptfach genommen habe.

Dieses Thema ist nur kurzlebig, Winston artikuliert dann, wie unwohl
sie sich dabei fühlen, ein Thema zu finden:

    Winston: Is' nicht gerade leicht,
             einfach mit etwas anzufangen
             nach diesen Richtlinien.
    Timothy: Junge, Junge, ganz bestimmt nicht.
           (25.0)

Dieses Gespräch ist sowohl zwischen den Sequenzen als auch in den Sequenzen langsam in Tempo und Pausen. Die in diesem Beispiel gezeigte Pause von 25 Sekunden ist allerdings eine besonders lange, der Beweis für die Schwierigkeiten, welche die Männer dabei haben, ein Thema für ein Gespräch zu finden, das »ernst« erscheint. Bald einigen sie sich jedoch auf ein Thema, das sie für den Rest der Zeit beschäftigt:

    Winston: Wie wär's denn mit der Ehe.
    Timothy: Das Thema ist ernst genug.
    Winston: Ernstes Thema,
             und es erhält auch nicht gerade viel Beachtung.
    Timothy: Dave hat mir erzählt, er glaubt,
             man kommt leichter in den Himmel ...
             wenn man verheiratet ist.

Die Männer nehmen ihre Verantwortung, ein ernstes Thema zu finden, ernst und scheinen zu glauben, das Wort »ernst« mache ein Thema von sowohl allgemeiner als auch persönlicher Bedeutung erforderlich, etwas, wozu man einen sinnvollen Beitrag leisten kann (»es erhält auch nicht gerade viel Beachtung«).

Obwohl die Ehe ein Thema ist, das jeden persönlich angeht, wird das Gespräch über die Ehe von diesen Männern zum größten Teil auf theoretischer Ebene weitergeführt:

    Timothy: Warum glaubst du, mh
             gehen so viele Ehen schief?
             Das ist, mh na ja, eine allgemeine Frage.
    Winston: Ich glaube, die meisten Leute stürzen sich da rein
             das ist die eine Seite. (6.0)
             Können gar nicht schnell genug heiraten.

Timothy: Ich denke, mh, ich denke die Leute,
viele Leute,
und damit will ich nicht sagen, ich <u>auch</u>,
aber viele Leute,
haben für sich keine adäquate oder mh
reife, weißt du,
Definition in ihrem Leben, was Liebe ist.
Weißt du, mh, ich weiß nicht,
denn viel von dieser Zwietracht,
weißt du, meiner Meinung nach,
in den Ehen und den Beziehungen
kommt daher, daß jeder so eine mh
weißt du, egoistische Einstellung hat.

An anderer Stelle stimmen die Männer darin überein, daß Frauen mehr daran interessiert sind, zu heiraten, als Männer. Winston erklärt, er habe in einem Psychologie-Kurs zur Adoleszenz gelernt: »Frauen haben ihre ganze Persönlichkeit durch ihre Fähigkeit, eine Beziehung zum anderen Geschlecht aufzubauen weißt'e während Männer einfach, das sind eben sie und die Welt so eher weißt'e«.

Gegen Ende der Diskussion kommen die Männer auf ihre persönlichen Standpunkte zu diesem Thema zu sprechen, doch sogar diese sind ziemlich abstrakt gehalten. Timothy hat eine Beziehung zu einer Frau und sagt, er denke daran, sie zu heiraten, doch erklärt er, daß er da vorsichtig sei, denn die Ehe sei eine verbindliche Entscheidung für immer:

und mh weißt'e, das geb' ich jetzt zu zum ersten Mal,
denke ich ernsthaft darüber nach,
aber mh genauso meine ich das,
ernsthaft darüber nachdenken, obwohl
ich bin nicht näher dran, mich irgendwie verbindlich zu
entscheiden
als vorher auch.

Nach ein paar weiteren Bemerkungen darüber, wie er und seine Freundin eine »Abwarten-und-Tee-trinken-Haltung« beibehalten wollen, bis sie mit dem Studium fertig ist, wechselt Timothy das Thema und rückt Winston in den Mittelpunkt, indem er sagt: »Weißt'e, ich will nicht nur über meine Situation reden«. Nach einer Pause reagiert Winston:

> Na ja, bei mir ist es das Studium,
> und das ist einfach der Inbegriff dafür,
> daß bei einem noch alles in der Schwebe ist.

Winston scheint anzudeuten, daß er, als Student, das Gefühl hat, noch nicht genügend auf festen Füßen zu stehen, um über das Heiraten nachzudenken. Doch drückt er dieses Gefühl indirekt aus, als allgemeine Aussage über das Studium.

Ebenso sagt Winston vorher im Gespräch, daß Männer manchmal vor Beziehungen zurückschrecken, weil sie verletzt worden sind:

> Ich glaube, viele Leute fangen an,
> so vielleicht wenn sie jung sind,
> da haben sie vielleicht die Haltung,
> so was sie denken, was 100 Prozent geben ist,
> und dann verbrennen sie sich die Finger.
> Oder was sie denken was das ist die Finger verbrennen.
> Und dann kann es leicht sein, daß sie einfach, weißt'e, dadurch, weißt'e,
> eine ziemlich schüchterne Haltung dazu kriegen
> eine sehr lange Zeit.

Diese Aussage deutet an, daß Winston in einer Liebesbeziehung möglicherweise verletzt worden ist oder sich »die Finger verbrannt hat«, aber wenn das so ist, dann sagt er es nicht. Er sagt nichts über irgendwelche Beziehungen, die er selber hat.

Kennzeichnend für die Unterhaltung der Männer ist das langsame Tempo (es gibt keine Überlappungen), gehobene Formulierungen (»Zwietracht«, »erhalten« statt »kriegen«) und häufiges Zögern, zahlreiche Füllwörter und floskelartige Ausdrücke (»mal im Ernst«, »weißt du meiner Meinung nach«, »mal ehrlich«). Sie machen eher allgemeine und verhältnismäßig abstrakte als persönliche Aussagen, die sie durch die Beteuerungen absichern, daß das ja nur ihre Ansichten seien.

### *Fünfundzwanzigjährige Frauen*

Das Gespräch zwischen dem letzten Paar, den Frauen in der ältesten Altersgruppe, deckt sowohl ihre eigene Beziehung zueinander ab als auch ihre persönlichen Lebensvorstellungen und die Entscheidungen in ihrem Leben. In dem Gespräch gibt es eine merkwürdige Spannung, von der ich glaube, daß sie auf einem anfänglichen Mißverständnis beruht. Nachdem kurz ein paar Themen erwähnt wurden, wie Studium und Freizeitaktivitäten, und nach allgemeinen Erkundigungen (»Wie ist es dir denn so ergangen?«) lenkt Pam die Unterhaltung auf ihre Freundschaft:

> Pam: Ja, eine Sache bei dir
> ist, daß du immer mit mir einverstanden bist.
> Eine Sache, die mir gefällt.
> Marsha: Das ist deshalb so, weil wir ziemlich ähnlich denken.
> Pam: Ja, aber du bist einverstanden mit –
> ich meine, du weißt, wie man mit Menschen reden muß,
> wenn sie ein Problem haben.
> Einer von deinen Lieblingsausdrücken ist doch
> »Ja. Ich höre – ich höre das«
> Marsha: Oh, Gott.
> Pam: Genauso sagst du das.
> Marsha: Das muß ich mir merken.

Für Pam sollte die Beobachtung, daß Marsha weiß, »wie man mit Menschen reden muß«, anscheinend ein Lob sein, Marsha scheint das jedoch als Abwertung auszulegen, vielleicht als Andeutung von »Du bist wischi-waschi; du hast keine eigene Meinung«. Marsha ist es scheinbar peinlich, daß Pam ihre Stimme nachahmt (»Einer von deinen Lieblingsausdrücken ist doch ›Ja. Ich höre – ich höre das‹«), als ob die Nachahmung ein Nachäffen wäre.

Diese Spannung treibt das folgende Gespräch voran. Marsha erklärt, daß sie »irgendwie gelernt hat, in Ruhe zuzuhören«, weil andere in ihrer Familie viel reden. Doch sie erklärt, daß scheinbares Einverständnis auch verdecken kann, daß man nicht zuhört:

> Marsha: Aber was die Leute manchmal nicht bemerken,
> ist, daß ich nicht wirklich so äh hm,
> daß ich nicht, weißt'e –
> das ist eine schlechte Angewohnheit,
> ich stell' sie irgendwie einfach ab.
> Pam: Na ja, du weißt eben, wie es geht, daß man sich nicht
> streitet,
> weil du eben weißt, wie man geduldig ist

             und zuhört, was die zu sagen haben.
             (1.6)
Marsha: Na ja (1.9)
Pam:    Das hast du immer mit mir so gemacht.
          Ich glaube nicht, daß du je mit mir gestritten hast,
          jedenfalls.
Marsha: Natürlich haben wir uns gestritten.
             Genau das machen wir doch gerade.

Marsha bezeichnet die Eigenschaft, die Pam erkannt hat – verbales Einverständnis zu zeigen – als »eine schlechte Angewohnheit« und behauptet, daß sie, anstatt gute Zuhörerschaft zu zeigen, häufig verdeckt, daß sie nicht zuhört (»sie abstellen«). Pams Versuche, Marsha zu versichern, »das ist gut«, kommen nie wirklich richtig an.

Wie sowohl in den vorangegangenen als auch in den folgenden Auszügen zu sehen ist, hört sich Pam langsam wie das Mädchen in der sechsten Klasse, Julia, an, wenn sie darauf besteht, daß Freundinnen sich nicht streiten, während Marsha, als wolle sie ihre Unabhängigkeit im Denken proklamieren, dabei bleibt, daß sie tatsächlich nicht immer einer Meinung sind:

Marsha: äh, mein Gott, Pam, ich weiß genau, daß wir uns schon
          gestritten haben
          ...
Marsha: Wir sind jedenfalls in vielen Sachen anderer Meinung.
          Äh das Studium zum Beispiel.
          Und da du so eine positive
          äh, ja, na ja, nein du hast so eine –
Pam:    Positiv? Du hast mich doch eben gerade gesehen.
          [Versuchsleiter unterbricht kurz]
Marsha: Du hast so eine positive Einstellung.
Pam: Nein, habe ich nicht.
          ...
Marsha: Siehst du, das ist schon mal eine Sache, in der wir
          anderer Meinung sind.
          Vielleicht bin ich eben einfach nicht besonders
          selbstsicher,
          schätze ich mal, und du hast um so mehr davon.⌉
Pam:                                         ⌊Also –
          ich – also.

was glaubst du denn, was für eine Einstellung ich im
Moment zu diesem Computer-Kurs habe.

Marshas Bestehen darauf, daß Pam positiver denkt und mehr Selbstvertrauen hat, klingt eher wie eine Anklage und wie Kritik, und nicht so sehr wie ein Lob. Ebenso, wie Marsha sich gegen die Darstellung wehrt, sie sei grundsätzlich einverstanden, wehrt sich Pam gegen die Darstellung, sie denke positiv und sei selbstsicher.
Das Gespräch enthält viele kleine Kämpfe wie diese. Zum Beispiel greift Marsha Pams Bemerkung auf, sie hoffe, eine Eins in einem Kurs zu bekommen, und sieht sie als Beweis für ihre Verschiedenheit:

Marsha: Siehst du, das ist wieder so eine Sache.
Du bist immer, ich meine,
ich bin da einfach unmöglich.
Ich gehe in einen Kurs,
und das höchste, was ich da wirklich zu kriegen hoffe,
ist viellei – eine Zwei,
wenn ich die überhaupt kriegen kann, eine Zwei, in
so einem Kurs,
ich schätze, es ist einfach schon viel zu lange her,
daß ich eine Eins gekriegt habe.
Pam: So daß du gar nicht mehr daran denkst?
Marsha: Ja, na ja, ich glaube eben nicht, daß das zu erreichen
ist.
Pam: Ich glaube das doch bei mir auch nicht.
Marsha: Also Pam, jedes, weißt'e, jedes Semester,
wenn wir wieder anfangen,
redest du jedenfalls irgendwie so darüber,
als ob du unbedingt eine Eins in diesem Kurs kriegen
mußt.
Pam: Einsen, ich kriege Zweien.
Ich versuch's, aber ich kriege nie Einsen,
ich kriege immer Zweien.
Na ja, außer vielleicht in meinen Psychologie-Kursen,
vielleicht.
Aber nicht in allen.

Wie schon bei Marshas Darstellung, daß Pam selbstsicher sei, scheint Pam auch deren Hinweis, sie bekomme gute Noten, als Anklage aufzufassen, gegen die sie sich zur Wehr setzen muß, und nicht als Kompliment, das sie annehmen kann. Als wolle sie einen Gegenangriff starten, weist Pam darauf hin, daß Marsha in einem Religionskurs sehr gut abgeschnitten hat (»Du bist gut in den Tests, von 15 Fragen hattest du 15 richtig«, aber »Ich hatte diese ganzen Kapitel noch nicht mal gelesen«). In der gleichen Form leugnet Marsha, dies sei ihr Verdienst gewesen (»Viel davon ist einfach gesunder Menschenverstand«).

Ein großer Teil des noch verbleibenden Gesprächs konzentriert sich auf die Zukunftspläne der Frauen. Marsha sagt zu Pam, daß sie eine exzellente Tutorin sei und sich überlegen sollte, ob sie nicht Lehrerin werden wollte; Pam ermuntert Marsha dazu, auch als Tutorin anzufangen und argumentiert gegen Marshas Tiefstapelei, sie habe nicht genügend Geduld dazu. Das ganze Gespräch hindurch scheinen die Frauen einen Konkurrenzkampf um die Anerkennung ihres geringen Selbstbewußtseins, ihrer nicht so guten Noten, ihrer mangelnden Fähigkeit und ihrer geringen Kommunikationsfertigkeiten auszufechten; wenn sie sich tatsächlich positive Eigenschaften gestatten, machen sie sie klein. Sie scheinen in ein Ritual verwickelt zu sein, das Beeman (1986), indem er die iranische Interaktion beschreibt, als »die Unterhand gewinnen« bezeichnet. Während Beeman jedoch erklärt, daß diese Strategie die Statusunterschiede in der iranischen Gesellschaft widerspiegelt, benutzt Pam die Selbstherabsetzung dazu, um Gleichheit zu erreichen, indem sie behauptet, sie sei genauso wie Marsha.

## Zusammenfassung: Themenzusammenhalt

Die Untersuchung der acht Videobänder in dieser Studie zeigt, daß jedes der befreundeten Paare einzigartig ist, mit einzigartigen Anliegen und Sprechstilen, doch gibt sie auch einen Einblick in einige Muster, die von Freunden beziehungsweise Freundinnen des gleichen Geschlechts geteilt werden. Es schien den Mädchen und Frauen leichter zu fallen, sich für Themen zu entscheiden und darüber zu sprechen, sie redeten mehr über weniger Themen, und ihre Themen konzentrierten sich häufiger auf persönliche und bestimmte Anliegen. Die jüngsten Mädchen tauschten Geschichten über Mißgeschicke aus. Die Mädchen in der sechsten und in der zehnten Klasse vertieften sich in »Problem-Gespräche«, die sich auf die Probleme eines der Mädchen konzentrierten. Die 25jährigen Frauen besprachen ihre Persönlichkeiten im Vergleich zueinander und ihre Zukunftspläne. Von bedeutendem Interesse waren für sie, wie auch bei den Mädchen in der sechsten Klasse, Nichtübereinstimmung und Harmonie auf zwischenmenschlicher Ebene. Die Jungen und Männer teilten sich in zwei Gruppen. Die Jungen in der zweiten und sechsten Klasse redeten wenig über jedes ihrer äußerst zahlreichen Themen. Die kleinsten Jungen drückten außerdem immer wieder den Wunsch aus, etwas zu finden, was sie machen könnten. Die Jungen in der zehnten Klasse und die 25jährigen Männer redeten, trotz Zeichen des Unbehagens, ausführlich über eine begrenzte Anzahl von Themen. Die Männer besprachen ein potentiell persönliches Problem, die Ehe, auf verhältnismäßig persönliche und abstrakte Weise. Die Jungen in der zehnten Klasse besprachen Themen von stark persönlicher Bedeutung, doch unterschieden sie sich von den Mädchen, die persönliche Anliegen auf zahlreiche verschiedene Arten besprachen: Erstens neigte jeder der Jungen dazu, sich auf die eigenen Anliegen zu konzentrieren und auf sie zurückzukommen, und die Anliegen, welche vom anderen geäußert wurden, herunterzuspielen. Zweitens konfrontierte einer den anderen direkt mit einer Klage über ihre Beziehung, im Gegensatz zu den Mädchen, die sich über Beziehungen zu anderen, die nicht anwesend waren, beklagten.

## Schlußfolgerung: die Übereinstimmung von Körperhaltung und Gesprächsthema

Obwohl ich die Körperhaltung und den Themenzusammenhalt getrennt voneinander erörtert habe, sind die beobachteten Muster dieser beiden Elemente des Involviertseins ins Gespräch ähnlich, und sie wirken im Gespräch gleichzeitig. Sowohl bei der Ausrichtung von Haltung und Blick als auch der Entwicklung von Themen konzentrierten sich die Mädchen und Frauen stärker und direkter aufeinander als die Jungen und die Männer. Zum Beispiel besteht folgende Analogie zwischen der Konzentration bei Jungen und Mädchen und ihrer Sitzhaltung: der Konzentration der Jungen der zehnten Klasse auf ihre eigenen Anliegen, welche auf parallelen Schienen verläuft, auf der einen Seite – und der gemeinsamen Konzentration auf die Anliegen der einen bei den

Mädchen der sechsten und zehnten Klasse auf der anderen Seite. Die Jungen in der zehnten Klasse saßen aneinander orientiert, aber parallel zueinander, sie sahen beide eher weg, als sich anzusehen, während die Mädchen einander gegenüber saßen und sich ansahen.

Ich habe jedoch davor gewarnt, hieraus Werturteile abzuleiten, wie zum Beispiel, daß Mädchen und Frauen »engagierter« seien als Jungen und Männer. Beispielsweise sind die Mädchen zwar stärker sichtbar aneinander orientiert, sowohl körperlich als auch in ihrem Thema, aber dennoch drücken sie Klagen über nicht anwesende Freundinnen aus, womit sie den Mustern entsprechen, die von Forscherinnen, wie Goodwin (1990) und Eder und Sanford (1986) beobachtet worden sind, während die Klage des Jungen, der eine wichtige Beschwerde ausspricht, direkt an seinen anwesenden Freund gerichtet ist.[10] In diesem Sinne könnten die Jungen in der zehnten Klasse als gegenseitig stärker »beteiligt« bezeichnet werden als jedes der Mädchen in diesen Aufnahmen. Außerdem zeigte die Unterhaltung der Jungen in der zehnten Klasse eine stärkere Intimität als bei irgendeinem der anderen Paare, auch wenn sie in ihrer Körperhaltung eher indirekt als direkt aneinander orientiert waren und sie sich nie direkt ansahen.

Diese und auch andere Beobachtungen bei den Jungen und Männern zeigen, daß sie sich eindeutig aneinander orientierten und in das Gespräch involviert waren, obwohl das in ihrer Körperhaltung nicht direkt zum Ausdruck kam. Das ist ein entscheidender Punkt. Eine der Hauptbeobachtungen von Gumperz' Analyse (1982) der interkulturellen Kommunikation besteht darin, daß die Art und Weise, Absichten und Sinn anzuzeigen, und jene, den Zusammenhang der Kommunikation herzustellen, nicht universal sind, sondern mit Bezug auf das kulturelle Umfeld gesehen werden müssen. Ich behaupte in Anlehnung an Gumperz und Maltz und Borker (1982), daß geschlechtsspezifische Unterschiede als kulturelle Unterschiede verstanden werden können. Es ist wahrscheinlich, daß eine der Ursachen der häufigsten Klage von Frauen über ihre Beziehungen zu Männern, diese hörten ihnen nicht zu, den Unterschieden entspringt, welche in dieser Studie gezeigt wurden: Vielleicht sitzen die Männer ihnen nicht direkt gegenüber und behalten den Blickkontakt nicht bei, vielleicht gehen sie einem Thema nicht so ausführlich nach, wie Frauen es tun, und reagieren auf Anliegen, indem sie entweder ein Thema ansprechen, das für sie selbst von Interesse ist, oder indem sie die Grundlage für das Anliegen der Frauen bestreiten oder schmälern. Wenn interkulturelle Unterschiede im Spiel sind, weisen diese Muster des Involviertseins ins Gespräch nicht auf einen Mangel an Zuhörerschaft hin, sondern eher auf unterschiedliche Normen, Gesprächsbeteiligung herzustellen und zu zeigen.

Daß die Mädchen und Frauen sich offensichtlich weniger unwohl dabei fühlten, ein Thema zu finden, auf die Themen ausführlicher eingingen, sich körperlich nicht so sehr gewunden haben und körperlich allgemein entspannter aussahen, scheint darauf hinzuweisen, daß sie es leichter fanden als die Jungen und Männer, die ihnen gestellte Aufgabe, in einem Zimmer zu sitzen und miteinander zu reden, zu erfüllen. Das ist möglicherweise deshalb so, weil, wie von Lever (1978) und Goodwin (1990) in der ungezwungenen Interaktion festgestellt worden ist, im Zimmer zu sitzen und zu reden, eine für die Mädchen vertraute und häufig selbstgewählte Tätigkeit ist, während sich die Jungen häufiger dafür entscheiden, draußen Spiele zu spielen, und zwar in Gruppen. Wenn das zutrifft, so war die Aufgabe in dem Versuch den Mädchen und Frauen vertrauter als den Jungen und Männern.

Diese Ansicht findet Unterstützung in einer Beschreibung von Hoyle (1993) zum Spiel von Jungen zu Hause. Hoyle hat festgestellt, daß ihr Sohn häufig mit dem einen oder anderen Freund in ihrem Keller spielte, was, so glaubte Hoyle, den Gegenbeweis dafür liefert, daß Jungen nicht in Paaren spielen. Doch die Aktivität, mit der sich ihrer Beobachtung nach ihr Sohn und seine Freunde beschäftigten, waren Sportübertragungen: Während sie im Haus Basketball oder mit Videospielen spielten, übernahmen die Jungen spontan die Rolle des Sportansagers, kommentierten sich selbst als Spieler und erstatteten mit dem Register von Sport-Ansagern laufend Bericht über ihre Aktionen. Diese selbstgewählte Tätigkeit unterstützt frühere Forschungsergebnisse, die auch von der vorliegenden Untersuchung unterstützt werden, in vielerlei und dramatischer Hinsicht. Erstens entschieden sich die Jungen dafür, ein Spiel zu spielen, anstatt zu reden. Zweitens nahmen sie sich selbst als Paar wahr und gebrauchten daher die Sportübertragung, um mehr Personen in das Zimmer zu bringen. Schließlich übernahmen sie die Rolle des Sportansagers und nahmen damit selbst Abstand von der unmittelbaren Intimität der direkten Interaktion. Hoyles bemerkt dazu, daß ihr Sohn und seine Freunde nicht auf die Sportübertragung zurückkamen, wenn mehr als zwei Jungen anwesend waren.

Meine Erörterung hat von dem Gebrauch gemacht, was Geertz (1983) einen »Fälle und Auslegungen«-Ansatz zur Analyse nennt, im Unterschied zu einem »Regeln und Beispiele«-Ansatz. Die Analyse von einem einzigen Freundespaar in jeder von insgesamt vier Altersstufen ist im Umfang begrenzt, läßt jedoch eine tiefgehende Analyse zu. Die Untersuchung dessen, was gesagt wurde und wie das Verhalten jeder/s Einzelnen sich an dem Verhalten der anderen orientiert, gibt einen Einblick in den Prozeß des Involviertseins ins Gespräch, welchen man mit dem Gebrauch von anderen Methoden allein nicht bekäme.

Meine Analyse unterstützt den immer größer werdenden Teil der Forschung, die besagt, daß es zwar geschlechtsbezogene Muster in der Gesprächsinteraktion gibt, daß es aber auch Ähnlichkeiten und Überlappungen gibt, die in das Netz der Unterschiede eingeflochten sind. Die interkulturelle Sicht geschlechtsspezifischer Unterschiede in Bezug darauf, wie ein Gesprächszusammenhang hergestellt und gezeigt wird, erlaubt es uns, Ähnlichkeiten und Unterschiede zu sehen, welche die negativen Eindrücke erklären, die in Gesprächen zwischen den Geschlechtern entstanden sind, ohne Schuld abzuwälzen oder negative Werturteile zu fällen.

## Kapitel 4
# Strategie und Metastrategie in einer Theorie des Sprachverhaltens: das Gespräch am Beispiel von *Szenen einer Ehe*

*Dieses Kapitel wurde gemeinsam mit Robin Tolmach Lakoff geschrieben, die zu der Zeit meine Professorin an der University of California in Berkeley war. Wir hatten nicht daran gedacht, mit dieser Arbeit zur Forschungsliteratur zum Thema Sprache und Geschlechtsspezifik beizutragen; vielmehr beabsichtigten wir, damit einen Beitrag zur Forschungsliteratur über die Theorie des Sprachverhaltens zu leisten. Wir waren daran interessiert, wie die kommunikativen Stile von zwei SprecherInnen auf mehreren Ebenen in der Interaktion miteinander eingesehen werden könnten. Die theoretische Einleitung und die Schlußfolgerung wurden von Lakoff geschrieben und stellen ihren persönlichen Beitrag dar; ich habe die Abschnitte geschrieben, welche Beispiele aus dem Bergman-Stück analysieren. Zusammen hatten wir den Film im Fernsehen gesehen und das Drehbuch besprochen. Erst im Nachhinein stellte ich fest, daß die Stile, welche von den Personen Marianne und Johan vorgeführt werden, Ehefrau und Ehemann in dem Stück, als Versinnbildlichungen des weiblichen und des männlichen Interaktionsstils gesehen werden könnten.*

*In der Einleitung des Kapitels spricht Lakoff die Frage des Gebrauchs fiktionaler Dialoge für die linguistische Analyse an, eine verhältnismäßig unübliche Verfahrensweise für die zeitgenössische Linguistik. Sie faßt dann kurz ihre eigene Theorie zusammen, welche Kommunikationsstile als Widerspiegelung von vier Punkten in einem fortlaufenden Zusammenhang versteht: Distanz, Respekt, Kameradschaft und Klarheit. Anhand dieser Stile können die sprachlichen Strategien, die von Marianne und Johan gebraucht werden, verstanden werden. Unsere anschließende Analyse zeigt, daß sich im Stil von Marianne Respekt und Kameradschaft kombinieren, während Johan Distanz zeigt. Marianne »redet (und verhält sich) häufig wie ein Kind. Sie wertet sich ständig selbst ab und baut Ablenkungsmanöver in Form von pausenlosem Geschwätz auf, das sich aus impressionistischer Romantik oder aus einem Schwall von Fragen zusammensetzt.«* Johan, im Gegensatz dazu, *»setzt Sarkasmus und Ironie ein, das Dozieren, die Verallgemeinerung und die Abstraktion, eine hochtrabende Sprache in komplexen Sätzen.«* Gebraucht eine/r der PartnerInnen die Strategien, die für die/den andere/n typisch sind, wird er/sie kurz korrigiert.

*In unserer Analyse zeigen wir, daß diese beiden SprecherInnen abwechselnd unterschiedliche sprachliche Mittel gebrauchen, um die gleichen Ziele zu erreichen, gleiche Mittel, um unterschiedliche Ziele zu erreichen, und die gleichen Mittel für die gleichen Ziele. Lakoff zeigt, daß diese drei Alternativen die grundlegenden semantischen Beziehungen der Synonymie, Homonymie und Identität nachbilden; daher schlägt sie die Termini »Synonymie im Sprachverhalten«, »Homonymie im Sprachverhalten« und »Identität im Sprachverhalten« vor, um diese Interaktionsprozesse zu kennzeichnen. Im letzten Abschnitt der Analyse in diesem Kapitel untersuchen wir in einer einzelnen Szene den Gebrauch von Fragen, um zu zeigen, wie die verbalen Strategien des Ehepaares auf diesen drei Ebenen wirken. Dieses Kapitel bietet also ein eingehendes Beispiel dafür an, wie die linguistische Analyse eines längeren Rede-Segments ein Licht darauf werfen kann, wie stereotyp sich weibliche und männliche Stile in der Interaktion miteinander auswirken können.*

## Einleitung: eine Theorie kommunikativer Kompetenz

Die Frage der Wahrscheinlichkeit in der Kunst – der Beziehung zwischen Darstellung und Wirklichkeit – ist eines der faszinierenderen Probleme innerhalb der Theorie der Ästhetik. Bis heute haben sich die Linguisten von diesem Gebiet der philosophischen Spekulation ferngehalten, weil es irrelevant für unsere Interessen zu sein und unsere Methoden nicht zu berühren schien. Aber wenn wir uns immer mehr mit der formalen Analyse naturalistischer Gespräche beschäftigen – anhand von Bandaufnahmen oder Abschriften – fällt uns häufig, und zwar auf eine perverse Art und Weise, ihre scheinbare Unnatürlichkeit auf, und wie schwer sie zu verstehen sind. Verglichen etwa mit dem Dialog in einem Theaterstück oder einem Roman kommt uns das naturalistische

Gespräch nicht als das vor, was wir erwartet hatten, nicht so, als funktioniere es nach einem vorgefaßten Muster. Wir würden nicht behaupten, daß der konstruierte Dialog eine Wirklichkeit darstellt, an der es den Abschriften mangelt, sondern vielmehr, daß der künstliche Dialog ein verinnerlichtes Modell oder Schema für die Herstellung eines Gesprächs darstellen kann – ein Kompetenzmodell, zu dem die SprecherInnen Zugang haben. Wenn wir also daran interessiert sind, dem idealen Modell der Gesprächsstrategie nachzugehen, ist ein Blick auf das künstliche Gespräch zunächst von großem Vorteil, um herauszufinden, wie diese allgemeinen, unbewußten Voraussetzungen, an die man sich hält, eigentlich aussehen; und später dann die Rückkehr zum natürlichen Gespräch, um herauszufinden, wie sie im literarischen Gebrauch tatsächlich anschaulich umgesetzt werden können. Wir behaupten also nicht, daß der künstlich konstruierte Dialog, den wir erörtern werden, wörtlich das natürliche Gespräch verkörpert, sondern eher, daß man eine andere Ebene der psychologischen Wirklichkeit und Gültigkeit durch den Gebrauch literarischer Vorgaben überprüfen kann, und in diesem Aufsatz werden wir veranschaulichen, wie eine solche Arbeit verantwortlich getan werden könnte. In diesem Sinn unterstützt unsere vorliegende Arbeit eine Theorie der kommunikativen *Kompetenz* – das Wissen, das einem Sprecher/einer Sprecherin zur Verfügung steht, um zu bestimmen, was er/sie erwarten kann, in einer Rede zu hören, und was von ihr/ihm berechtigterweise an Beiträgen erwartet wird, hinsichtlich der unausgesprochen verinnerlichten Voraussetzungen, von denen in diesem Zusammenhang in seiner/ihrer Sprachgemeinschaft ausgegangen wird.

Wir brauchen also eine Vorstellung davon, welche Hilfsgrößen die Sprecherinnen als Anhaltspunkte verwenden können, um zu bestimmen, wie ein Beitrag in einem bestimmten Zusammenhang angemessen geleistet werden kann. Die/der SprecherIn muß zunächst wissen, welche Art von außerhalb des Sprachlichen liegenden Tatsachen dazugehören: um was für ein Gespräch handelt es sich, wie gut kennen sich die TeilnehmerInnen, worüber soll kommuniziert werden; und weiter, welche Kommunikationsform ist für jede/n der SprecherInnen der normale Stil – was kann von jeder/m aufgrund der Vorerfahrung miteinander und/oder der vorhandenen Voraussetzungen erwartet werden aufgrund des Alters, des Geschlechts, der sozialen Stellung und so weiter. Alle diese bestimmten Informationen brauchen nicht direkt ein Teil der besonderen sprachlichen Kompetenz der/des SprecherIn zu sein; was sich jedoch in ihrer/seiner Grammatik des Sprachverhaltens widerspiegelt, ist ein allgemeines Schema, eine Theorie der kommunikativen Kompetenz.

Es ist vorgebracht worden (Lakoff 1979), daß sich die kommunikative Kompetenz auf vier Hauptpunkte konzentriert: das heißt, daß, während die Kompetenz selbst einen fortlaufenden Zusammenhang herstellt, und zwar mit unendlich vielen möglichen Punkten, die einer/m Einzelnen eine angemessene Interaktion in einem besonderen Rahmen vorschreiben, diese unendlichen Möglichkeiten in Bezug auf vier Ziele eingerichtet sind; und welches dieser Ziele zutreffend ist, hängt von der Wahrnehmung der Beteiligten hinsichtlich ihrer/seiner Rolle innerhalb des Gesprächsrahmens, so wie er/sie ihn auffaßt, ab. Für jede Person in einer beliebigen Kultur gibt es ein mehr oder weniger unbewußtes Gefühl für ein idealisiertes interaktives menschliches Wesen: ein idealisiertes menschliches Wesen verhält sich auf *diese* Weise, in *diesem* Rahmen. Die vier Punkte im einzelnen sind: (1) Distanz; das Ziel ist, Absonderung und Zurückgezogenheit anzuregen. Je geringer die Einmischung, desto besser. Feindseligkeit wird daher nicht durch Konfrontation (was undenkbar ist) zum Ausdruck gebracht, sondern durch Sarkasmus, Ironie und Unpersönlichkeit. (2) Respekt; hier ist das Ziel, zu vermeiden, jemandem etwas aufzudrängen. Das heißt, anders als die Distanz erlaubt der Respekt die Interaktion, solange die/der SprecherIn nicht versucht, die Oberhand zu gewinnen. Feindseligkeit kann nicht direkt zum Ausdruck gebracht, aber deutlich genug gemacht werden, zum Beispiel durch Fragen oder Schweigen. (3) Kameradschaft; das Ziel ist, die Beziehung zwischen den Beteiligten zu bestätigen. Die Beteiligten sollen der/dem anderen gegenüber ihre Gleichheit und ihre Gefühle zum Ausdruck bringen, freundschaftliche oder feindselige. Das Ideal ist, völlig offen zu sein, doch diese Form der Offenheit ist wie die Höflichkeit bei den anderen – sie kann konventionell sein, auch wenn das für diejenigen, die diese Form nicht als Ideal einsetzen, nicht wahrnehmbar ist. (4) Klarheit; wo die anderen Formen stillschweigend oder offen Verbundenheit oder die Tatsache, daß die Beziehung einen wichtigen Stellenwert in der Kommunikation hatte, ausdrückten, wird die Klarheit dort eingesetzt, wo es um den reinen Ausdruck tatsächlicher Informationen geht. Also geht es nicht um Nähe oder um Distanz. Das ist in der alltäglichen zweigeteilten Kommunikation normalerweise nicht möglich; zu finden ist sie bei Nachrichtensprechern im Fernsehen (manchmal) oder bei bestimmten Vortragsformen.

Wir stehen also vor der Aufgabe, ein konstruiertes Dialog-Beispiel auszuwählen; zu erforschen, welche Strategie von jeder/m der Beteiligten bevorzugt wird, oder ob sie wirklich das ist, was sie zu sein scheint, und warum ; und darüber zu reden, wie die schriftstellerische Umsetzung des Stils der Personen eine Wirklichkeit darstellt, die ihre Gegenstücke, wenn auch nicht unbedingt direkte, in eher naturalistischen Texten hat.

## Die Auswahl von *Szenen einer Ehe*

Aus der großen Menge von Beispielen hätten wir irgendeines auswählen können. Wir mußten uns zwischen Theaterstücken, Filmen, Romanen, Fernsehen entscheiden – einfach um anzufangen. Wir hatten das Gefühl, daß ein Genre, in dem hauptsächlich der Dialog als Mittel der Darstellung gebraucht wird, um Personen und ihre Beziehungen wiederzugeben, unseren Standpunkt am ehesten deutlich machen würde. Romanschriftsteller haben viele andere Techniken, auf die sie zurückgreifen können, für einen Dramatiker jedoch ist der Dialog und das ihn begleitende nichtsprachliche Verhalten alles, worauf sich das Publikum verlassen kann. Die Interpretation muß vom Zuschauer beziehungsweise Zuhörer geleistet werden – wie auch im tatsächlichen Gespräch; in einem Roman dagegen können Romanschriftsteller durch sorgfältige Auswahl und Beschreibung viel eigene interpretative Arbeit leisten.

Wir wollten ein zeitgenössisches Beispiel finden, da es für uns am verständlichsten zu sein schien. Wir brauchten etwas mit einem hohen Dialoganteil zwischen verhältnismäßig wenigen Leuten – damit sich die Unterschiede im Register auf ein Minimum verringern würden und wir uns mit so etwas wie einem Minimal-Paar befassen konnten. Wir wollten so viele Interaktionstypen zwischen so wenigen Beteiligten wie möglich untersuchen – um zu sehen, wie die Strategien einer/s Einzelnen oder die von zwei Personen aussahen, wenn sie mit unterschiedlichen Zusammenhängen in Verbindung gebracht wurden. Das heißt, wir wollten das umfassendste Muster für Gesprächssituationen, in welche die geringste Anzahl von Personen eingebunden waren, um damit die Beiträge und die Beitragstypen der einzelnen Personen zu maximieren.[1] Wir wollten etwas, was einem natürlichen Gespräch entsprechen sollte und seinem Publikum natürlich vorkommen würde, und etwas, womit es sich identifizieren konnte, etwas Ähnliches wie das, wovon es hinsichtlich alltäglicher Gespräche intuitiv ausgeht. Im Idealfall wäre uns ein zeitgenössischer amerikanischer Rahmen lieber gewesen. Als jedoch praktische Faktoren einbezogen wurden – Textumfang, Verfügbarkeit und so weiter – war das, was wir als brauchbarsten Kompromiß fanden, das Drehbuch der ursprünglich 6stündigen Fernsehversion von Ingmar Bergmans *Szenen einer Ehe*. Es ist möglich, daß schwedische Paare nicht so miteinander reden wie amerikanische Paare, doch die erfolgreiche Rezeption dieses Werks in den Vereinigten Staaten, sowohl der gekürzten Filmversion als auch der kompletten Fassung, die 1979 mehrmals im PBS* gezeigt worden ist, deutet darauf hin, daß wir sehr gut verstehen, was vor sich geht. Auch wenn es leichte Unterschiede in der genauen Wahl, wie eine bestimmte Sache gesagt wird, geben mag, so sind die allgemeinen Konzepte universell oder zumindest im schwedischen und amerikanischen Gespräch identisch.[2]

## Äußerliche Harmonie und unterschwellige Mißtöne: die Gliederung von *Szenen einer Ehe*

*Szenen einer Ehe* besteht aus sechs Szenen (d.h. aus sechs Akten) und geht der Beziehung eines Ehepaars nach, Johan (ein forschender Psychologe) und Marianne (eine Anwältin). Die erste Szene, mit dem Titel »Unschuld und Panik« stellt Johan und Marianne als »das ideale Paar« vor (sie werden sogar für einen Artikel in einer Zeitschrift interviewt). In dieser Szene wird lediglich eine Schwierigkeit angedeutet, die darin besteht, daß Marianne schwanger ist und eine Abtreibung vornehmen läßt. Die Zweite Szene, »Die Kunst, unter den Teppich zu kehren«, enthält deutlichere Hinweise darauf, daß beide unzufrieden sind, doch

---

\* Public Broadcasting System ist ein angesehener, öffentlicher Fernsehsender, eine Art Bildungskanal (Anm. d. Übers.).

bleibt alles unter der Oberfläche. In der Dritten Szene, »Paula«, kündigt Johan an, daß er eine Geliebte hat, und er verläßt Marianne. Die Vierte Szene, »Das Tal der Tränen«, zeigt Johan, wie er einige Zeit nach der Trennung Marianne in ihrem gemeinsamen Haus besucht. In der Fünften Szene, »Die Analphabeten«, treffen sie sich nach Feierabend in seinem Büro, um die Scheidungspapiere zu unterschreiben, und es kommt schließlich zu einer brutalen Schlacht. Die sechste Szene, »Mitten in der Nacht in einem dunklen Haus irgendwo auf der Welt« zeigt Marianne und Johan bei einem heimlichen Treffen: sie sind beide mit neuen PartnerInnen verheiratet und haben seit einem Jahr eine Affäre miteinander.

Als Johan und Marianne in den ersten Abschnitten von *Szenen einer Ehe* gezeigt werden, ist es ihre gemeinsame Metastrategie, zu vermeiden, ihre tiefsitzenden Unstimmigkeiten und Unzufriedenheiten anzuerkennen – und damit die Illusion der offenen Kommunikation und der Gemeinsamkeit aufrechterhalten. Das ist deutlich in der ersten Szene zu sehen, als Johan und Marianne gerade Zeugen einer schrecklichen Entfaltung gegenseitiger Boshaftigkeit bei ihren Freunden Peter und Katarina wurden. Nachdem die Freunde weg sind, sagt Marianne zu Johan, Peters und Katarinas Problem sei »Sie sprechen nicht die gleiche Sprache«, und sie vergleicht das mit der in ihren Augen glücklichen Situation, in der sich Johan und sie selbst befinden:

(1) Marianne: Denk an uns. Wir reden doch über alles, und wir verstehen uns augenblicklich. Wir sprechen die gleiche Sprache. Deshalb geht es so gut mit uns. (Bergman 1975: 32)\*

In genau dieser Diskussion wimmelt es schon von Beweisen für das Gegenteil. Johan ist mit Marianne überhaupt nicht einer Meinung; er

---

\* Ingmar Bergman, *Szenen einer Ehe*, übersetzt von Alan Blair. New York: Bantam (1974), S.26. Durch Leerschritte getrennte Punkte zeigen Ellipsen an. Punkte ohne Leerschritte gehören zur Interpunktionsform im Originaltext.
Für die deutsche Übersetzung: Ingmar Bergman, *Szenen einer Ehe*, aus dem Schwedischen von Hans-Joachim Maass, Hamburg 1975. Die Seitenangaben beziehen sich auf die deutsche Fassung. Stellenweise wurde die Übersetzung verändert. (Anm. d. Übers.)

behauptet, daß die Probleme von Peter und Katarina vom Geld herrühren, und er reagiert auf Mariannes Analyse mit dem für ihn charakteristischen Sarkasmus: »Du mit deinen Sprachen« (ebenda: 33). Dann ist es Marianne, die ihn rügt: »Du mußt immer alles komplizieren« (ebenda: 33).

In der Vierten Szene, nachdem sie sich getrennt haben, gibt Marianne zu, daß sie Johan nie verstanden hat. In dieser Szene reagiert sie auf etwas, was Johan gesagt hat:

(2) Marianne: Ich verstehe nicht, wovon du redest. Es erscheint mir so theoretisch. Ich weiß nicht, warum. Vielleicht, weil ich nie von so großen Dingen spreche. Ich glaube, ich bewege mich auf einer anderen Ebene. (Ebenda: 116)

Nach Johans Erwiderung sagt sie weiter:

(3) Marianne: Ich weiß noch, daß du immer sehr viel geredet hast. Ich erinnere mich, daß ich das gern mochte, obwohl mir fast immer egal war, was du sagtest, wenn du so richtig ins Theoretisieren gekommen warst. (Ebenda: 117)

In der letzten Szene geben sie beide diesen Mangel an Kommunikation zu:

(4) Johan: Es ist mir gerade aufgefallen, daß wir beide angefangen haben, einander die Wahrheit zu sagen.
Marianne: Haben wir das denn nicht auch schon früher getan? Nein, das kann man nicht sagen . . . .
(Ebenda: 189)
...
Johan: Wußten wir denn überhaupt, daß wir etwas voreinander geheimhielten?
Marianne: Na klar. Wir logen. Jedenfalls tat ich das.
(Ebenda: 190)

Diese Anerkennung ihres Mangels an Kommunikation kommt verspätet und ist mit Schmerzen verbunden. Während sie zusammen sind, hält Marianne unerschütterlich daran fest, daß Johan und sie »die gleiche Sprache sprechen«, trotz der Beweise des Gegenteils.

Das Spannungsverhältnis zwischen dem Anschein von erfolgreicher Kommunikation und der unterschwelligen, nicht zugegebenen Uneinigkeit ist das Thema der zweiten Szene, mit dem Titel »Die Kunst, unter den Teppich zu kehren«. Wenn einer der PartnerInnen versucht, seine Unzufriedenheit auszudrücken, »kehrt [die/der andere] das unter den Teppich«, um den Anschein der Harmonie aufrechtzuerhalten. Zu Beginn dieser Szene ist es Marianne, die ihre Unzufriedenheit zum Ausdruck bringt:

> (5) Marianne: Denk selbst nach. Unser Leben ist in kleine Kästchen eingeteilt – jeder Tag, jede Stunde, jede Minute. Und in jedem Kästchen steht geschrieben, was wir tun sollen. Die Kästchen werden nach und nach und rechtzeitig ausgefüllt. Wenn plötzlich ein Kästchen leer bleibt, werden wir ängstlich und füllen es sofort mit irgendwelchem Gekritzel aus.
> Johan: Wir haben ja unseren Urlaub.
> Marianne *(lacht)*: Johan! Du hast nicht das geringste von dem verstanden, was ich meine. Im Urlaub sind wir noch mehr als sonst eingepfercht. Alles ist übrigens Mutters Schuld. Aber auch deine Mama hat einen Beitrag geleistet.
> Johan *(lacht)*: Was haben nun diese freundlichen kleinen Tanten Böses getan?
> Marianne: Du verstehst nicht, also hat's auch keinen Sinn, darüber zu reden. (Ebenda: 48)

Später in derselben Szene macht Marianne noch einen Versuch, den Problemen in ihrer Ehe entgegenzutreten. Sie ruft Johan an und bittet ihn, sich mit ihr zum Lunch zu treffen. Während dieser Begegnung schlägt sie vor, daß sie zusammen verreisen, damit sie sich näher kommen, doch Johan ist nicht gerade begeistert, und sie läßt die Idee wieder fallen. In dem unten folgenden Gespräch erklärt sie noch einmal, daß die Kommunikation zwischen ihnen offen ist, und Johan stimmt dieser Interpretation zu, obwohl wir aus der nächsten Szene wissen, daß auch er äußerst unzufrieden mit ihrer Beziehung ist; tatsächlich hat er eine leidenschaftliche Liebesaffäre mit einer anderen Frau.

(6) Marianne *(forschend)*: Ist etwas geschehen, Johan?
Johan: Nichts. Absolut nichts. Ich schwöre.
Marianne: Wir sind doch ziemlich aufrichtig zueinander, du und ich. Sind wir das nicht?
Johan: Ich glaube schon.
Marianne: Es ist scheußlich, was in sich reinzufressen. Man muß alles sagen, wie schmerzlich es auch sein mag. Muß man das nicht?
Johan *(irritiert)*: Natürlich, verdammt noch mal. Wie spät hast du's?
Marianne: Viertel nach eins.
Johan: Meine bleibt dauernd stehen. Was hast du übrigens gesagt? Ach ja, Aufrichtigkeit. Ich glaube, du meinst beim Sex, um es grob zu sagen.
Marianne: Manchmal finde ich, daß wir ...
Johan: Menschen können nicht dauernd dicht beieinander leben. Das wäre zu ermüdend.
Marianne: Ja, *das* ist die große Frage.
Johan: Wie dem auch sei: Ich muß jetzt gehen.
(Ebenda: 66/67)

In diesem Dialog tut Marianne so, als ob sie daran glaube, daß man über alles reden sollte, und Johan kehrt die Sache unter den Teppich, indem er verkündet, daß über einige Dinge (vor allem sexuelle) besser nicht geredet werden sollte.

Später in derselben Szene tauschen Marianne und Johan die Rollen. Er versucht, ihren gemeinsamen Probleme entgegenzutreten, und sie kehrt sie unter den Teppich, wobei sie Muster verwendet, welche für ihren Stil kennzeichnend sind. Sie bestreitet, daß etwas nicht stimme, und behauptet steif und fest, das alles in bester Ordnung sei.

(7) Johan: Muß es immer so sein, daß zwei Menschen, die lange zusammen leben, ein wenig müde werden?
Marianne: Müde sind wir doch wohl nicht geworden.
Johan: Aber beinahe.
Marianne *(nachgiebig)*: Es ist nur so banal, daß wir zu hart arbeiten. Und abends sind wir zu müde.
...
Marianne: Aber wir mögen uns auf jede erdenkliche Weise.

> Johan: Nicht auf diese Weise. Nicht so sonderlich
> jedenfalls.
> Marianne: O doch, das tun wir wohl. (Ebenda: 71)

In diesem Austausch ist es Marianne, die ihre gemeinsamen Probleme auf einen Umstand schiebt (»daß wir zu hart arbeiten«). Als Johan nicht lockerläßt und versucht, ihre Schwierigkeiten zu benennen, weicht Marianne der Konfrontation aus:

> (8) Johan: Es ist nur so, daß unser Zusammenleben voller Ausflüchte, Vorbehalte und Verbote geworden ist.
> Marianne: *(verletzt)* Ich kann nichts dafür, daß ich nicht finde, daß es soviel Spaß macht wie früher. Ich kann nichts dafür. Es gibt völlig natürliche Erklärungen dafür. Du darfst mich in dieser Hinsicht nicht beschuldigen und mir kein schlechtes Gewissen geben.
> Johan: *(lieb)* Du brauchst nicht so empört zu werden!
> Marianne: Ich finde es gut, wie es ist. Es ist weiß Gott nicht leidenschaftlich, aber man kann nicht alles verlangen. Es gibt wahrhaftig Leute, denen es schlechter geht.
> Johan: O ja. Die gibt's ganz bestimmt.
> Marianne: Es gibt noch andere Dinge im Leben als Sex. Wirklich.
> Johan: *(lacht)* Aber, Marianne.
> Marianne: *(ein wenig weinerlich)* Wenn du nicht zufrieden bist mit dem, was ich leisten kann, legst du dir am besten eine Geliebte zu, die etwas mehr Phantasie hat und ein bißchen aufregender ist. Ich gebe wahrhaftig mein Bestes. (Ebenda: 71–72)

In einem weiteren Rollentausch ist es jetzt Johan, der das Problem auf Mariannes Mutter schiebt, und es ist Marianne, die sich auf diesen Gedanken nicht einläßt:

> (9) Johan: Ich frage mich manchmal, warum wir dieses Problem so schrecklich dramatisieren und komplizieren. Ist es nicht schließlich eine ziemlich elementare Sache, daß man miteinander

> schläft? Ich kann mir nicht vorstellen, daß es
> je als ein riesenhaftes, alles überschattendes
> Problem gedacht war. Ich für meinen Teil
> glaube, daß deine Mutter schuld ist. Obwohl
> du's nicht magst, daß ich das sage.
> Marianne: Ich finde es von dir nur so verflucht
> oberflächlich, so zu reden. (Ebenda: 73)

Am Ende dieser Diskussion ist es Marianne, die die Distanz-Strategie vertritt und erklärt, daß einige Dinge (besonders sexuelle) besser nicht besprochen werden:

> (10) Marianne: Laß dir mal eins gesagt sein. Man kann auch
> über diese Dinge zuviel reden.
> Johan *(gibt auf)*: Ja, das mag schon sein.
> Marianne: Es heißt zwar, daß man alles sagen und
> daß man nichts geheimhalten soll, aber gerade
> in dieser Sache glaube ich, daß es falsch ist.
> Johan *(hat dies schon früher gehört)*: Ja, darin hast
> du sicher recht.
> Marianne *(mit Energie)*: Es gibt Dinge, denen man
> erlauben muß, in der Dämmerung ihr Leben zu
> führen, fern von neugierigen Blicken.
> Johan *(totaler Rückzug)*: Glaubst du wirklich?
> Marianne: Davon bin ich völlig überzeugt ... .
> (Ebenda: 74)

Das ist also die Metastrategie in der Kommunikation von Johan und Marianne miteinander. Sie sind sich darin einig, eine oberflächliche Harmonie aufrechtzuerhalten, und bestreiten die bei ihnen vorhandene unterschwellige Uneinigkeit. Beide wehren sich gegen die Versuche der/des anderen, ihren gemeinsamen Problem entgegenzutreten, oder anders gesagt, jeder kann versuchen, den gemeinsamen Problemen entgegenzutreten, und sich in Sicherheit wiegen, daß die/der andere sie bestreiten wird. In der fünften Szene, nach ihrer Trennung, gibt Marianne das zu:

> (11) Marianne: ... Hast du schon mal daran gedacht, daß
> wir nie Krach miteinander hatten? Wenn ich
> mich recht erinnere, hielten wir Streit und

Gezänk beide für häßlich. Nein, wir haben uns lieber hingesetzt und schön verständnisvoll miteinander gesprochen. Du hattest mehr Bücher gelesen und wußtest mehr über die Seele; du hast mir dauernd erzählt, was ich *im Grunde* dachte. Was ich *tief im Innern* fühlte. Ich verstand nie, wovon die Rede war .... Und alle unsere späteren Gespräche darüber, warum es uns keinen Spaß mehr machte, miteinander zu schlafen. Keiner von uns begriff, daß das Warnsignale waren. Um uns herum gingen überall rote Lichter und Stoppsignale an. Aber wir meinten nur, es sei in Ordnung. Wir gaben uns damit zufrieden. (Ebenda: 152–153)

## Beziehungen im Sprachverhalten

Um die Erklärung beizubehalten, daß sie zufrieden sind, haben Johan und Marianne verbale Strategien eingesetzt, die jeweils kennzeichnend für ihren eigenen Stil waren und sich von dem der/des anderen unterschieden. Eine genaue Untersuchung der sprachlichen Formen, die sie in ihren Gesprächsbeiträgen annehmen, läßt erkennen, daß ihr Gespräch ein Beziehungsmuster zwischen seiner Tiefen- und Oberflächenstruktur zeigt, das auf der Ebene des Sprachverhaltens die grundlegenden semantischen Beziehungen der Synonymie, Homonymie und Identität nachbildet. Das heißt, Mariannes und Johans Äußerungen deuten abwechselnd hin auf:

1. Die Synonymie im Sprachverhalten oder Paraphrase. Sie setzen unterschiedliche sprachliche Muster ein, um ähnliche Ziele zu erreichen.
2. Die Homonymie im Sprachverhalten oder Mehrdeutigkeit. Sie setzen ähnliche sprachliche Muster ein, um unterschiedliche Ziele zu erreichen.
3. Die Identität im Sprachverhalten. Sie setzen die gleichen Muster für die gleichen Ziele ein.

## Individuelle Stile

Bevor wir uns den Beispielen für Identität, Synonymie und Homonymie im Sprachverhalten zuwenden, wollen wir den Stil untersuchen, der für Johan und Marianne jeweils charakteristisch ist. Jeder der beiden Stile setzt sich aus dem gewohnten Gebrauch von sprachlichen Mustern zusammen, die den oben skizzierten, breit wirkenden Grundsätzen entsprechen. Im Stil von Marianne spiegelt sich eine Kombination von Respekt und Kameradschaft wider. Sie redet (und verhält sich) häufig wie ein Kind. Sie wertet sich ständig selbst ab und baut Ablenkungsmanöver in Form von pausenlosem Geschwätz auf, das sich aus impressionistischer Romantik oder aus einem Schwall von Fragen zusammensetzt. Der Stil von Johan auf der anderen Seite ist distanzierend. Er setzt Sarkasmus und Ironie ein, das Dozieren, die Verallgemeinerung und die Abstraktion, eine hochtrabende Sprache in komplexen Sätzen. Setzt eine/r der PartnerInnen Muster ein, welche für die/den andere/n typisch sind, wird sie/er kurz korrigiert. Ihre sich voneinander unterscheidenden Stile bringen Äußerungen hervor, die an der Oberfläche verschieden erscheinen, doch in ihren tieferen Absichten können sie als kooperativ betrachtet werden.

Viele dieser Muster sind im bereits zitierten Dialog sichtbar geworden. Zum Beispiel behauptet Marianne immer wieder, das alles in bester Ordnung sei, und hält sich wie ein Kind an der romantischen Unwirklichkeit fest:

(1) Marianne: Wir sprechen die gleiche Sprache. Deshalb geht es so gut mit uns. (Ebenda: 32)
(6) Marianne: Wir sind doch ziemlich aufrichtig zueinander, du und ich. Sind wir das nicht? (Ebenda: 66)
(7) Marianne: Aber wir mögen uns auf jede erdenkliche Weise.
Johan: Nicht auf diese Weise. Nicht so sonderlich, jedenfalls.
Marianne: O doch, das tun wir wohl. (Ebenda: 71)

Wenn sie also mit den Problemen ihrer sexuellen Beziehung konfrontiert wird, fängt Marianne an zu bestreiten, daß etwas nicht stimmt. Wenn das scheitert, schmollt sie wie ein Kind und beruft sich auf ihre Hilflosigkeit:

(8) Marianne *(verletzt)*: Ich kann nichts dafür, daß ich nicht
finde, daß es soviel Spaß macht wie früher.
Ich kann nichts dafür. Es gibt völlig
natürliche Erklärungen dafür. Du darfst mich
in dieser Hinsicht nicht beschuldigen und mir
kein schlechtes Gewissen geben. (Ebenda: 72)

Marianne verhält sich nicht nur selbst wie ein Kind. An anderen Stellen behandelt sie Johan, als wäre er ein Kind. Als er sie zum Beispiel bittet, ihr beim Schneiden eines Fingernagels zu helfen, rügt sie ihn:

(12) Marianne: ... Was machst du bloß mit deinen
Nägeln. (Ebenda: 96)

Sie setzt ständig eine Art des Aufziehens oder Lächerlichmachens ein, anstatt ihre Wut auf Johan zum Ausdruck zu bringen:

(13) Marianne: Du bist dümmer, als ich geglaubt habe ....
(Ebenda: 34)

Die Konfrontation hinsichtlich ihrer sexuellen Beziehung endet damit, daß Marianne sich in diese Art des Aufziehens völlig hineinsteigert:

(14) Marianne *(küßt ihn)*: Du bist jedenfalls lieb, obwohl du
ein Idiot bist.
Johan: Dann ist es ja ein Glück, daß ich mit dir
verheiratet bin.
Marianne *(küßt ihn)*: Du hast deine großen Augenblicke,
aber dazwischen ist es scheußlich mittelmäßig.
Johan: In unserem Alter gehen jeden Tag zehntausend
Gehirnzellen flöten. Und sie werden nie
ersetzt.
Marianne *(küßt ihn)*: Bei dir müssen es zehnmal soviel
sein, so dumm, wie du bist. (Ebenda: 75)

Zusammen mit ihrer »neckischen« Kritik überschüttet Marianne Johan mit körperlicher Zärtlichkeit, ein klassisches Batesonsches Double bind (Bateson 1972).
   Am Anfang der dritten Szene kommt Johan unerwartet in ihr Sommerhaus zurück, wo Marianne gerade allein schlafen gehen will. Das

daraufhin folgende Gespräch läßt erkennen, daß Marianne und Johan einen Streit am Telefon hatten, als sie das letzte Mal miteinander sprachen, und daß er, als sie ihn sofort zurückgerufen hat, nicht zu Hause war. Diese Tatsache, zusammen mit seiner überraschenden Ankunft spät am Abend, ist für sie ein Grund für den Verdacht, daß etwas nicht stimmen könne. Nachdem sie ein paar beiläufige Kommentare zu dem Streit am Telefon abgegeben hat, läßt Marianne ein langes und belangloses Selbstgespräch über das Leben, so wie es sein sollte, vom Stapel:

> (15) Marianne: ... Manchmal finde ich, daß alles vollkommen sinnlos ist. Warum soll man sich nicht all das Gute gönnen, was es auf der Welt gibt? Warum darf man nicht groß und dick sein und gute Laune haben? Stell dir vor, wie angenehm wir beide werden würden. Erinnerst du dich noch an Tante Miriam und Onkel David? Wie nett waren die beiden, und wie schön hatten sie's zusammen, und wie dick waren sie. Und jeden Abend legten sie sich in das große knarrende Doppelbett und hielten sich bei der Hand und waren zufrieden, einander zu haben, so dick und so fröhlich, wie sie waren. Können du und ich nicht auch so werden wie Tante Miriam und Onkel David und immer Sicherheit und Geborgenheit ausstrahlen? Willst du, daß ich die Lockenwickler rausnehme? (Ebenda: 81)

In dieser Passage verbinden sich die typische Gewohnheit Mariannes, durch Romantisieren zu leugnen, und der Einsatz pausenlosen Geschwätzes. Eine andere Form dieses Musters wird sichtbar, wenn sie einen Schwall von Fragen hervorbringt. Sie begrüßt Johan damit, daß sie ihm verschiedene Dinge zu essen anbietet, verbunden mit wahllosen Bemerkungen über belanglose Einzelheiten. Die Regieanweisungen liefern parallel zu ihrer verbalen Strategie eine nonverbale, genau wie im Beispiel 14, als Marianne Johan mit der Entfaltung körperlicher Zärtlichkeit überschüttet.

(16)  *Bevor er Zeit hat, seinen Mantel abzulegen, legt sie ihm die Arme um den Hals, drückt ihn heftig an sich und gibt ihm vier schmatzende Küsse.*

Marianne: Du kommst jetzt schon? Du wolltest doch erst morgen wieder hier sein. Ich find's zu schön. Hast du Hunger? Und ich liege hier mit Lockenwicklern rum. Wie lieb von dir, schon heute abend zu kommen. Die Kinder schlafen, wir haben uns schon früh ins Bett gelegt. Im Fernsehen gab's nichts Besonderes, und wir fanden es schön, mal früh schlafen zu gehen. Heute haben die Mädchen und ich übrigens einen Fastentag eingelegt. Willst du ein Omelette haben oder eine Schnitte mit Leberpastete und Bier?
Johan: Oh, danke, du, das würde mir guttun.
Marianne: Oder willst du was Ordentliches zu essen haben? Soll ich dir ein paar Spiegeleier braten und ein bißchen Schinken? Oder soll ich dir eine Suppe aufwärmen? (Ebenda: 79)

Und auch in der Szene, in der Marianne vorschlägt, zusammen zu verreisen, macht sie schon wieder so viele alternative Vorschläge, daß keiner davon ernstzunehmen ist:

(17)  Johan: Und wohin sollten wir fahren?
Marianne: Irgendwohin. Wir sind ja zum Beispiel noch nie in Florenz gewesen. Oder wie wär's, wenn wir ans Schwarze Meer führen? Was sagst du dazu? Oder Afrika? Es gibt fabelhaft billige Reisen nach Marokko. Oder Japan. Stell dir vor, wir reisten nach Japan. (Ebenda: 64)

Die gegensätzlichen Stile von Marianne und Johan werden ganz am Anfang in der ersten Szene sichtbar, in der sie für eine Frauenzeitschrift interviewt werden. Als sie gebeten werden, sich selbst zu beschreiben, läßt Johan eine lange Rede voller Eigenlob vom Stapel, doch Marianne weiß nicht, was sie sagen soll:

(18) Johan: Ja, es kann ja wie Aufschneiderei klingen, wenn
ich mich selbst als äußerst intelligent,
erfolgreich, jugendlich, ausgeglichen und sexy
beschreibe. Als einen Mann mit Weltwissen,
gebildet, belesen, als beliebten Gesellschafter.
Ich weiß nicht, was mir noch einfallen soll –
vielleicht kameradschaftlich. Ich bin auf
angenehme Weise kameradschaftlich, auch
gegenüber Leuten, denen es schlechter geht. Ich
bin sportlich. Ein guter Familienvater. Ein
guter Sohn. Ich habe keine Schulden und bezahle
meine Steuern. Ich respektiere unsere Regierung,
was immer sie auch anstellt, und ich liebe unser
Königshaus. Ich bin aus der Staatskirche
ausgetreten. Ist dies genug, oder willst du
vielleicht noch mehr Einzelheiten? Ich bin ein
großartiger Liebhaber. Nicht wahr, Marianne?
Frau Palm *(lächelt)*: Wir können auf die Frage vielleicht
zurückkommen. Und du, Marianne? Was sagst du?
Marianne: Tja. Was soll ich denn jetzt sagen. Ich bin mit
Johan verheiratet und habe zwei Töchter.
Frau Palm: Ja.
Marianne: Im Augenblick fällt mir nichts anderes ein.
(Ebenda: 11–12)

Johan fühlt sich also wohl dabei, wenn er sich mit seinem Reden aufwertet – wenn auch ironisch –, während das bei Marianne nicht der Fall ist. Ganz im Gegenteil, sie fühlt sich wohl dabei, wenn sie sich selbst abwertet. Als die Interviewerin etwas fehlinterpretiert, was Marianne sagt, nimmt Marianne die Schuld auf sich:

(19) Marianne: Nein, das habe ich nun nicht gemeint.
Eigentlich habe ich das Gegenteil sagen
wollen. Da siehst du, wie schlecht ich mich
ausdrücke ... (Ebenda: 20)

Die Strategie, die für Johan in hohem Maße charakteristisch ist, ist der Sarkasmus. Das ist schon in einer Reihe von Bespielen sichtbar geworden; beispielsweise am Anfang in ihrer Diskussion über ihre Beziehung, als Johan kontert »Du mit deinen Sprachen« (Ebenda: 33), und auch im folgenden:

(5) Johan: Was haben nun diese freundlichen kleinen
Tanten Böses getan? (Ebenda: 48)

Es gibt zahlreiche andere Beispiele. Beispielsweise in derselben Diskussion:

(20) Johan: Du leidest an Mutterverfolgungswahn.
(Ebenda: 52)

In der dritten Szene, nachdem Johan angekündigt hat, daß er Marianne verläßt, um mit seiner Freundin Paula zusammenzuleben:

(21) Johan: ... Ich gedenke nichts mitzunehmen, es sei
denn vielleicht meine Bücher, wenn du nichts
dagegen einzuwenden hast .... (Ebenda: 86)

In der fünften Szene treffen sich Marianne und Johan, um ihre Scheidungspapiere zu unterschreiben:

(22) Marianne: ... Aber jetzt bin ich wohl frei und kann
anfangen, mein eigenes Leben zu leben. Und das
finde ich sehr schön.
Johan: Dann darf ich herzlich gratulieren.
(Ebenda: 152)

In der sechsten Szene hat Marianne Johans Frage nach dem Sexualleben mit ihrem jetzigen Mann beantwortet; Johan ist mit ihrer Antwort nicht sehr glücklich:

(23) Johan *(heftig)*: Was kümmern mich deine Orgasmen mit
diesem gottverdammten Blutdruck-Knaben?
Ich gönne sie dir. Ich bin voll Bewunderung
für deine vollständige Befreiung. Sie ist
beinahe imponierend. Du solltest einen Roman
schreiben, verflucht noch mal. Ich verspreche
dir, die Hohenpriesterinnen der Frauenbewegung
werden dir Beifall klatschen. (Ebenda: 196–197)

Zusätzlich zu seinem Sarkasmus ist es charakteristisch für Johan zu dozieren; er redet in Allgemeinplätzen, und die Sprache, die er gebraucht, ist hochtrabend. Als Marianne zum Beispiel in der dritten Szene auf die Tatsache zu sprechen kommt, daß er, als sie ihn am Abend vorher zurückgerufen hat (vermutlich bei ihnen zu Hause in der Stadt), nicht ans Telefon gegangen ist, ergeht sich Johan in einer geschwollenen Schmährede, die sich gegen Bürokraten richtet:

> (24) Marianne: Ich rief dich sofort wieder an, aber da hattest du wohl den Stecker rausgezogen.
> Johan: Ich war gestern abend ziemlich müde. Ich war gestern den ganzen Tag mit diesem Dünnmann vom Ministerium im Institut. Ich frage mich manchmal, was es für Idioten sind, die in den staatlichen Kommissionen sitzen und über unser Wohl und Wehe bestimmen. (Ebenda: 80)

In der Szene, in der Marianne versucht, ihre Unzufriedenheit mit ihrer beider Leben zum Ausdruck zu bringen, setzt Johan seine gewohnten Muster ein, um der Konfrontation auszuweichen. Er schiebt ihre Unzufriedenheit auf eine körperliche Ursache, und eine eigentümlich weibliche:

> (25) Johan: Kriegst du deine Tage?
> Marianne: Du glaubst immer, daß es die Tage sind.
> Johan: Sind sie's denn nicht? (Ebenda: 47–48)

Später weicht er einer direkten Bitte um eine Information mit einer ironischen, rhetorischen Frage aus:

> (26) Marianne: Findest du's schön, nach Hause zu kommen?
> Johan *(lieb)*: Ist gerade heute alles so kompliziert?
> (Ebenda: 52)

An einer vorher schon zitierten Stelle ist er sarkastisch:

> (27) Marianne: Wenn ich nur sicher wäre, daß wir gewählt haben und nicht unsere Mütter.
> Johan: Du leidest an Mutterverfolgungswahn.
> (Ebenda: 52)

Er weicht einer anderen direkten Informationsfrage aus und doziert:

(28) Marianne: Hast du gewollt, daß dein Leben so wird?
Johan: Ich finde, das Leben hat den Wert, den man ihm
beimißt – weder mehr noch weniger. Ich weigere
mich, unter dem Blickwinkel der Ewigkeit zu
leben. (Ebenda: 52)

Er gebraucht in der fünften Szene später noch einmal dasselbe Muster, nach der Passage, die oben als Beispiel (11) zitiert wurde:

(29) Marianne: ... Wir gaben uns damit zufrieden.
Johan: Ich finde solche nachträglichen
Erklärungsversuche unerhört gleichgültig.
(Ebenda: 153)

Diese Beispiele zeigen, wie Marianne und Johan ihre Strategien mehr oder weniger bewußt zu ihrem eigenen Vorteil einsetzen. Doch ihre Strategien haben zusammen eine mächtige Wirkung, eine Kraft, der sie sich nicht bewußt sind, die jedoch, wie wir sehen werden, dazu dient, die beiden gleichzeitig zusammenzuhalten und auseinanderzutreiben.

Um ein Beispiel zu geben: In der vierten Szene ist Johan in ihr gemeinsames Zuhause gekommen, um Marianne zu besuchen. Sie leben schon seit einiger Zeit getrennt. Johans Beziehung zu Paula ist dabei, in die Brüche zu gehen. Er ist einsam.

(30) Johan: Weißt du, wie meine Sicherheit aussieht?
Ich will's dir sagen. Ich denke so: Die
Einsamkeit ist absolut. Es ist eine Illusion,
sich etwas anderes einzubilden. Sei dir dessen
bewußt.
Ich versuche, danach zu handeln. Erwarte
nichts anderes als Plage. Wenn etwas
Angenehmes geschieht, um so besser. Glaube
nie, daß du die Einsamkeit aufheben kannst.
Sie ist absolut. Du kannst auf verschiedenen
Ebenen eine Gemeinsamkeit dichten, aber es
werden dennoch nur Gedichte über Religion,
Politik, Liebe, Kunst und so weiter. Die
Einsamkeit ist gleichwohl total . . . .
(Ebenda: 115)

Johan redet in diesem Stil noch viermal länger weiter als in der zitierten Passage. Schließlich gibt Marianne in einer schon früher zitierten Reaktion einen Kommentar:

>(2) Marianne: Ich verstehe nicht, wovon du redest. Es erscheint mir so theoretisch. Ich weiß nicht, warum. Vielleicht, weil ich nie von so großen Dingen spreche. Ich glaube, ich bewege mich auf einer anderen Ebene. (Ebenda: 116)

Johans Reaktion auf Mariannes implizite Klage über seinen philosophischen Stil ist, natürlich, Sarkasmus:

>(31) Johan *(fies)*: Auf einer feineren Ebene wohl. Einer besonderen Ebene, reserviert für Frauen mit privilegiertem Gefühlsleben und einer glücklicheren, erdgebundeneren Anpassung an die Mysterien des Lebens. Paula verwandelt sich auch oft in eine Priesterin des Lebens. Dann hat sie immer gerade ein neues Buch von irgendeiner großartigen Verkünderin des neuen Frauenevangeliums gelesen. (Ebenda: 116–117)

Diese Passage zeigt auch Johans Taktik, Frauen eher als Gruppe anzugreifen und nicht einzeln, indem er bei seiner gewohnten Strategie bleibt, eine direkte Konfrontation durch Verallgemeinerung zu vermeiden. Um ein schon früher zitiertes Beispiel zu verwenden, als er über seine Unzufriedenheit mit ihrer Ehe redet, bringt Johan seine Unzufriedenheit ganz allgemein zum Ausdruck, und Marianne antwortet sofort direkt in Bezug auf ihr Zusammenleben:

>(7) Johan: Muß es immer so sein, daß zwei Menschen, die lange zusammenleben, ein wenig müde werden?
>Marianne: Müde sind wir doch wohl nicht geworden.
>(Ebenda: 71)

Auch am Ende der Diskussion, als Marianne Johan in der Form angreift, daß sie ihn aufzieht, geht er auf ihren Trick ein, indem er allgemein (und akademisch) redet; und sie reagiert, indem sie sich noch einmal auf ihn persönlich bezieht:

(14) Marianne *(küßt ihn)*: Du hast deine großen Augenblicke,
aber dazwischen ist es scheußlich mittelmäßig.
Johan: In unserem Alter gehen jeden Tag
zehntausend Gehirnzellen flöten. Und sie
werden nie ersetzt.
Marianne *(küßt ihn)*: Bei dir müssen es zehnmal so viel
sein, so dumm, wie du bist. (Ebenda: 75)

Johans Taktik, Marianne anzugreifen, indem er Frauen allgemein angreift, ist ebenfalls schon deutlich geworden. Zum Beispiel:

(23) Johan: Ich verspreche dir, die Hohenpriesterinnen der
Frauenbewegung werden dir Beifall klatschen.
(Ebenda: 197)

Dieses Muster wird in der zweiten Szene am auffälligsten sichtbar, als Marianne und Johan nach Hause kommen, nachdem sie Ibsens *Nora* gesehen haben. Marianne hat das Stück gefallen; Johan nicht. Scheinbar angespornt durch das Stück, steigert er sich in eine dreiteilige Schmährede gegen Frauen hinein, die nur durch kurze und unverbindliche Reaktionen von Marianne unterbrochen wird. Nur ein paar Zeilen seiner Rede genügen, um die geschmackliche Richtung seiner Kommentare wiederzugeben:

(32) Johan *(lacht, gähnt)*: Die Frauenbewegung ist ein zu
Tode gequatschtes Kapitel, Marianne. Heute
können die Frauen machen, was immer sie
wollen. Das Traurige ist nur, daß sie keine
Lust haben. (Ebenda: 68)
...
Johan: Hast du je was von einem weiblichen
Symphonieorchester gehört? Stell dir
hundertzehn Frauenzimmer mit
Menstruationsbeschwerden vor, die Rossinis
Ouvertüre zur »Diebischen Elster« spielen
sollen. (Ebenda: 68)
...
Johan: ... Ich möchte mal was anderes fragen:
Haben Frauen nicht eine ganz besondere
Begabung für Roheit, Brutalität, Vulgarität
und Rücksichtslosigkeit? ... (Ebenda: 69–70)

Es ist interessant zu beobachten, das dieser verallgemeinerte Angriff von Johan der Diskussion über Sex vorausgeht, in der sich Johan darüber beklagt, daß Marianne zu wenig Interesse am Sex mit ihm hat, und in der sie seine sexuellen Annäherungsversuche erneut zurückweist.

Ein interessanter Aspekt im Kommunikationssystem von Marianne und Johan ist die Form, in der beide immer wieder nur ihre eigenen Strategien verwenden. Wenn Marianne Sarkasmus gebraucht, läßt Johan ihr das nicht durchgehen. Zum Beispiel in der dritten Szene:

> (33) Johan: Ich habe nicht viel Selbsterkenntnis, und ich verstehe nur wenig, obwohl ich viele Bücher gelesen habe. Aber irgend etwas sagt mir, daß diese Katastrophe eine Lebenschance ist, sowohl für dich wie für mich.
> Marianne: Ist es Paula, die dir dieses dumme Zeug einredet? Wie naiv, glaubst du, darfst du eigentlich sein?
> Johan: In diesem Gespräch können wir Sarkasmen und dieses gegenseitige Anöden verdammt wenig gebrauchen.
> Marianne: Damit hast du recht. Entschuldige, bitte.
> (Ebenda: 92)

Und noch einmal in der fünften Szene:

> (34) Johan: ... Ich bezahle eine irre Summe für den Unterhalt, die ich außerdem versteuern muß und die meine Finanzen völlig durcheinanderbringt. Es kann also nicht der Sinn der Sache sein, daß ich noch zusätzlich für eine Menge idiotischer Ausgaben geradestehen muß. In der Scheidungsvereinbarung steht darüber jedenfalls kein Wort. Oder doch?
> Marianne: Es ist nicht die Schuld der Kinder, daß es uns schlechter geht, bloß weil du dich mit einer anderen aus dem Staub gemacht hast.
> Johan: Ich hätte nie gedacht, daß ich ausgerechnet so etwas von dir zu hören kriegen würde.
> Marianne: Nein, verzeih mir. Das war dumm von mir.
> (Ebenda: 146)

Johans Einspruch gegen Mariannes Bemerkung kommt sofort, nachdem er selbst beißend sarkastisch gewesen ist, genau wie in dem vorhergehenden Beispiel. In der sechsten Szene schließlich gibt Johan ein langes Stück Philosophiererei von sich, doch als Marianne mit einem kleinen Beitrag in ähnlichem Stil reagiert, weist Johan sie sarkastisch zurecht:

(35) Johan: Ja, da kannst du mal sehen. Das ist der große
Unterschied zwischen uns beiden. Ich weigere
mich nämlich, die vollkommene Sinnlosigkeit
hinter der vollständigen Bewußtheit zu
akzeptieren. Ich kann mit diesem kalten Licht
über all meinen Bemühungen nicht leben. Wenn
du wüßtest, wie ich mich mit meiner
Sinnlosigkeit abringe.
Immer wieder versuche ich mir selbst damit Mut
zu machen, daß das Leben den Wert hat, den man
ihm selbst gibt. Aber ich kann mich über
dieses leere Gequatsche nicht freuen. Ich will
etwas haben, wonach ich mich sehnen kann. Ich
brauche etwas, woran ich glauben kann.
Marianne: Ich denke nicht so wie du.
Johan: Nein, das ist mir klargeworden.
Marianne: Im Gegensatz zu dir halte ich das alles aus.
Und fühle mich wohl dabei. Ich verlasse mich
auf meinen Verstand. Und auf mein Gefühl.
Verstand und Gefühl arbeiten bei mir zusammen.
Ich bin mit den beiden zufrieden. Jetzt, wo
ich schon ein bißchen älter geworden bin, habe
ich noch einen dritten Mitarbeiter bekommen.
Nämlich meine Erfahrung.
Johan *(niederträchtig)*: Du solltest Politikerin
werden.
Marianne *(ernst)*: Das wäre vielleicht eine Möglichkeit.
(Ebenda: 197–198)

Vergleichen wir die Sprechweisen von Johan und Marianne in diesem Austausch hinsichtlich der allgemeinen Strategie und der Wirkung. Seine setzt sich aus langen, komplizierten Sätzen zusammen, ihre aus kurzen und einfachen. Seine Wörter sind lang, elaboriert, ihre kurz und aus dem alltagssprachlichen Vokabular. (In diesem Fall müssen wir uns natürlich mehr als sonst auf die Genauigkeit der Übersetzung verlassen). Wichtiger noch, er definiert seine Situation in Abstraktionen, wie »Sinnlosigkeit« und »Bewußtheit«; der Wert des Lebens; »etwas, woran man glauben kann.« Sie, auf der anderen Seite, macht abstrakte Begriffe konkret, und zwar so weit, daß sie sie vermenschlicht: sie »arbeiten zusammen«; sie sind »Mitarbeiter.« Er gebraucht wieder einmal professionelle Distanz, sie eine Art kindliche Kameradschaft. Und jeder irritiert die/den andere/n. Seltsam ist jedoch, wo seine Selbstdarstellung und sein Dozieren schließlich eingesetzt werden, um Schwäche einzugestehen, ein Hilferuf (eine Geste der Kameradschaft) sind, werden ihre Einfachheit und ihre Offenheit eingesetzt, um eitle Selbstzufriedenheit auszudrücken, ihr Gefühl, daß sie nichts von ihm braucht. Also kreuzen und überkreuzen sich ihre Strategien von der Oberfläche bis in die tieferen Ebenen immer wieder in einem äußerst verwirrenden Muster. Was vielleicht noch auffälliger ist, so sehr die/der eine den Stil der/des anderen, wenn die/der andere ihn gebraucht, auch verachtet, so liefert die Erkenntnis, das die/der andere die eigenen Techniken übernommen hat, starken Munitionsstoff – wie bei Johan in dieser im Text folgenden Passage in Beispiel (35). Mit zunehmendem Sarkasmus (und einer Dosis von seinen bekannten Verallgemeinerungen gegen Frauen) hämmert er Marianne ein, daß es ihr nicht zusteht, seine Strategie der selbstgefälligen Besserwisserei zu gebrauchen.

(36) Johan: Mein Gott.
Marianne: Ich habe die Menschen gern. Ich mag
Verhandlungen, Verständigkeit, Kompromisse.
Johan: Du übst schon für deine erste Wahlrede, wie
ich höre.
Marianne: Du findest mich schwierig?
Johan: Nur wenn du Predigten hältst.
Marianne: Ich werde kein Wort mehr sagen.
Johan: Versprichst du, heute abend keine weiteren
Wahrheiten zu sagen?
Marianne: Ich verspreche.
Johan: Versprichst du, diesen Orgasmus-Athleten nicht
noch mehr hervorzuheben?
Marianne: Kein Wort mehr über ihn.
Johan: Glaubst du, daß du wenigstens *für kurze Zeit*
deine entsetzliche Besserwisserei zügeln kannst?

Marianne: Das wird schwierig, aber ich werd's versuchen.
Johan: Ist es dir vielleicht auch möglich, ich sage,
*vielleicht*, ein bißchen mit deiner
grenzenlosen weiblichen Kraft hauszuhalten?
Marianne: Ich sehe schon, das scheint nötig zu sein.
Johan: Also gut. Komm jetzt. Gehen wir schlafen.
(Ebenda: 198)

Nachdem wir Beispiele für Johans und Mariannes persönlichen Gebrauch ihrer unterschiedlichen Stile gesehen haben, untersuchen wir im folgenden, wie ihr kooperativer Einsatz dieser Stile in die Richtung einer Identität, einer Synonymie und Homonymie im Sprachverhalten zielt.

## Identität im Sprachverhalten

Identität im Sprachverhalten wird sichtbar, wenn die Partner gleiche Muster für gleiche Ziele benutzen. Zum Beispiel setzen Johan und Marianne beide die Taktik ein, Schlaf vorzuschlagen, wenn sie mit unangenehmen Informationen konfrontiert worden sind. In der zweiten Szene hat sich das Ehepaar der Tatsache seines unbefriedigenden Sexuallebens gegenübergesehen. Als Marianne sich sichtlich aufregt, sagt Johan: »Lassen wir doch dieses Gespräch jetzt fallen und gehen zu Bett. Es ist wirklich spät geworden.« (Ebenda: 73) In der dritten Szene, nachdem Johan ihr erzählt hat, daß er vorhat, sie wegen einer anderen Frau zu verlassen, nimmt Marianne eine ähnliche Strategie auf:

(37)  Johan: Jetzt weißt du die Wahrheit, und das ist die
Hauptsache.
Marianne: Ich weiß gar nichts. Wollen wir schlafen
gehen? Es ist spät geworden .... (Ebenda: 84)

Das ist eine andere Lesart von sowohl Johans als auch Mariannes gemeinsamer Taktik, anzudeuten, daß ein schmerzhaftes Thema nicht besprochen werden sollte. Ganz am Anfang des Films, als sie für die Frauenzeitschrift interviewt werden, fragt die Interviewerin Marianne nach ihren Ansichten über die Liebe; sie regt sich auf und sagt: »Ich kann dieses Problem nicht durchschauen, und deshalb will ich nicht darüber sprechen« (Ebenda: 19–20). In der fünften Szene versucht sie Johan zu erklären, daß sie sich scheiden lassen müssen, während er es sich anders überlegt hat. Gerade als er zu verstehen scheint, worum es ihr geht, sagt sie: »Wir wollen nicht darüber sprechen« (ebenda: 162). Das ist genau das, was Johan in der dritten Szene sagt, nachdem er Marianne mit seinen Plänen, sie zu verlassen, entgegengetreten ist: »Es ist besser, nicht zu reden. Was Vernünftiges gibt's ohnehin nicht zu sagen« (ebenda: 84). Ebenso wie Marianne mit der Interviewerin nicht über die Liebe in der Ehe reden wollte, beginnt Johan in der fünften Szene Marianne zu erzählen, wie unglücklich er mit Paula ist, und hört dann wieder auf: »Ich kann darüber nicht sprechen. Du weißt jetzt ohnehin alles« (ebenda: 158).

Wir haben bereits gesehen, daß Marianne diese Strategie auch einsetzt, als Johan es versäumt zu reagieren, als sie in der zweiten Szene ihre Unzufriedenheit zum Ausdruck bringt: »Du verstehst nicht, also hat es auch keinen Sinn, darüber zu reden« (ebenda: 48).

## Synonymie im Sprachverhalten

Synonymie im Sprachverhalten wird zum Beispiel in der Art und Weise sichtbar, wie Johan und Marianne in der dritten Szene eine Konfrontation vermeiden, als er in ihr Sommerhaus zurückkehrt und ihr gerade sagen möchte, daß er sie verläßt. Marianne weicht der Konfrontation mit übermäßigen Wortschwall aus (Beispiele 15 und 16), während er das Gleiche tut, indem er doziert (Beispiel 24). Die Funktion ihrer beider Taktiken ist es, zu vermeiden, daß das eigentliche Thema erwähnt wird: Sie haben sich am Telefon gestritten; sie hat ihn zurückgerufen, und er war nicht zu Hause. Wo war er, und was folgt aus dieser Tatsache? (D. h., er hat eine Geliebte; er verläßt sie.)

Synonymie im Sprachverhalten wird ebenfalls in den Beispielen 2 und 31 sichtbar, und den diesen Beispielen im Dialog vorausgehenden und folgenden Passagen. Johan und Marianne sind nach Feierabend in seinem Büro, um die Scheidungspapiere zu unterschreiben. Wieder handeln sie in dem geheimen Einverständnis, nicht zu kommunizieren, doch setzen sie dabei unterschiedliche Muster im Sprachverhalten ein. Dieser Abschnitt wird hier vollständig wiedergegeben.

(38) Johan: Das sind alles nur Worte. Du faßt es in Worte, um die große Leere zu beschwören. Es ist übrigens eigenartig. Hast du schon mal daran gedacht, daß Leere weh tut? Man könnte sich vorstellen, daß sie Schwindelgefühle verursacht oder seelische Übelkeit hervorruft. Aber meine Leere tut körperlich weh. Sie brennt wie eine Brandwunde. Oder so wie früher, als ich klein war und geweint hatte und als der ganze Körper von innen schmerzte. Ich staune manchmal über Paulas unerhörte politische Zuversicht. Sie ist sowohl wahrhaftig wie auch mit Leib und Seele dabei und in ihrer Gruppe unablässig tätig. Ihre Überzeugung gibt ihr die Antworten auf ihre Fragen und füllt ihre Leere aus. Ich würde gern wie sie leben können. Ich meine das wirklich, ohne jede Ironie. *(Beugt sich vor)* Warum lächelst du so ironisch? Findest du, ich rede dummes Zeug? Um die Wahrheit zu sagen: Ich finde das auch. Aber es ist mir gleichgültig.

Marianne: Ich verstehe nicht, wovon du redest. Es erscheint mir so theoretisch. Ich weiß nicht, warum. Vielleicht, weil ich nie von so großen Dingen spreche. Ich glaube, ich bewege mich auf einer anderen Ebene.

Johan *(fies)*: Auf einer feineren Ebene wohl. Einer besonderen Ebene, reserviert für Frauen mit privilegiertem Gefühlsleben und einer glücklicheren, erdgebundeneren Einstellung zu den Mysterien des Lebens. Paula verwandelt sich auch oft in eine Priesterin des Lebens. Dann hat sie immer gerade ein neues Buch von irgendeiner großartigen Verkünderin des neuen Frauenevangeliums gelesen.

Marianne: Ich weiß noch, daß du immer sehr viel geredet hast. Ich erinnere mich, daß ich das gern mochte, obwohl mir fast immer egal war, was du sagtest, wenn du so richtig ins Theoretisieren gekommen warst. Irgendwo klingt es, als wärst du enttäuscht.

Johan *(still)*: Das denkst du.

> Marianne *(still)*: Du sollst wissen, daß ich fast immer an dich denke und mich frage, ob es dir gut geht oder ob du einsam bist und Angst hast. Jeden Tag, mehrmals am Tag frage ich mich, was ich falsch gemacht habe. So daß es so wurde, wie es zwischen uns geworden ist. Ich weiß, es ist kindlich so zu denken, aber jetzt denke ich jedenfalls so. Manchmal glaube ich, ich hätte die Lösung zu fassen gekriegt. Aber dann gleitet sie mir wieder aus den Händen.
> Johan *(sarkastisch)*: Warum gehst du nicht zu einem Psychiater? (Ebenda: 116–117)

Johan und Marianne versuchen beide, ihre Trauer über den Verlust ihrer Beziehung auszudrücken. Er tut das, indem er in abstrakten Verallgemeinerungen redet (»die Leere tut weh«) und darüber, im Leben einen Sinn zu finden, wobei er eine andere Person als Beispiel benutzt (Paula, seine Freundin). Marianne tut das, indem sie einfach und direkt über ihre Gefühle für ihn spricht. Auch schiebt sie sich selbst die Schuld zu und setzt sich herab. In beiden Fällen weigert sich die/der eine, die Mitteilung der/des anderen zu »hören«. Marianne leugnet die Richtigkeit von dem, was Johan sagt; sie tut seine Anliegen als belanglos ab (»Ich spreche nie von so großen Dingen«) und beruft sich auf ihre eigene Gefühlsdomäne (»Ich bewege mich auf einer anderen Ebene«). Johan geht über Mariannes Ausdruck ihrer Gefühle mit Sarkasmus hinweg (»Warum gehst du nicht zu einem Psychiater«). Auf Mariannes Weigerung, auf sein Eingeständnis, er sei einsam, einzugehen, reagiert er wieder mit Sarkasmus und mit dem Muster, sie als Frau anzugreifen. Mariannes Reaktion hierauf ist, daß sie ihre Taktik verdoppelt, das, was er sagt, als irrelevant abzutun und wieder das Gespräch in den Bereich der Gefühle und auf ihn persönlich zu lenken (»Irgendwo klingt es, als wärst du enttäuscht«).

### Homonymie im Sprachverhalten

Um in ihrem Sprachverhalten Homonymie zu erzeugen, gebrauchen Marianne und Johan an der Oberfläche die gleichen Muster, um zu unterschiedlichen Zielen zu gelangen. Zum Beispiel wenden Johan und Marianne beide einen Schwall von Fragen an. Wie wir früher gesehen haben, begrüßt Marianne Johan in ihrem Sommerhaus mit einer Flut von Fragen und bietet ihm unterschiedliche Dinge zu essen an. In derselben Episode, Beispiel 15, äußert sie eine Kette rhetorischer Fragen, mit welchen sie »ein besseres Leben« heraufbeschwört. Während diese Fragen den scheinbaren Zweck einladender Kameradschaft haben (indem sie eine Reaktion erfordern, scheinen sie den Partner in die Kommunikation einzubeziehen), ist ihre unterschwellige Wirkung Distanz, hervorgerufen durch Meidung der wirklichen Probleme zwischen ihnen. Auch an anderer Stelle gebraucht Marianne einen Schwall von Fragen, um zu vermeiden, daß sie auf irgendeine von ihnen Antworten zu hören bekommt:

(39) Marianne: Willst du dich scheiden lassen? Willst du sie heiraten? Warum mußt du übrigens ausgerechnet heute abend über all dies sprechen? Warum ist es plötzlich so eilig? (Ebenda: 83)

Dadurch, daß sie ihm weitere Fragen stellt, hält Marianne Johan davon ab, die ersten, wirklichen zu beantworten.

Auch Johan stellt eine Flut von Fragen, doch sind seine rhetorisch, und ihr Zweck ist ein ganz anderer:

(40) Johan: Weißt du, wie lange ich das mit mir herumgetragen habe? Kannst du's erraten? Ich meine nicht diese Sache mit Paula, sondern den Gedanken, dich und die Kinder und das Zuhause zu verlassen. Kannst du's erraten? (Ebenda: 85)

Die rhetorischen Fragen Johans nehmen die Form von Sticheleien an. Ebenso mockiert er sich über Mariannes Stil, wenn er einen Schwall von Fragen stellt, welche angeblich aufdecken, was sie denkt:

(41) Marianne: ... Du bringst mich in eine lächerliche und unerträgliche Situation. Das wirst du doch sicher begreifen.
Johan: Ich weiß genau, was du meinst: Was sollen die Eltern sagen? Was wird meine Schwester sagen,

was werden unsere Bekannten und Freunde meinen? Pfui Teufel, wird das ein Gerede geben. Was soll aus den Mädchen werden, und was werden die Mütter ihrer Freundinnen denken? Und was wird aus den Tischgesellschaften, zu denen wir im September und Oktober eingeladen sind? Und was sollst du bloß Katarina und Peter erzählen? ...
(Ebenda: 88)

Während Johans Fragen scheinbar Distanz bezwecken – durch ihren Sarkasmus können sie Marianne nur noch weiter von ihm wegtreiben – arbeiten sie doch auf die tiefere Wirkung der Kameradschaft hin, sie bringen sie in die Gefühlsinteraktion hinein. Sticheleien können Marianne nur aufbringen und sie daher hineinziehen.

### Verwendung von Fragen

Um noch klarer zu sehen, wie die verbalen Strategien dieses Ehepaares auf diesen vielfältigen Ebenen wirken, können wir die Verwendung von Fragen in der dritten Szene untersuchen, in welcher Johan in ihr Landhaus zurückkehrt und ankündigt, daß er weggehen wird. Rein zahlenmäßig stellt Marianne fast doppelt so viele Fragen wie Johan: 63 gegenüber seinen 37. Wenn Fragen die sprachliche Form sind, welche die/den GesprächspartnerIn zu beteiligen sucht, weil sie eine Reaktion erfordern, dann zeigt Marianne durch ihren höheren Einsatz von Fragen, daß sie nach Beteiligung strebt. Noch aufschlußreicher ist allerdings eine Untersuchung der Art der Fragen, welche sie stellen. Marianne stellt bei weitem mehr echte Fragen, während Johan rhetorische stellt. Von ihren 63 Fragen sind 50 echt; das heißt, in den meisten Fällen verlangen sie nach Informationen, und in einigen Fällen nach einer Reaktion (zum Beispiel: »... , kannst du mir denn nicht bei dieser Sache helfen?« (Ebenda: 89). Dreizehn von Mariannes Fragen sind rhetorische Fragen: d.h., es wird keine Reaktion erwartet. Mit anderen Worten, 21 Prozent von Mariannes Fragen sind rhetorisch, während 79 Prozent echt sind. Im Gegensatz dazu sind von Johans 37 Fragen 32 (86 Prozent) rhetorische Fragen, und 5 (14 Prozent) sind echt.

Obwohl der Zweck von Mariannes Fragen zu sein scheint, daß Johan involviert bleibt, sind die einzigen Fragen, mit welchen sie ihn dazu bringt, etwas zu sagen, jene, welche Informationen über seine Beziehung zu Paula beinhaltet; daher stellt Marianne eine solche Frage nach der anderen. Zusätzlich gebraucht sie das indirekte Muster, ihm in Frageform Unterstützung anzubieten:

> (42) Marianne: Wollen wir jetzt packen, oder willst du zuerst frühstücken? Möchtest du übrigens Tee oder Kaffee? (Ebenda: 95)
> ...
> Marianne: Soll ich deinen Rasierer einpacken, oder nimmst du den mit, den du in der Stadt hast?
> ...
> Marianne: Willst du den Zettel der Reinigung haben?
> ...
> Marianne: ... Welche Schlafanzüge willst du mitnehmen? (Ebenda: 96)

Im Gegensatz dazu bittet Johan nicht in Frageform um Hilfe, sondern gebraucht simple Befehls- oder Erklärungsformen.

> (43) Johan: Hilf mir bitte mal. Ein Nagel hat sich gespalten, und ich werde nicht damit fertig. (Ebenda: 95)

Während Marianne Informationsfragen einsetzt, um Johan in die Interaktion hineinzuziehen, indem sie ihn dazu bringt, über sich selbst zu reden, funktionieren die fünf echten Fragen von Johan nicht auf diese Weise. Drei dieser fünf echten Fragen verlangen nach Information über seine Habseligkeiten:

> (44) Johan: Weißt du, ob mein grauer Anzug hier oder in der Stadt ist? (Ebenda: 84)
> ...
> Johan: Weißt du, wo Speers »Erinnerungen« geblieben sind? Ich habe das Buch auf dem Nachttisch liegen lassen, das weiß ich genau. (Ebenda: 95)
> ...
> Johan: ... Von welcher Reinigung ist er? (Ebenda: 96)

Diese Fragen erinnern Marianne daran, daß sie mit Johan involviert ist, doch ist es ein Involviertsein in bezug auf Fürsorge und Haushaltsfragen konzentriert. Im Gegensatz dazu versucht Marianne, Johan durch Fragen persönlich hineinzuziehen. Während er in der zweiten Szene sexuell an ihr interessiert war und sie seinen Annäherungsversuchen ausgewichen ist, versucht sie ihn in dieser Szene sexuell für sich zu interessieren, doch er reagiert nicht. Zum Beispiel fragt sie nach ihrem geistigen Höhenflug über Tante Miriam und Onkel David plötzlich:

(45) Marianne: Willst du, daß ich die Lockenwickler
 rausnehme? (Ebenda: 81)

Das sieht aus wie eine Einladung ins Bett, als ob sie sich als Auftakt für die Liebe sexuell attraktiver machen wollte. Johan wehrt den Vorschlag jedoch ab:

(46)   Johan: Tu dir keinen Zwang an. (Ebenda: 81)

Ebenso versucht sie ihm früher in der Szene eine Bemerkung über ihren Körper zu entlocken, doch stößt sie auf einen ähnlichen Mangel an Interesse:

(47) Marianne: ... Letzte Woche habe ich fast vier Pfund
 abgenommen. Sieht man das nicht?
 Johan: Nein. (Ebenda: 81)

Johan und Marianne machen beide häufig Gebrauch von Fragen, aber auch wenn ihre Äußerungen an der Oberfläche vielleicht ähnlich zu sein scheinen, so haben sie doch unterschiedliche kommunikative Absichten oder Bedeutungen. Seine Fragen sind rhetorisch, oberflächlich angelegt, um einen weiteren Austausch zurückzuweisen. An der Oberfläche sind sie feindselig, und sie fordern Distanz heraus. Oberflächlich betrachtet, sehen Mariannes Fragen wie die Fragen von Johan aus: Eine Frage ist eine Frage. In ihrer Absicht jedoch – der bewußt wahrgenommenen Absicht der Sprecherin, insofern die Zuhörerschaft Vermutungen darüber anstellen kann – werden ihre Fragen auf der Suche nach Informationen gestellt. Anders als Johans Fragen werden sie in der Erwartung gestellt, eine Antwort herauszuholen. Sie sind so angelegt, daß sie zu Kameradschaft einladen.

Auf einer noch tieferen Ebene jedoch, die den TeilnehmerInnen selbst nicht zugänglich ist, die Ebene, auf der wir die Wirkung bestimmen, welche die Äußerungen anderer auf uns selbst haben, entsprechen sich die Strategien tatsächlich wieder einmal. Während Johans Fragen eine Interaktion an der Oberfläche ausschließen, erzeugen sie – wahrnehmbar oder nicht – dadurch, daß sie Wut erregen, fortlaufendes Involviertsein. (Würde sich Johan lediglich zurückziehen, wäre die Wirkung wirklich distanzierend.) Bei Marianne ist es so, daß sie die distanzierenden Fragen von Johan wahrnimmt und reagiert, als würden sie Kameradschaft erzeugen, wie ihre eigenen Fragen es tun: Sie versteht seine Beiträge im Hinblick darauf, was sie bedeuten würden, wenn es ihre eigenen wären. (Das ist ein allgemeiner Rede-Grundsatz, daß wir die Beiträge anderer nur in Bezug darauf verstehen, was wir meinen würden, wenn wir sie selbst vorbringen würden.) Doch schalten sie echte Kommunikation aus, indem sie Wut erzeugen. Marianne geht auf die Herausforderung ein und läßt sich durch seine Schmähreden sogar zu einem noch wütenderen Schwall von informationssuchenden Fragen und Hilfsangeboten bewegen. Obwohl diese oberflächlich zu Kameradschaft einladen, garantiert Johans Geschick, sie abzuwehren, gepaart mit ihrer starken Heftigkeit, daß sie keine Interaktion zustandebringen – daß die Kommunikation abgewürgt wird. Johan nimmt ihre Fragen als Muster wahr, die Barrieren schaffen – als das, was sie letztendlich in ihrer Wirkung auch sind. Also entsprechen sich die Strategien von Marianne und Johan auf der Ebene der Oberflächenform, widerstreiten sich auf der Ebene tieferer Absicht, doch entsprechen sie sich noch einmal auf der tiefsten und am wenigsten zugänglichen Ebene, der der Wirkung auf die/den andere/n Beteiligte/n; und endlich ist die Wirkung der kommunikativen Strategien dieses Paares Komplizenschaft – eine stillschweigende Übereinstimmung oder Metastrategie, echte Kommunikation zu vermeiden. Diese Verflechtungen lassen sich wie folgt darstellen:

| | | |
|---|---|---|
| OBERFLÄCHE | Johan und Marianne stellen beide Fragen | ENTSPRECHUNG |
| TIEFERE EBENE (*Sprecherabsicht*) | Johans Fragen sind distanzierend; Mariannes Fragen stellen Gemeinsamkeit her | KONFLIKT |
| TIEFSTE EBENE (*Effekt auf Adressaten*) | Johans und Mariannes stilistische Unterschiede erzeugen gemeinsame unausgesprochene Strategie: Nicht-Kommunikation | ENTSPRECHUNG |

Die Komplizenschaft auf der tiefsten Ebene, die den Meinungsverschiedenheiten von Johan und Marianne zugrundeliegt, ist ein Schlüssel zum Plot des Ganzen. Auf den ersten Blick ist es verwirrend, daß diese beiden anscheinend so gut zueinander passenden Personen sich trennen sollten; doch was nach einer Zeit noch eigenartiger wird, ist die Tatsache, daß diese beiden Menschen, die sich anscheinend ständig uneinig sind, sich nicht voneinander fernhalten können. Wir als ZuschauerInnen haben das Gefühl, daß das einen Sinn ergibt – wir kennen Beziehungen wie diese –, doch aus dem Stegreif scheint es nichts anderes als paradox zu sein, eines der unerklärlichen Mysterien der menschlichen Psychologie. Wenn wir die kommunikativen Strategien von Marianne und Johan jedoch sorgfältig genug entwirren, stellen sich die Mysterien schließlich als ziemlich vorhersehbar heraus.

Johan und Marianne werden sich ihrer Unstimmigkeit an der Oberfläche deutlich bewußt, und etwas undeutlicher, ihrer tieferen stilistischen Unvereinbarkeit. Was sie nicht sehen, ist ihre grundlegende Komplizenschaft auf der tiefsten Ebene: ihre stillschweigende Übereinstimmung, nicht miteinander übereinzustimmen. Aufgrund dieser unterschwelligen und ausschlaggebenden Ähnlichkeit in den Absichten und Wünschen hat dieses Paar tatsächlich viel gemeinsam. Es mag zwar für eine angenehme und schöpferische Verständigung nicht ausreichen, doch schafft die Ähnlichkeit ein Bedürfnis und eine unauflösbare Bindung zwischen ihnen. Solange sie diese enge Bindung haben, können sie nicht voneinander loskommen. Doch solange sie mit unterschiedlichen Voraussetzungen dafür arbeiten, was einen wirksamen oder angemessenen Beitrag ausmacht, werden sie mit allem, was sie sagen, Reibungsflächen zwischen sich schaffen.

Die Ebenen von Kooperation und Konflikt erzeugen eine Art paradoxer kommunikativer Situation: Menschen können in Komplizenschaft zusammenwirken, wenn sie anscheinend aneinander vorbeireden, und ein Verständnis ihrer kommunikativen Strategien ist nur möglich, wenn man dieses Paradox erkennt. Was scheinbar konfliktgeladen und anti-kommunikativ ist, ist tatsächlich äußerst befriedigend für die TeilnehmerInnen.

Die Situationen in *Szenen einer Ehe* haben also Untertöne des Bateson'schen Double-binds (Bateson 1972), in dem eine paradoxe kommunikative Strategie die Beteiligten davon abhält, ihre kommunikativen Bedürfnisse zu erfüllen. Ein Double-bind ist jedoch nach der Definition von Bateson einseitig: Es wird von oben, von einer Autorität herbeigeführt, die selbst frei davon bleibt. Aber die Situation hier ist, auch wenn sie gewisse Aspekte des Double-binds hat, zweiseitig: Sie wird durch das Aushandeln beider Beteiligten erreicht, beide ziehen daraus den gleichen Gewinn, und sie kann von beiden Beteiligten zusammen aufgelöst werden. In dieser Hinsicht ist sie, auch wenn sie Verwirrung und Streit für die an dieser Situation Beteiligten schafft, nicht in der Form pathogen, wie es das Double-bind ist.

Diese Untersuchung der Interaktionsmuster eines Ehepaars läßt eventuell auf eine allgemeine Hypothese schließen: Diese Wechsel zwischen Entsprechung und Konflikt sind typisch für Paare, die wie Johan und Marianne miteinander verwoben sind, die weder verträglich zusammenleben, noch eine saubere Trennung bewerkstelligen können. Eine wirklich harmonische Beziehung (angenommen, das ist nicht nur ein mythisches Konstrukt) würde auf allen Ebenen Entsprechungen mit sich bringen, eine deutlich nicht übereinstimmende den Konflikt auf allen Ebenen. Es ist dieser Zwischentypus, der problematisch für seine AnwenderInnen ist, und damit auch äußerst interessant für Kommunikationstheoretiker. (Siehe zum Beispiel Watzlawick, Beavin und Jackson 1967 für eine zwar unterschiedliche, doch auch verwandte Ansicht zur problematischen Interaktion.)

## Schlußfolgerung

In diesem Kapitel haben wir, mit *Szenen einer Ehe* als Text, sowohl eine neue Methode zur Interpretation von Kommunikation als auch eine neue Entwicklung einer Theorie kommunikativer Kompetenz angeregt. Wir haben ausgeführt, daß die Untersuchung eines konstruierten Texts uns in die Lage versetzt, die Kompetenz im Sprachverhalten zu prüfen – das abstrakte Wissen der SprecherInnen darüber, was von ihnen in einer Rede erwartet wird. Auch haben wir die Komplexität kommunikativer Strategien und die Anzahl der Faktoren, mit welchen die Beteiligten arbeiten, deutlich gemacht. Wir zeigen, daß Strukturen im Sprachverhalten, wie auch anderswo in der Grammatik, eine Analyse auf mehreren Ebenen mit sich bringen, von oberflächlich zugänglichen zu tiefen und unausgesprochenen Strukturen, und daß Beiträge verschiedener Beteiligter hinsichtlich ihrer Funktion als Paraphrasen im Sprachverhalten, Mehrdeutigkeiten oder Identitäten miteinander in Zusammenhang gebracht werden können. Schließlich wenden wir ein, daß die Auswahl der Formen und die Wirkungen dieser Formen nur zu verstehen sind, wenn diese Ebenen mit einbezogen werden, und daß sowohl die Struktur eines einzelnen Gesprächs als auch das Muster der gesamten Beziehung im Hinblick auf die Entsprechungen und die Konflikte zwischen den bewußt zugänglichen und den tieferen Ebenen der Gesprächsstrategien von den TeilnehmerInnen zu erklären sind.

Kapitel 5

# Ethnischer Stil im Gespräch zwischen Männern und Frauen

*Dieses Kapitel, mein erster Beitrag zum Thema Geschlecht und Sprache, zeigt einen methodischen Ansatz, welcher sich von den anderen Kapiteln des vorliegenden Bandes und meiner anderen wissenschaftlichen Arbeit grundlegend unterscheidet. Es ähnelt jedoch einem großen Teil meiner anderen wissenschaftlichen Arbeit in den Anliegen, um die es hier geht: nämlich um Mißverständnisse, die sich aus Stilunterschieden ergeben, Indirektheit im Gespräch und um einen Vergleich von griechischen und amerikanischen Gesprächsstrategien. (Andere Arbeiten, worin ich die zeitgenössische griechische Sprechweise untersuche, sind enthalten in Tannen 1980, 1983, 1984b, 1986; Tannen und Kakava 1992; Tannen und Oztek 1981.) Anstatt die Redebeispiele jedoch unmittelbar zu interpretieren, untersuche ich in dieser Studie die Interpretationsmuster im Gesprächsbeispiel anhand von Fragebögen, die an eine Zahl von BefragungsteilnehmerInnen verteilt wurden, Angehörige dreier Gruppen: GriechInnen, AmerikanerInnen und AmerikanerInnen griechischer Herkunft. (Die Gesamtzahl der BefragungsteilnehmerInnen (es waren 82) ist verglichen mit dem für die interpretative Soziolinguistik typischen Fallstudien-Ansatz hoch, für die Maßstäbe statistischer Umfragen jedoch niedrig.) Bei der Auszählung der BefragungsteilnehmerInnen, welche die eine oder die andere Interpretation von den Gesprächsbeipielen gewählt hatten (Gespräche, die Lesern meines Buches Das hab' ich nicht gesagt! vielleicht bekannt vorkommen), wurde ein Muster erkennbar, nach dem die drei Gruppen einen fortlaufenden Zusammenhang bildeten, in welchem die GriechInnen am ehesten zur indirekten Interpretation neigten, die AmerikanerInnen am wenigsten, und die AmerikanerInnen griechischer Herkunft lagen dazwischen, etwas näher an den GriechInnen. Die Aufteilung der Gruppen in weibliche und männliche BefragungsteilnehmerInnen zeigte nur einen geringen Unterschied zwischen griechischen und griechisch-amerikanischen Männern und Frauen, doch wählte eine etwas höhere An-*

zahl amerikanischer Frauen als amerikanischer Männer die indirekte Interpretation. Auch wenn diese Ergebnisse aussagekräftig sind, ist es eigentlich unmöglich, irgendetwas aus diesen Zahlen zu schließen, weil sie so klein sind. Aufschlußreicher ist daher das Muster der von den BefragungsteilnehmerInnen abgegebenen Kommentare, als sie darum gebeten wurden, ihre Auswahl zu erklären und alternative sprachliche Formen vorzuschlagen, die sie veranlaßt hätten, eine andere Wahl zu treffen. Eines der Ergebnisse dieses qualitativen Teils der Untersuchung ist, was ich als »Begeisterungsbefangenheit« bezeichne, mit der die Griechen die Reaktion »O. K.« als indirekte Art, »Nein« zu sagen, einschätzten, weil es ihr an Begeisterung mangelt. Damit verbunden ist, was ich als »Effekt der Knappheit« bezeichnet habe: Es gab sowohl GriechInnen als auch AmerikanerInnen, welche die Knappheit der Reaktion »O. K.« erwähnten, doch die AmerikanerInnen, welche das taten, nannten Knappheit als Erklärung dafür, daß sie die direkte Interpretation gewählt hatten; sie erklärten, Knappheit weise auf Zwanglosigkeit und daher Aufrichtigkeit hin. Im Gegensatz dazu wurde von den GriechInnen, welche sich auf die Knappheit von »O. K.« beriefen, damit erklärt, warum sie die indirekte Interpretation gewählt hatten; sie erklärten, daß Knappheit auf einen Mangel an Begeisterung hinweise und daher auf eine mangelnde Bereitschaft, sich nach den bei dem/r (der) anderen wahrgenommenen Vorlieben zu richten. In den Reaktionen der griechischen AmerikanerInnen vermischten sich die typisch griechischen und die typisch amerikanischen Reaktionen.

Dieses Kapitel beschäftigt sich unmittelbarer mit Fragen der kulturellen Abwandlung und Mustern der Indirektheit als mit geschlechtsspezifischen Unterschieden, doch es untersucht diese Fragen im Zusammenhang von Beispielen für die Kommunikation zwischen Frauen und Männern. Ich nehme es in diesen Band nicht nur auf, um einen umfassenden Überblick über meine Forschung zum Thema Geschlechtsspezifik und Sprache zu geben, sondern, was wichtiger ist, weil die interkulturelle Sichtweise ein entscheidendes Element ist, das nicht in Vergessenheit geraten darf, wenn es um Fragen der geschlechtsbezogenen Abwandlung geht.

Dieses Kapitel konzentriert sich auf die Indirektheit in der Rede von Männern und Frauen als ein Merkmal des Gesprächsstils. Die vorliegende Analyse untersucht eher soziale als individuelle Unterschiede im Zusammenhang von Gesprächen zwischen miteinander verheirateten PartnerInnen; die erläuterten Phänomene kommen jedoch auch im individuellen Stil zum Tragen. Die Untersuchung der Erwartungen zur Indirektheit von GriechInnen, AmerikanerInnen und griechischen AmerikanerInnen verfolgt den Anpassungsprozeß dieser Gesprächsstrategie als ein Element der Ethnizität.

Mißverständnisse, die auf den unterschiedlichen Gebrauch der Indirektheit zurückzuführen sind, sind unter Angehörigen scheinbar derselben Kultur (die jedoch nicht zwangsläufig dieselbe sein muß) ganz alltäglich. Allerdings sind derartige Mißverständnisse besonders für die interkulturelle Kommunikation kennzeichnend. Es gibt sowohl individuelle als auch soziale Unterschiede in Bezug darauf, was für angemessen gehalten wird hinsichtlich dessen, was gesagt wird und wie es gesagt wird.

Es ist das Teilen von Gesprächsstrategien, welches das Gefühl der Befriedigung verschafft, welche ein erfolgreich verlaufendes Gespräch begleitet und ihm folgt: die Empfindung, verstanden zu werden, »auf der gleichen Wellenlänge« zu liegen, Identität zu besitzen und sie daher zu teilen. Umgekehrt schafft ein Mangel an Übereinstimmung in den Gesprächsstrategien das gegenteilige Gefühl: das Gefühl der Dissonanz, nicht verstanden zu werden, keine Identität zu besitzen und sie daher auch nicht zu teilen. In diesem Sinn ist der Gesprächsstil ein bedeutender Bestandteil dessen, was heutzutage als Ethnizität bezeichnet wird.

Kontrollprozesse im Gespräch wirken auf einer unwillkürlichen Ebene. Während man sich darin einig ist, daß unterschiedliche Sprachen oder unterschiedliche Dialekte unterschiedliche Wörter für dieselben Objekte haben, scheinen im Gegensatz dazu die Formen, Absichten und Haltungen anzuzeigen, selbstverständlich, natürlich und real zu sein.

Ein großer Teil der jüngsten linguistischen Forschung hat sich mit der Tatsache befaßt, daß sich die Interpretation von Äußerungen im Gesprächszusammenhang oft grundlegend von dem Sinn unterscheidet, welchen man aus den Sätzen ableiten würde, wenn man sie für sich nähme. Robin Lakoff (1973) stellt fest, daß soziokulturelle Ziele, allgemein *Höflichkeit* genannt, Menschen dazu bewegen, ihre Meinungen und Vorlieben in breit gefächerten sprachlichen Formen zu äußern. Lakoffs neueste Arbeit (1979) zeigt, daß die kennzeichnende Auswahl in Bezug auf Indirektheit den persönlichen Stil hervorbringt und daß der Stil der/des einzelnen eine Mischung von Strategien ist, welche sich in Folge sich verändernder Situationen verändern. Ervin-Tripp (1976) hat die große Bandbreite in der Oberflächenform von Verhaltensregeln im amerikanischen Englisch aufgezeigt. Brown und Levinson ([1978] 1987) führen aus, daß die Form, welche Äußerungen in der eigentlichen Interaktion annehmen, als das sprachliche Mittel gesehen werden kann, mit dem die nebeneinander bestehenden und sich häufig widersprechenden Bedürfnisse nach *Distanz* (das Bedürfnis, in Ruhe gelassen zu werden) und *Nähe* (das Bedürfnis, von anderen angenommen zu werden) befriedigt werden. Das führt unter anderem dazu, daß Menschen ihre Wünsche und Meinungen häufig lieber *inoffiziell* – das heißt indirekt – äußern.

Die Indirektheit ist ein notwendiges Mittel, um den Bedürfnissen nach *Gemeinsamkeit* und *Abwehr* gerecht zu werden, die jeweils der Nähe und der Distanz von Brown und Levinson zugeordnet werden. *Gemeinsamkeit* ist die reizvolle Gewißheit, verstanden zu werden, ohne sich erklären zu müssen, zu bekommen, was man möchte, ohne darum zu bitten. *Abwehr* ist das Bedürfnis, das Gesicht wahren zu können, indem man sich nicht an sein Wort zu halten braucht, falls der eigene Gesprächsbeitrag nicht gut aufgenommen wird – die Fähigkeit, vielleicht aufrichtig, zu sagen: »Das habe ich nie gesagt« oder »Das habe ich nicht gemeint«. Das Ziel von Gemeinsamkeit und Abwehr entspricht Lakoffs Höflichkeitsregeln »Kameradschaft aufrechterhalten« und »Keine Einmischung«.

Ein einzelner lernt Gesprächsstrategien durch frühere Interaktionserfahrung, wählt jedoch aus den ihm auf diese Weise zugänglich gemachten Strategien bestimmte aus und verwirft andere. Mit anderen Worten, der Umfang der einem Sprechenden geläufigen Strategien ist sozial bestimmt, doch ist jede jede individuelle Zusammenstellung an gewohnten Strategien innerhalb dieses Spektrums einmalig. Die Forschung hat zum Beispiel gezeigt, daß New YorkerInnen mit jüdischem Hintergrund häufig die Überlappung – das heißt, gleichzeitiges Reden – in kooperativer Form verwenden; viele Mitglieder dieser Gruppe reden in einigen Situationen gleichzeitig, ohne dabei eine Unterbrechung zu beabsichtigen (Tannen 1984, Kapitel 2). Das sagt nicht, daß alle New

YorkerInnen mit jüdischem Hintergrund die Überlappung kooperativ gebrauchen. Es ist jedoch wahrscheinlicher bei einer/m SprecherIn mit diesem Hintergrund als bei jemandem, die/der im Mittleren Westen aufgewachsen ist. Und es ist sogar noch unwahrscheinlicher, daß derartiges gleichzeitiges Reden von in Alaska aufgewachsenen AthabaskInnen verwendet wird; das geht aus den Ergebnissen von Scollon hervor, der gezeigt hat, daß die AthabaskInnen das Schweigen hoch einschätzen und das geringschätzen, was sie als übermäßiges Reden wahrnehmen.

Die vorliegende Analyse und Diskussion bemüht sich um die Untersuchung sozialer Unterschiede in den Erwartungen der Indirektheit in bestimmten Zusammenhängen bei GriechInnen, AmerikanerInnen und AmerikanerInnen griechischer Herkunft und verfolgt dabei den Anpassungsprozeß dieser Gesprächsstrategie als ein Element der Ethnizität. Die Forschungsabsicht ist es, Interpretationsmuster zu erkennen, und nicht, die Stile von einzelnen Mitgliedern dieser Gruppen vorauszusagen.

## Indirektheit im Gespräch

Eine etwa 65jährige Griechin erzählte mir, daß sie, bevor sie geheiratet habe, ihren Vater um Erlaubnis fragen mußte, bevor sie irgendetwas unternahm. Sie bemerkte dazu, daß er ihr natürlich niemals ausdrücklich die Erlaubnis verweigerte. Wenn sie zum Beispiel fragte, ob sie zum Tanzen gehen könne, und er antwortete:

(1)     An thes, pas. (Wenn du willst, kannst du gehen.)

dann wußte sie, daß sie nicht gehen konnte. Wenn er wirklich gemeint hätte, sie könne gehen, hätte er gesagt:

(2)     Ne. Na pas. (Ja. Du solltest gehen.)

Die Satzmelodie in Beispiel (1) steigt auf dem Konditionalsatz an und schafft dadurch eine zögernde Wirkung, während die Intonation in Beispiel (2) zweimal nacheinander abfällt, was die Wirkung der Bestimmtheit zur Folge hat. Diese Informantin fügte hinzu, daß ihr Mann auf ihre Bitten in gleicher Weise reagiere. Also sei sie damit einverstanden zu tun, was ihm lieber ist, ohne von ihm zu erwarten, daß er seine Vorlieben äußert.

Dieses Beispiel entstammt einer Situation, in der GesprächspartnerInnen Erwartungen darüber teilen, wie Absichten mitzuteilen sind. Ihre Kommunikation ist daher erfolgreich. Um Vorgänge von Indirektheit zu untersuchen, ist es jedoch zweckmäßig, sich auf Interaktionen zu konzentrieren, in welchen die Verständigung nicht erfolgreich verläuft (Gumperz und Tannen 1979). Solche Sequenzen sind im Gespräch die Entsprechungsformen der mit einem Sternchen versehenen Sätze in der syntaktischen Beweisführung. Sie machen Vorgänge sichtbar, welche unbemerkt bleiben, wenn Verständigung erfolgreich verläuft.

Das vorliegende Kapitel konzentriert sich auf die Verständigung zwischen verheirateten PartnerInnen. Die Interaktionen zwischen Ehepaaren offenbaren die Wirkungen des unterschiedlichen Gebrauchs der Indirektheit über längere Zeit. Wir denken oft, daß Paare, die zusammenleben und einander lieben, schließlich den Gesprächsstil der/des jeweils anderen verstehen müssen. Die Forschung hat allerdings gezeigt, daß wiederholte Interaktion nicht auch unbedingt zum besseren Verständnis führen muß. Im Gegenteil, sie kann verkennende Urteile über die Absichten der/des anderen verstärken und die Erwartungen erhöhen, daß die andere Person sich wieder so verhalten wird. Wenn sich unterscheidende Stile schon früher zu dem Eindruck geführt haben, daß die/der PartnerIn stur, unvernünftig oder unkooperativ ist, wird auch weiterhin ein ähnliches Verhalten erwartet. Das ist für den Gruppenkontakt zwischen GriechInnen und AmerikanerInnen gezeigt worden (Vassiliou, Triandis, Vassiliou und McGuire 1972) und ist auch an persönlichen Beziehungen abzulesen. Ein Fehlurteil erhärtet sich aus der Überzeugung von wiederholter Erfahrung.

Die systematische Untersuchung vergleichender Verständigungsstrategien wurde durchgeführt, indem Paare nach Erfahrungen befragt wurden, in welchen sie die unterschiedlichen Auslegungen von Gesprächen feststellten. Es wurde deutlich, daß bestimmte Verständigungsarten besonders zu falscher Auslegung führten – Bitten, Entschuldigungen, Erklärung: kurz, Verbalisierungen, bei denen es darum geht, daß man durchsetzt, was man möchte. Ein Paar erinnerte sich an eine typische Auseinandersetzung, in der beide darauf beharrten, nicht auf eine Party gegangen zu sein, weil die/der andere nicht hatte hingehen wollen. Beide bestritten, Abneigung dagegen, zu gehen, irgendwie geäußert zu haben. Ein Mißverständnis wie dieses kann zwischen flüchtigen Bekannten durchaus unentdeckt bleiben, doch bei Paaren kommt es durch die ständige Interaktion wahrscheinlich dazu, daß solche mangelnde Übereinstimmung schließlich an die Oberfläche kommt. In diesem Fall ließ sich die Verwirrung zu den folgenden rekonstruierten Gesprächen zurückverfolgen:

(3) Ehefrau: John gibt eine Party. Willst'e hingehen?
Ehemann: O. K.
(Später)
Ehefrau: Bist du sicher, daß du auf die Party gehen willst?
Ehemann: O. K., laß uns nicht gehen. Ich bin sowieso müde.

In diesem Beispiel war die Frau gebürtige Amerikanerin aus New York und von osteuropäisch-jüdischer Abstammung. Es ist wahrscheinlich, daß dieser Hintergrund ihre Vorliebe für einen scheinbar direkten Stil beeinflußt hat. (Dieses Phänomen zwischen SprecherInnen mit diesem Hintergrund steht im Mittelpunkt der Analyse in Tannen 1981, 1984.) Bei der Besprechung des Mißverständnisses berichtete die amerikanische Ehefrau, sie habe lediglich gefragt, was ihr Mann wollte, ohne ihre eigene Vorliebe zu berücksichtigen. Da sie vorhatte, nur um seinetwillen zu dieser Party zu gehen, versuchte sie sich zu versichern, daß das seine Vorliebe war, indem sie ihn ein zweites Mal fragte. Sie habe sich bemüht und Rücksicht genommen. Der griechische Ehemann sagte, mit dem Vorbringen der Frage mit der Party habe seine Frau ihn wissen lassen, daß sie gehen wollte, also hätte er eingewilligt, zu gehen. Als sie es dann noch einmal ansprach, habe sie ihn wissen lassen, daß sie nicht hingehen wollte; sie hatte es sich offensichtlich anders überlegt. Also habe er sich einen Grund einfallen lassen, nicht zu gehen, um ihr das Gefühl zu geben, es sei in Ordnung, daß sie sich durchsetzt. Das ist genau die Strategie, von der die griechische Frau berichtet hat, die das tat, was ihr Vater oder ihr Mann wollten, ohne von ihnen zu erwarten, daß sie ihr direkt sagen, was das sei. Folglich hat sich der Mann in Beispiel (3) ebenfalls bemüht und hat Rücksicht genommen. All diese Rücksicht brachte ihnen jedoch ein, was keiner von beiden wollte, weil sie eine andere Information erwarteten, als die/der andere ausgesendet hatte.

Ein Schlüssel zum Verständnis der Strategie des Ehemannes ist sein Gebrauch des »O.k.«. Für die Frau war »O.k.« eine positive Erwiderung, frei variierbar mit anderen positiven Antworten, wie »Ja« oder »Na klar«. Zudem deutet sein Gebrauch von *sowieso* an, daß er einverstanden ist. Schließlich hätten auch der Tonfall des Mannes, der Klang seiner Stimme und seine nonverbalen Zeichen, wie zum Beispiel Gesichtsausdruck und Kinesik zur Wirkung seiner Mitteilung beigetragen. Trotzdem erklärte die Frau, wenn sie auch im Nachhinein die Logik hinter solchen Auslegungen sehen könne, so entgehe ihr nach wie vor die Bedeutung dieser Anhaltspunkte zu jener Zeit. Der Schlüssel dazu ist, glaube ich, daß sie nicht erwartet hatte, die Mitteilung ihres Mannes durch subtile Winke zu erhalten; sie nahm an, er würde ihr direkt sagen, was er vorhatte. Für ZuhörerInnen ist ein Mißverständnis nicht vom Verständnis zu unterscheiden; man legt sich auf eine Auslegung fest und geht dazu über, die folgenden Informationen dieser Form anzupassen. Menschen finden sich mit einer Menge scheinbar unangemessenem verbalen Verhalten ab, bevor sie die Interpretationsrichtung hinterfragen, die selbstverständlich zu sein scheint. Eine direkte Frage danach, wie ein Kommentar gemeint war, wird leicht als Herausforderung oder Kritik wahrgenommen.

Dieses Beispiel veranschaulicht außerdem die Schwierigkeit, Mißverständnisse, welche auf stilistische Unterschiede zurückgehen, zu klären. Bei dem Versuch, sie zu klären, verwendet jede/r der SprecherInnen genau die Strategie weiter, welche die/den anderen zunächst verwirrt hat. Auf diese Weise ergibt sich aus der Interaktion häufig eine zunehmende Abweichung und kein Zusammengehen der Stile. Das heißt, daß der für jede/n PartnerIn kennzeichnende Stil den anderen dahin bringt, zunehmend stärkere Formen der nicht übereinstimmenden Strategie anzuwenden. In Beispiel 3 war es die Strategie der Frau, etwas zu klären, indem sie sich durch eine direkte Frage »festlegte«, als sie sich nach der Vorliebe ihres Mannes erkundigte und ihren Mann darum bat, sich bezüglich seiner Vorliebe festzulegen. Da der Mann nicht erwartete, daß Vorlieben direkt ausgedrückt werden, erschien ihm die zweite Frage der Frau als noch abstrusere Andeutung. Er reagierte mit einem noch subtileren Gebrauch der Indirektheit: nämlich ihr zu erlauben, sich durchzusetzen und zur Rechtfertigung dafür selbst einen Grund anzubieten. Und darauf läuft es dann hinaus. Die Erwartungen dazu, wie Sinn kommuniziert wird, sind so zwingend, daß Informationen, die in einem anderen Modus beabsichtigt sind, völlig undurchsichtig bleiben.

Ein Schlüsselparameter ist in diesem Fall der Rahmen. Bestimmt ein/e TeilnehmerIn eine Interaktion in der Form, daß Hinweise zu geben angemessen ist? In zahlreichen, durch die Vorstellung der vorliegenden Ergebnisse ausgelösten Diskussionen wurden dazu mögliche geschlechtsspezifische Unterschiede zwischen Amerikanern vorgebracht. Eine Zuhörerin aus dem Publikum machte die Bemerkung: »Als ich anfangs mit meinem Freund weggegangen bin, gab es nie Mißverständnisse darüber, wohin wir gehen sollten und was wir machen sollten. Jetzt, wo wir seit zwei Jahren zusammen sind, scheint es ständig zu passieren. Wie kommt das?« Meine Hypothese ist, daß beide es zu Beginn ihrer Bekanntschaft für angemessen hielten, auf die Hinweise der/s anderen zu achten, ihr/ihm die Wahl zu lassen. Als die Beziehung jedoch neu bestimmt wurde, erwartete die Frau einen zunehmenden Gebrauch der Indirektheit mit dem Argument: »Wir kennen uns so gut, daß du weißt, was ich möchte, ohne daß ich es dir sagen muß.« Der Mann auf der anderen Seite erwartete weniger Indirektheit mit dem Argument: »Wir kennen uns so gut, daß wir uns gegenseitig sagen können, was wir wollen.« Als sich die Struktur der Beziehung veränderte, wichen sie in ihren Erwartungen voneinander ab, wie sich ihre kommunikativen Strategien verändern sollten. Hinzu kommt, wenn sich PartnerInnen über einen längeren Zeitraum miteinander verständigen, wird es eher wahrscheinlicher als unwahrscheinlicher, daß sie, vielleicht negativ, auf die subtilen Winke der/des anderen reagieren, denn ihre wiederholte Erfahrung bringt sie dahin, genau dieses Verhalten vom anderen zu erwarten.

Es folgt ein weiteres Beispiel, das von einem Gespräch zwischen einem verheirateten Paar berichtet:

(4) Ehemann: Laß uns heute abend meinen Chef besuchen.
    Ehefrau: Warum?
    Ehemann: Na gut, wir brauchen ja nicht hinzugehen.

Beide, der Mann und die Frau, stimmten darin überein, daß der eigentliche Vorschlag des Mannes eine Andeutung war, daß er seinen Chef besuchen wollte. Über den Sinn der von der Frau gestellten Frage »Warum?« waren sie sich jedoch uneinig. Die Frau erklärte, sie habe sie als Bitte um Informationen gemeint. Daher war sie verwirrt und frustriert und konnte sich nur noch fragen, warum sie so einen unberechenbaren Mann geheiratet hatte, der einen Wunsch vortrug und es sich im nächsten Moment plötzlich anders überlegte. Der Mann erklärte seinerseits, die Frage seiner Frau habe natürlich bedeutet, daß sie nicht gehen wollte, und deshalb habe er seinen Wunsch widerrufen. Er war jedoch frustriert und nahm es ihr übel, daß sie abgelehnt hatte. In der Diskussion berichtete die Frau, die Amerikanerin war, daß sie immer wieder auf diese merkwürdige Erwiderung auf ihre Frage »Warum?« stoße. Sicher kann der Gebrauch dieser Frage entweder eine Bitte um Informationen sein, oder eine indirekte Art, der Einwilligung in eine wahrgenommene Bitte auszuweichen oder ihr zu widerstehen. Der Schlüssel ist hier, von welchem Sinn des »Warum?« in diesem Zusammenhang wahrscheinlich Gebrauch gemacht wird.

## Interpretationsmuster unter kulturellem Aspekt: eine Pilotstudie

Um zu bestimmen, in welchem Ausmaß interkulturelle Unterschiede in Interpretationsmustern der Indirektheit zum Tragen kommen, wurden weitere systematische Befragungen von GriechInnen, AmerikanerInnen und AmerikanerInnen griechischer Herkunft durchgeführt. Im verbleibenden Teil dieses Kapitels wird über diese Forschungsergebnisse berichtet.

Die griechische Stichprobe stammte von gebürtigen GriechInnen, die in der Gegend der Bucht von Kalifornien leben. Die meisten von ihnen waren junge Männer, die in die Vereinigten Staaten gekommen waren, um hier zu studieren, oder Frauen, zu denen die Verbindung über kirchliche Organisationen hergestellt worden war. Daher unterschieden sich Alters- und Bildungsniveau bei den Männern und Frauen erheblich. In allen Fällen waren die griechischen BefragungsteilnehmerInnen amerikanischen Verständigungssystemen ausgesetzt gewesen.

Daß sich dennoch Unterschiede zeigten, ist um so mehr Bestätigung dafür, wie real die Wirkung ist. Zu den AmerikanerInnen griechischer Herkunft wurde der Kontakt in New York hergestellt, weil es nicht möglich war, griechische AmerikanerInnen aus Kalifornien zu finden, die in eindeutig griechischen Kommunen aufgewachsen waren. Die Tatsache, daß griechische AmerikanerInnen aus New York mit AmerikanerInnen aus Kalifornien verglichen werden, betrachte ich jetzt als Schwachpunkt; spätere Forschungsarbeiten (Tannen 1984) haben gezeigt, daß New YorkerInnen wahrscheinlich nicht so sehr dazu neigen, Indirektheit zu erwarten, wie KalifornierInnen. Die Tatsache, daß sich tatsächlich Unterschiede zeigen, ist wiederum ein Beweis für die Wirkung der Ethnizität. Schließlich werden in dieser Untersuchung AmerikanerInnen, deren Eltern oder Großeltern gebürtige GriechInnen sind, in einen Topf geworfen. Es gibt einige Anzeichen dafür, daß diejenigen mit griechischen Eltern die Wirkung der Ethnizität stärker zeigen als jene mit griechischen Großeltern und Eltern, die gebürtige Amerikaner sind.

Ein Fragebogen wurde so entworfen, daß er den griechischen, amerikanischen und griechisch-amerikanischen BefragungsteilnehmerInnen ein Gespräch über den Besuch einer Party vorstellte. Anhand des Fragebogens wurden ihre Interpretationen gewonnen, indem ihnen paraphrasierte Wahlmöglichkeiten vorgelegt wurden, um dann um Erklärungen für die getroffene Wahl zu bitten und damit die Strategien in ihrer Auslegung zu erkennen, welche sie motiviert hatten. Im ersten Teil des Fragebogens heißt es:

(5)   Ein Ehepaar hatte das folgende Gespräch:

   Ehefrau: John gibt eine Party. Willst'e hingehen?
   Ehemann: O. K.
   Ehefrau: Ich ruf an, und sage ihnen, daß wir kommen.

Markieren Sie bitte nur anhand dieses Gesprächs die Aussage, von der Sie denken, sie erkläre, was der Ehemann tatsächlich gemeint hat, als er »O. K.« antwortete.

[1-I]   Meine Frau möchte zu dieser Party gehen, denn sie hat ja gefragt. Ich gehe, um ihr eine Freude zu machen.
[1-D]   Meine Frau fragt, ob ich zu einer Party gehen will. Ich habe Lust dazu, also sage ich ja.

Was hat Ihnen in der Art und Weise, wie die Ehefrau und der Ehemann gesprochen haben, genau diesen Eindruck vermittelt? Was hätten die Ehefrau oder der Ehemann anders sagen müssen, damit Sie die andere Aussage markiert hätten?

Die erste Möglichkeit, die hier als 1-I (Indirekt) bezeichnet wird, gibt in groben Zügen wieder, was der griechische Ehemann nach seinen eigenen Aussagen mit »O. K.« gemeint hat. 1-D (Direkt) gibt wieder, was die amerikanische Ehefrau nach ihren eigenen Aussagen dachte, was er meinte. Ein Vergleich des Prozentsatzes der BefragungsteilnehmerInnen in den drei Gruppen, die sich für Paraphrase 1-I entschieden, stellt sich ganz wie ein fortlaufender Zusammenhang dar, wobei es für die GriechInnen am wahrscheinlichsten ist, daß sie die indirekte Auslegung nehmen, für die AmerikanerInnen am unwahrscheinlichsten, und die griechischen AmerikanerInnen liegen in der Mitte, etwas näher an den GriechInnen (siehe Tabelle 1).

Tabelle 1: BefragungsteilnehmerInnen, die 1-I gewählt haben

| GriechInnen (27) | griechische AmerikanerInnen (30) | AmerikanerInnen (25) |
|---|---|---|
| 48% (13) | 43% (13) | 32% (8) |

In Beispiel 5 und in der gesamten vorliegenden Diskussion spreche ich von der einen Interpretation als direkt und der anderen als indirekt. Diese Bezeichnungen spiegeln die beiden möglichen Funktionen der Frage wider: als Bitte um Information (ihre wörtliche Bedeutung) und als verdecktes Zeigen von Widerstand (ein indirekter Sprechakt). Das soll jedoch nicht besagen, der Gesprächsstil einer beliebigen Person sei kategorisch direkt. Im gewissen Sinn ist jede Interpretation im Zusammenhang indirekt. Was veränderlich ist, sind die Formen der Indirektheit – wann und wie es für angemessen gehalten wird, Hinweise zu geben, das heißt, ungenannte, sich aus dem Zusammenhang ergebende und interpersonelle Mitteilungen anzuzeigen.

Es ist vorgebracht worden (Lakoff 1975), daß amerikanische Frauen dazu neigen, indirekter zu sein als amerikanische Männer. Wie in den Tabellen 2 und 3 zu sehen ist, sind die Prozentsätze der BefragungsteilnehmerInnen, welche die indirekte Auslegung genommen haben, bei griechischen Männern und Frauen und bei griechisch-amerikanischen Männern und Frauen mehr oder weniger gleich, während sich bei den AmerikanerInnen, wenn man sie nach männlichen und weiblichen BefragungsteilnehmerInnen trennt, ziemlich unterschiedliche Prozentsätze ergeben, wobei weniger Männer und mehr Frauen Paraphrase 1-I gewählt haben.

*Tabelle 2:* Männliche Befragungsteilnehmer, die 1-I gewählt haben

| Griechen (10) | griechische Amerikaner (9) | Amerikaner (11) |
|---|---|---|
| 50% | 44% | 27% |
| (5) | (4) | (3) |

*Tabelle 3:* Weibliche Teilnehmerinnen, die 1-I gewählt haben

| GriechInnen (17) | griechische AmerikanerInnen (21) | AmerikanerInnen (14) |
|---|---|---|
| 47% | 43% | 36% |
| (8) | (9) | (5) |

Wenn diese Beispiele repräsentativ sind, sind sie insofern interessant, als sie auf eine tiefe stilistische Kluft zwischen amerikanischen Männern und Frauen hindeuten, welche zwischen griechischen Männern und Frauen nicht besteht.

Der zweite Teil des Fragebogens stellt den zweiten Teil des Gesprächs vor, gefolgt von einer Auswahl an Paraphrasen und Fragen über die Strategien in der Auslegung. Dort heißt es:

(6) Später hat dasselbe Paar folgendes Gespräch:
    Ehefrau: Bist du sicher, daß du zu der Party gehen willst?
    Ehemann: O. K., laß uns nicht gehen. Ich bin sowieso müde.

Markieren Sie anhand *beider* Gespräche, die Sie gelesen haben, die Aussage, von der Sie meinen, sie erkläre, was der Ehemann mit seiner zweiten Aussage tatsächlich meinte:

[2-I] Es hört sich so an, als ob meine Frau eigentlich nicht gehen möchte, denn sie fragt ja noch einmal nach. Ich werde sagen, daß ich

müde bin, dann brauchen wir nicht zu gehen, und sie hat kein
schlechtes Gefühl, daß sie mich davon abgehalten hat zu gehen.
[2-D] Wenn ich es mir jetzt noch einmal überlege, habe ich eigentlich
gar keine Lust, auf eine Party zu gehen, weil ich müde bin.
Was hat Ihnen in der Art und Weise, wie der Ehemann oder die Ehefrau
gesprochen haben, genau diesen Eindruck vermittelt?
Was hätten sie anders sagen müssen, damit Sie die andere Aussage
markiert hätten?

Die beiden im zweiten Teil vorgelegten Paraphrasen geben die jeweiligen Interpretationen wieder, die der griechische Ehemann (hier bezeichnet mit 2-I, Indirekt) und die amerikanische Ehefrau (hier bezeichnet mit 2-D, Direkt) während des eigentlichen Wortwechsels anstellten. Das unterstreicht auch einen Aspekt des Fragebogens, der sich auf die männlichen und weiblichen BefragungsteilnehmerInnen unterschiedlich auswirkt. Frauen und Männer werden beide darum gebeten, die Kommentare des Ehemanns zu interpretieren, wobei es wahrscheinlich ist, daß sich Frauen mit der Ehefrau und Männer mit dem Ehemann identifizieren. Außerdem wird die indirekte Interpretation begünstigt, indem die Reaktion des Ehemannes erkennen läßt, daß er diese Interpretation gewählt hat.

Tabelle 4: BefragungsteilnehmerInnen, die 1-I und 2-I gewählt haben

| GriechInnen (27) | griechische AmerikanerInnen (30) | AmerikanerInnen (25) |
|---|---|---|
| 26% (7) | 20% (6) | 12% (3) |

Die Wahl von 1-I wie auch 2-I läßt die indirekteste Strategie in der Auslegung erkennen, mit der beide Fragen der Frau so aufgefaßt werden, daß sie auf ihre verborgenen Vorlieben hinweisen – oder zumindest, daß die Erwiderung des Ehemannes so aufgefaßt wird, als zeige sie, daß er sie auf diese Weise auslegt. Wieder ergibt sich aus den Ergebnissen ein fortlaufender Zusammenhang, wobei die GriechInnen mit der höchsten Wahrscheinlichkeit die indirekte Interpretation wählen, die AmerikanerInnen mit der geringsten, und die griechischen AmerikanerInnen liegen dazwischen, ein wenig näher an den GriechInnen (siehe Tabelle 4).

Quantitative Ergebnisse neigen also dazu, den Eindruck zu bestätigen, daß sich mehr GriechInnen als AmerikanerInnen für die indirekte Interpretation von Fragen entschieden haben, daß die griechischen AmerikanerInnen dazwischen lagen, etwas dichter an den GriechInnen. Der Pilotstudien-Fragebogen war jedoch nicht in erster Linie dazu bestimmt, quantitative Daten zu liefern. Die Hauptfunktion der Auswahl an Paraphrasen war, daß sie als Grundlage diente für kurze Antworten und ausgedehnte Diskussionen über die Interpretationsmuster, welche die eine oder die andere Wahl nahelegten und über die sprachlichen und sich aus dem Zusammenhang ergebenden Umstände, welche sie beeinflussen.

## Interpretationsmuster: qualitative Ergebnisse

Interpretationsmuster ergaben sich aus den Erklärungen der BefragungsteilnehmerInnen zu ihrer Paraphrasen-Auswahl und aus den alternativen sprachlichen Formen, die sie laut ihrer eigenen Aussagen die andere Paraphrase hätten wählen lassen. Nach der Paraphrasen-Auswahl wurde im Fragebogen die Frage gestellt: »Was hat Ihnen an der Art und Weise, wie die Ehefrau und der Ehemann gesprochen haben, genau diesen Eindruck vermittelt?« und dann: »Was hätte die Ehefrau oder der Ehemann anders sagen müssen, damit Sie die andere Aussage markiert hätten?« Die Unterschiede in den Erklärungen der Interpretationen waren in Bezug auf zwei Aspekte des Gesprächs systematisch: das Stellen der Fragen seitens der Ehefrau und die Form der Reaktionen seitens des Ehemannes.

Paraphrase 1-I deutet zeigt, daß die Frage der Ehefrau bedeutet, sie möchte auf die Party gehen. Die Argumentation, mit der die GriechInnen nach ihren eigenen Aussagen ihre Wahl von 1-I erklären, ist, wenn die Frau nicht hätte gehen wollen, hätte sie das überhaupt nicht angesprochen. Die GriechInnen, die AmerikanerInnen und wahrscheinlich auch Mitglieder einer beliebigen kulturellen Gruppe sind in der Lage, eine Frage entweder als Bitte um Information oder als Ausdruck irgendeiner nicht genannten Bedeutung auszulegen. Mitglieder der einen oder anderen kulturellen Gruppe jedoch interpretieren eine Frage in einem bestimmten Zusammenhang möglicherweise eher auf die eine oder die andere Art. Ein großer Teil der neueren Forschung im Bereich der Pragmatik hat sich ausführlich mit der Funktion indirekter Sprechakte in Bezug auf Fragen als Bitten um Tätigkeiten oder als Befehle dazu beschäftigt. Esther Goody (1978:40) ging der Frage nach, warum gebürtige Gonjaner in Unterrichts- und Lernsituationen keine Fragen stellen. Sie kam zu dem Schluß, daß Gonjanern »von klein auf beigebracht wird, vor allem auf die Befehlsfunktion von Fragen zu achten. Die reine Informationsfrage hat keinerlei Chance!« In ähnlicher Form lege ich mit Rücksicht auf unseren Zusammenhang nahe, daß GriechInnen stärker geneigt sind, bei Fragen auf die indirekte Funktion der Bitte zu hören.

Die Erläuterungen der BefragungsteilnehmerInnen, die erklären, warum sie die eine oder die andere Paraphrase gewählt haben, konzentrierten sich darauf, daß der Ehemann das O.K. gewählt hatte. Die AmerikanerInnen, die dachten, der Ehemann wollte wirklich auf die Party gehen, erklärten, O.K. sei ein Ja (24 Prozent der AmerikanerInnen). Wenn sie aber dachten, der Mann habe sich der Vorliebe seiner Frau angeschlossen, konzentrierten sich die AmerikanerInnen immer noch auf das »O.K.« als Stichwort. In diesem Fall erklärten sie, dem »O.K.« mangele es an Begeisterung (20 Prozent der AmerikanerInnen sagten das).

Die Erwartung von Begeisterung war bei den GriechInnen stärker als bei den AmerikanerInnen. Während 24 Prozent der AmerikanerInnen auf den affirmativen Charakter des »O.K.« hinwiesen, tat das kein/e einzige/r GriechIn. Im Gegenteil, genau die Hälfte der GriechInnen, die erklärten, ihre Wahl sei auf die Tatsache zurückzuführen, daß »O.K.« (griechisch *endaxi*) eine wenig begeisterte Erwiderung sei. Es sind im Vergleich zu dem Prozentsatz der AmerikanerInnen (20 Prozent) mehr als doppelt so viele GriechInnen, die das sagten. Die *Begeisterungserwartung* entspricht den Ergebnissen von Vassiliou, Triandis, Vassiliou und McGuire (1972), die zu dem Schluß kommen, daß GriechInnen Wert auf Begeisterung und Spontaneität legen (im Gegensatz zu der amerikanischen Betonung von Planung und Organisation). Vassiliou u.a. bemerken, daß solche Unterschiede in »der subjektiven Kultur« zur Bildung ethnischer Stereotype beitragen können.

Verbunden mit der Begeisterungserwartung – möglicherweise ein anderer Aspekt davon – ist *die Wirkung der Knappheit*. Viele Befragungsteilnehmerinnen bezogen sich auf die Kürze der Reaktion des Ehemannes, als sie ihre Paraphrasen- Wahl erläuterten. Wenn jedoch die AmerikanerInnen auf seine Knappheit Bezug nahmen, so geschah dies bei der Erklärung ihrer Wahl von Paraphrase 1-D, der direkten Interpretation. Ihr Schluß lautete, Knappheit sei ein Beweis für Informalität, Ungezwungenheit und daher Aufrichtigkeit. Diese Erklärung gründet auf einer Strategie, die annimmt, daß Menschen ihre Vorlieben in diesem Zusammenhang direkt zum Ausdruck bringen werden. Mehr als ein Viertel (28 Prozent) der amerikanischen BefragungsteilnehmerInnen entschieden sich für diese Herangehensweise. In völligem Gegensatz dazu wiesen alle GriechInnen, welche die Knappheit der Antwort des Mannes erwähnten, auf diese als Beweis dafür hin, daß er zögerte, auf die Party zu gehen. Für sie ist Knappheit ein Zeichen mangelnden Willens, der Vorliebe nachzukommen, die bei der/m anderen wahrgenommen wird. Diese Interpretation setzt voraus, daß der Widerstand gegen die Vorliebe einer/s anderen in diesem Zusammenhang nicht direkt in Worte gefaßt werden wird; zwanzig Prozent der griechischen BefragungsteilnehmerInnen entschieden sich für diese Herangehensweise.[1]

Die Erläuterungen, die von den griechischen AmerikanerInnen für ihre Paraphrasen-Wahl gegeben wurden, waren eine Mischung von typisch griechischen und typisch amerikanischen Erklärungen. Sie erläuterten, daß Knappheit auf einen Mangel an Begeisterung schließen lasse, was keine/r der AmerikanerInnen tat, und sie erklärten, daß Knappheit zwanglos sei, was keine/r der GriechInnen tat; die Anteile waren dabei ungefähr gleich (23 Prozent beziehungsweise 20 Prozent). Nur zwei (7 Prozent) sagten, O. K. bedeute ja, während keine/r der GriechInnen und 24 Prozent der AmerikanerInnen das sagten. Also standen die AmerikanerInnen griechischer Herkunft in ihrem Interpretationsstil den GriechInnen näher als den AmerikanerInnen.

Weitere bestätigende Ergebnisse kamen in Form von Kommentaren zustande, welche die BefragungsteilnehmerInnen im Anschluß an das Ausfüllen des Fragebogens anboten; an der Unterstellung, daß GriechInnen dazu neigen, im Zusammenhang einer intimen Beziehung indirekter zu sein, war für die TeilnehmerInnen »etwas dran«.

Wie wirken sich solche Unterschiede auf die interkulturelle Kommunikation aus? Es ist möglich, daß eine Person, die ausgesprochen bikulturell ist, wie auch eine ausgesprochen bilinguale Person, beide Möglichkeiten und Wechsel im Code sieht. Zum Beispiel sagte eine gebürtige Amerikanerin mit griechischen Großeltern, sie müsse beide Paraphrasen in dem Fragebogen markieren. Sie erklärte, wenn sie sich in die Lage der Ehefrau versetze, würde sie die indirekte Interpretation wählen, jedoch die direkte Paraphrase, wenn sie sich vorstelle, ihr nichtgriechischer Mann würde die Frage stellen. Mit anderen Worten, sie war sich der beiden möglichen Strategien bewußt. Sie sagte auch, sie neige dazu, indirekt zu sein, weil sie das von ihrer Mutter gelernt habe, die wiederum von ihrer Mutter beeinflußt worden sei (d.h. der in Griechenland geborenen Großmutter). Aus dem gleichen Grund lachte eine andere Amerikanerin griechischer Herkunft, als sie die Paraphrase 2-I las und sagte »Das klingt genau wie meine Großmutter«.

Es ist jedoch bei weitem nicht sicher, daß das Bewußtsein für das Vorhandensein von Unterschieden in kommunikativen Strategien diese weniger schwierig macht, denn ihre Anwendungen bleiben unbewußt und gewohnheitsmäßig. Wieder ist ein persönliches Zeugnis am vielsagendsten: das eines berufstätigen Mannes, der in New York lebt und dessen Großeltern aus Griechenland waren. Er schien vollständig assimiliert zu sein, sprach kein Griechisch, war nicht in einem griechischen Viertel aufgewachsen und hatte nur ein paar griechische Freunde. Beim Ausfüllen des Fragebogens wählte er die Paraphrase 1-I, die ursprüngliche, indirekte Interpretation. Später in der Diskussion sagte er, daß die Idee der Indirektheit »ihm so bekannt vorkam«. Er sagte dazu: »... Grieche zu sein, bedeutet in hohem Maße so ein gewisses Gefühl, anders zu sein, wenn es darum geht, andere zu verstehen, womit ich etwas Mühe habe.« Er ging genauer darauf ein, was er meinte: »Ich habe versucht, das herauszukriegen, diese Idee der ... von dieser Sache, über die wir geredet haben [Indirektheit], und ich sehe das so, daß das entweder etwas anderes, etwas heroisch anderes ist, oder ein echtes Hindernis ... Meistens denke ich, daß das ein Problem ist. Und ich kann es nicht wirklich von meiner Familie und meinem Hintergrund trennen ... Ich weiß nicht, ob das griechisch ist. Ich weiß nur, daß das bei mir so ist. Und das Gefühl zu wissen, es ist griechisch, gibt ein etwas besseres Gefühl.«

## Schlußfolgerung

Diese Ergebnisse zeigen, wie BefragungsteilnehmerInnen nach ihren eigenen Aussagen ein Gespräch auslegen würden. In der tatsächlichen Interaktion beeinflussen Satzmelodie, Gesichtsausdruck, die Erfahrung mit diesen und anderen SprecherInnen in der Vergangenheit und unzählige weitere Faktoren die Interpretation. Außerdem vermitteln Personen, wann immer sie kommunizieren, nicht nur den Inhalt ihrer Mitteilung, sondern ein Bild ihrer selbst (Goffman 1959). Also müssen die BefragungsteilnehmerInnen sich in ihren Antworten nicht nur auf ihre interaktive Erfahrung, sondern auch auf ihre Vorstellung von sozialen Normen bezogen haben.

Schließlich muß ein Ansatz dieser Art mit Tonband- und Videoaufnahmen von wirklichen Interaktionen kombiniert werden, um nicht nur zu bestimmen, was die SprecherInnen erwarten, sondern auch, was sie tun.

Der Gesprächsstil – die Art und Weise, in der es natürlich erscheint, im Gespräch Sinn auszulegen – wird durch kommunikative Erfahrung gelernt und daher von kommunikativen Gewohnheiten innerhalb der Familie beeinflußt. Wie der oben zitierte griechische Amerikaner es formuliert hat, man »kann es nicht wirklich von seiner Familie und seinem Hintergrund trennen«. Mit anderen Worten, der Gesprächsstil ist sowohl eine Folge als auch ein Indikator der Ethnizität. Der Gesprächsstil bezieht einerseits ein, wie Bedeutung zum Ausdruck gebracht wird, was in den Mustern der Indirektheit deutlich geworden ist, und andererseits, welche Bedeutung ausgedrückt wird, beispielsweise wieviel Begeisterung erwartet wird. All diese Gesprächsstrategien schaffen Eindrücke von der/dem SprecherIn – Urteile, welche zu guter Letzt nicht darüber gefällt werden, wie man redet, sondern was für eine Person man ist. Der Gesprächsstil hat daher viel mit der Bildung ethnischer Stereotype zu tun.

Der Gesprächsstil ist gegen Veränderung widerstandsfähiger als offensichtlichere Zeichen der Ethnizität, wie etwa die Beibehaltung der Sprache der Eltern oder Großeltern. Seaman (1972: 204) zeigt, daß die moderne griechische Sprache in der dritten Generation von griechischen AmerikanerInnen »so gut wie ausgestorben« ist, und »in der vierten Generation gänzlich ausgestorben sein wird«. Jene dritte Generation der AmerikanerInnen griechischer Herkunft jedoch, welche die griechische Sprache verloren haben, haben möglicherweise nicht, oder nicht völlig, die griechischen kommunikativen Strategien verloren. Das Verstehen dieser Strategien und die Muster ihrer Beibehaltung oder ihres Verlusts können Einsichten in den Vorgang der kulturellen Assimilation bieten, und gleichzeitig Einblick in die Gesprächsvorgänge innerhalb einer heterogenen Gesellschaft verschaffen.

Kapitel 6

# Der geschlechtsklassenspezifische Rahmen des Gesprächs am Arbeitsplatz

*Die vorangegangenen Kapitel folgen einander in umgekehrter chronologischer Reihenfolge. Kapitel eins wurde zum ersten Mal 1990 publiziert, Kapitel fünf 1981. Dieses Kapitel jedoch ist das allerneueste. Ich legte es ursprünglich im April 1994 bei der Dritten Konferenz zu Frauen und Sprache in Berkeley vor, und es wurde im Protokoll dieser Konferenz veröffentlicht. In ihm kehre ich zu den frühen Arbeiten von Erving Goffman zurück mit dem Zweck, einen neuen theoretischen Rahmen für die Konzeptualisierung der Beziehung zwischen Sprache und Geschlecht vorzuschlagen. In diesem Rahmen werden Sprechweisen als geschlechtsklassenspezifisch verstanden – das heißt, eher mit der Klasse von Frauen oder der Klasse von Männern verbunden als notwendigerweise mit einzelnen Mitgliedern dieser Klasse. Wie Goffman es in einem anderen, verwandten Aufsatz ausdrückte, ist die Beziehung zwischen Sprache und Geschlecht eher eine Frage der »Präsentation« als der »Identität«.*

*Als ich diesen Vortrag vorbereitete, beendete ich gerade Job-Talk, ein Buch, das sich auf eine dreijährige Untersuchung darüber gründet, wie Frauen und Männer am Arbeitsplatz reden. Dieses Kapitel fußt auf dieser Untersuchung und bezieht Material ein, das ebenfalls in dem Buch erscheint. Ich lege zwei Beispiele von Gesprächen vor, die am Arbeitsplatz aufgenommen wurden (das eine zwischen zwei Männern, das andere zwischen drei Frauen), und analysiere sie, um zunächst darzustellen, wie der relative Status der Sprecher die Interaktion beeinflußt – und zwar sowohl die linguistischen Strategien, die sie verwenden, als auch, wie diese linguistischen Strategien interpretiert werden. Zweitens verwende ich dieselben Beispiele, um zu erklären, auf welche Weise ich ihre linguistischen Strategien als geschlechtsklassenspezifisch betrachte. Bei diesem Vorgehen behaupte ich, daß der Begriff des Rahmens eine fruchtbare theoretischen Sicht auf Sprache und Geschlecht liefern kann. Ich zeige auch, daß geschlechtsklassenspezifische linguistische Strategi-*

*en Möglichkeiten sind, gleichzeitig die Dimensionen von Status und persönlicher Beziehung auszubalancieren, und arbeite damit den theoretischen Rahmen von Macht und Solidarität aus, den ich im ersten Kapitel eingeführt habe.*

In den letzten Jahren habe ich mich mit Gesprächen am Arbeitsplatz befaßt. Wenn Menschen bei der Arbeit miteinander reden, sind ihnen die hierarchischen Beziehungen zwischen ihnen vermutlich bekannt: Jemand, der mit einem Vorgesetzten oder mit einem Untergebenen redet, nimmt dies wahrscheinlich ziemlich bewußt wahr. Die Auswirkung der hierarchischen Beziehungen auf die Kommunikation in diesem Umfeld stand im Mittelpunkt meiner Forschungsarbeit. Ich war auch an der Wechselwirkung von Geschlechtsmustern mit dem Einfluß hierarchischer Beziehungen interessiert, aber ich habe versucht, die Geschlechtsmuster eher schräg, aus dem Augenwinkel, zu betrachten als direkt. Der Grund, warum ich meine, daß dies die produktivste Art ist, sich mit Geschlechtsrollen zu befassen, ist in dem eingefangen, was Goffman (1977) mit seiner Terminologie ausdrückte, die ich für den Titel dieses Aufsatzes übernommen habe: daß Sprechweisen nach Geschlechtsrollenmustern nicht *geschlechtsspezifisch* sondern *geschlechtsklassenspezifisch* sind: Das heißt, sie beziehen sich eher auf die *Klasse* von Männern und Frauen als notwendigerweise auf individuelle Mitglieder dieser Klassen.[1] Diese Einsicht erwächst aus Goffmans Rahmen-Ansatz zum Problem der Interaktion, ein Ansatz, den ich hier verteidigen möchte.

In diesem Kapitel analysiere ich zwei Beispiele für die Interaktion im Büro, um zu zeigen, wie der relative Status der Sprecher die Art beeinflußt, auf die inhärent zweideutige und polysemantische linguistische Strategien verwendet und interpretiert werden, und um zu zeigen, wie die besonderen Strategien, die die Sprecher anwenden, geschlechtsklassenspezifisch sind. Dabei versuche ich, zwei theoretische Bezugsrahmen zusammenzubringen und folgende Behauptungen über sie aufzustellen: 1) Man nähert sich dem Verständnis von Sprache und Geschlechtsrolle am besten durch den Begriff der Rahmung. 2) Die Rahmung bietet die Möglichkeit, gleichzeitig die Dimensionen von Status und persönlicher Beziehung auszubalancieren.

Ich biete auch ein Korrektiv für zwei Mißverständnisse an, die in der Literatur zu Geschlecht und Sprache aufgetaucht sind: Das erste ist, daß Status und persönliche Beziehung einander ausschließende Pole sind. Statt dessen sind beide in jedem Augenblick der Interaktion im Spiel: Sie berühren und durchdringen sich. Das zweite Mißverständnis ist, daß sich der Ansatz der »kulturellen Differenz« zu Geschlecht und Sprache und der Ansatz der »Dominanz« gegenseitig ausschließen und gewissermaßen Gegensätze sind. Statt dessen sind Dominanzbeziehungen und kulturelle Einflüsse aller Arten (geschlechtsspezifische Einflüsse ebenso wie viele andere, beispielsweise geographische Region, Ethnizität, Klasse, Alter und sexuelle Orientierung) in jedem Augenblick der Interaktion im Spiel; auch sie berühren sich und durchdringen einander.

## Geschlechtsklassenspezifisch versus geschlechtsspezifisch

In einem Aufsatz mit dem Titel »Das Arrangement der Geschlechter« weist Goffman (1977) darauf hin, daß wir dazu neigen, »geschlechtsspezifisch« zu sagen, wenn wir »geschlechtsklassenspezifisch« meinen:

Wenn wir uns auf ein Merkmal des sozialen Geschlechts beziehen, nennen wir es kurz »geschlechtsspezifisch« (oder »geschlechtsabhängig«), um die eher umständliche Wendung »geschlechtsklassenspezifisch« zu vermeiden. Natürlich ist es auch sehr naheliegend, von »den Geschlechtern«, dem »Gegengeschlechtlichen,« »dem anderen Geschlecht« und so weiter zu reden, und auch ich werde das tun. Dennoch ist diese Sparsamkeit mit Gefahren verbunden, insbesondere, weil sich diese Begrifflichkeiten mit unseren kulturellen Stereotypen decken. (Ebenda: 112)

Mit anderen Worten werden bestimmte Verhaltensweisen in bestimmten Kulturen eher mit Mitgliedern der Klasse von Frauen oder Männern in Verbindung gebracht. Aber das führt dazu, daß die Menschen solche Verhaltensweisen nicht mit der *Klasse* von Frauen oder Männern assoziieren, sondern eher mit jedem Individuum, das ein Mitglied dieser Klasse ist. In der Terminologie von Gregory Bateson (1972, 1979) handelt es sich um eine Verwechslung logischer Typen. Bateson (1979: 46) stellt zum Beispiel fest, »daß es eine tiefe Kluft zwischen Aussagen über ein bestimmtes Individuum und Aussagen über eine Klasse gibt. Derartige Aussagen gehören *unterschiedlichen logischen Typen* an, und eine Voraussage von einem auf den anderen ist immer unsicher«[2]. Das ist es, was meiner Ansicht nach mit dem Unterschied von geschlechtsspezifisch und geschlechtsklassenspezifisch gemeint ist. Das ist, in Goffmans eleganter Ausdrucksweise, eine »mit Gefahren verbundene Sparsamkeit«, weil sie dazu führt, daß man Verhaltensweisen für ein individuelles Phänomen hält, als ob sie mit einem Chromosom statt mit einem sozialen Phänomen in Verbindung stünden.

Goffman ([1976]1979) fängt diese wichtige Unterscheidung mit einem anderen Satz von Begriffen ein, wenn er erklärt, daß Sprech- und Verhaltensweisen, die mit Geschlecht assoziiert werden, nicht eine Sache der Identität, sondern der *Darstellung* sind. Mit anderen Worten ist das Verhalten nicht eine Widerspiegelung des Wesens (der Identität) eines Individuums, sondern eher einer Performanz (Darstellung), die das Individuum vollbringt.:

Statt einen Akt zu spielen, liefert das Tier in Wirklichkeit einen leicht lesbaren Ausdruck seiner Situation, speziell seiner Absicht, der die Form einer »Ritualisierung« eines Teils des Aktes selbst annimmt, und dieser Hinweis (sei er ein Versprechen oder eine Drohung) gestattet vermutlich das Aushandeln einer geeigneten Reaktion von den und für die Zeugen der Darstellung (ebenda:1).

Interaktion ist also eine *Zeremonie*, die aus *Ritualen* besteht, die Goffman definiert als »beiläufige, konventionalisierte Akte, durch die ein Individuum seine Aufmerksamkeit gegenüber einem anderen für dieses andere abbildet«.

Das führt uns zum Einrahmen, dessen einer Aspekt die *Konstellation* ist. Goffman fährt fort zu erklären, daß »emotional motiviertes Verhalten formalisiert wird – in dem Sinne, daß es vereinfacht, übertrieben und stereotypisiert«, und folglich effizienter wird. Solche Darstellungen, fährt er fort, »liefern Indizien für die *Konstellation* eines Akteurs in einer Versammlung, für die Position, die er bei dem einzunehmen bereit ist, was in der sozialen Situation zu geschehen sich anschickt«. Goffman führt aus:

Darstellungen kommunizieren nicht im engen Sinne des Wortes; sie drücken nicht etwas durch eine Symbolsprache aus, die offen etabliert ist und nur zu diesem Zwecke gebraucht wird. Sie liefern die Indizien für die Konstellation eines Akteurs in einer Situation. Und Darstellungen sind insoweit wichtig, wie es Konstellationen sind. (Ebenda: 1)

Das ist eine radikal andere Sichtweise von Sprache, als die nicht nur in der Sprach- und Geschlechterforschung, sondern auch im Bereich der

Linguistik allgemein übliche, wo Sprache als Code verstanden wird. Wie Becker (1995) behauptet, gibt uns die Metapher des Code einen Begriff der Sprache als träge, sehr ähnlich der Metapher für Sprache als *Wasserleitung*, die Reddy (1979) beschrieben hat. Im Gegensatz dazu meint Becker, daß wir an Sprache als an Sprache betreiben denken – als eine Art, etwas zu *tun*. Rahmen ist somit etwas, was wir mit Sprache tun – die Darstellung unserer Konstellationen.

Unsere Neigung, Geschlechtsunterschiede im Individuum statt in der Beziehung zwischen Individuen in einer Gruppe zu lokalisieren, spiegelt auch die amerikanische Ideologie wider. In diesem Sinne weist Maccoby (1990) darauf hin, daß sie und Jacklin, als sie ihren klassischen Überblick, *The Psychology of Sex Differences* (1974) publizierten, zu dem Schluß kamen, daß die Forschung keine signifikanten Geschlechtsunterschiede aufgedeckt habe. Im Jahre 1990 stellt Maccoby jedoch rückblickend fest, daß dieser Befund – außer daß er das ideologische Klima der Zeit widerspiegelt – auftauchte, weil die Studien, die sie überprüft hatten, nach Unterschieden individueller Fähigkeiten Ausschau hielten. Als spätere Forschungsarbeiten (ihre eigenen und andere) das Verhalten von Jungen und Mädchen in der Interaktion untersuchten, traten hochsignifikante Muster von Unterschieden zutage.

Selbst Macht wird von Amerikanern tendenziell als einem Individuum inhärent begriffen – im Gegensatz dazu, wie sie Angehörige von Kulturen begreifen, die sie eher als soziales Phänomen betrachten. Wetzel (1988) weist darauf hin, daß die Japaner Macht als eine Frage der persönlichen Beziehung ansehen – als den Platz des Individuums in einem hierarchischen Netzwerk.

Die fruchtbarsten Ansätze für die Untersuchung von Geschlecht und Sprache versuchen somit nicht, Verhalten direkt mit Individuen des einen oder des anderen Geschlechts in Verbindung zu bringen, sondern beginnen eher mit der Frage, wie Interaktion eingerahmt ist – in Goffmans Begriffen, welche *Konstellationen* Sprecher einnehmen. Davies und Harré (1990) fragen in ähnlichem Sinne, wie sich die Sprecher im Hinblick auf die Situation *positionieren* – und dann fragen sie, wo Frauen und Männer in dieses Muster zu verfallen neigen.

In einer exemplarischen Untersuchung vergleicht Smith (1993) die Predigten von zehn Männern und vier Frauen aus einem Predigtkurs eines Baptistenseminars. Sie begann damit, die unterschiedlichen

*Standorte* zu bestimmen, die die Prediger zu den Texten, die sie interpretierten, einnahmen. Anders gesagt fragte sie, wie sie sich in Beziehung auf das Material, über das sie predigten, und die Aufgabe, die sie erfüllten, positionierten. Ein Standort, den sie herausarbeitete, war durch den Stil charakterisiert, in dem die Sprecher ihre Autorität in den Vordergrund stellten, dadurch, daß sie sich als »offizielle« Interpreten des Textes darstellten und die Aufmerksamkeit auf die Tatsache lenkten, daß sie sich in einer Autoritätsstellung befanden, wenn sie den Text für die Zuhörer interpretierten. Um deutlich zu machen, daß das Geschlechtsmuster eine Tendenz, keine absolute Kluft ist, illustriert Smith diesen »offiziellen« Stil mit einer von einer Frau, Meg, gehaltenen Predigt. Sie hält jedoch fest, daß Meg die einzige Frau war, die diesen Stil verwendete, neben vier Männern. Meg formulierte zum Beispiel eine Frage und sagte dann: »Ich habe darüber viel nachgedacht und bin zu mehreren möglichen Gründen gekommen.« An einer anderen Stelle sagte Meg: »Ich möchte hier etwas einfügen.« Im Gegensatz dazu sprach eine andere Frau so, als ob sie einer Gruppe von Kindern eine Geschichte erzählte. Sie begann: »Ein kleiner Junge wuchs in einem samaritanischen Dorf auf. Er hatte eine glückliche Kindheit und manchmal nahmen seine Eltern ihn in die Nachbardörfer mit, auf den Markt, und gelegentlich reisten sie sogar ans Meer nach Galiläa, um Ferien zu machen.« Eine dritte Frau erzählte, statt aus dem Text herauszutreten, um ihn mit ihren eigenen Worten zu kommentieren, die Geschichte als literarisches Protokoll nach. Sie sagte zum Beispiel: »Die Klarheit der Anweisungen, die Gott ihm gab, waren wie ein Stich in sein Herz.« Die vierte Frau spielte ihre Autorität herunter, indem sie einen »unauffälligen« Standpunkt einnahm.

Durch die zunächst gestellte Frage, welche Konstellationen die Prediger in bezug auf ihre Zuhörer und auf das Material, über das sie predigten, einnahmen, und die erst dann gestellten Fragen, welche Konstellationen jeweils von den Frauen und den Männern in ihrer Untersuchung eingenommen wurden und welche linguistischen Strategien mit diesen Konstellationen verbunden waren, kam Smith zu einem sehr viel umfassenderen Verständnis der Geschlechtsmuster, als wenn sie nur gefragt hätte, welche linguistischen Merkmale in den von den Frauen und Männern ihrer Untersuchung gehaltenen Predigten auftauchten.

In einer anderen exemplarischen Studie untersucht Kuhn (1992) die Seminargespräche von ProfessorInnen in amerikanischen und deutschen Universitäten. Sie bemerkt, daß die amerikanischen Professorinnen, die sie auf Band aufnahm, bestimmter auftraten, wenn sie ihren StudentInnen zu Anfang des Semesters direkte Anweisungen gaben. Das setzte sie anfangs in Erstaunen, aber dann kam sie zu dem Schluß, daß es daran lag, daß sie von »den Anforderungen« des Kurses sprachen, als ob diese direkt von der Institution gegeben würden, und dann den StudentInnen sagten, wie sie diese Anforderungen erfüllen könnten. Zum Beispiel sagte eine Professorin: »Wir werden über die Anforderungen sprechen.« Kuhn kontrastiert dies mit den Professoren in ihrer Studie, die ebenfalls Anforderungen in Form vom Lehrplänen verteilten, aber dann klarstellten, daß die Lehrpläne Entscheidungen repräsentierten, die sie persönlich getroffen hatten. Zum Beispiel sagte ein Mann: »Ich mache zwei Zwischenprüfungen und eine Abschlußprüfung. Und ich habe diese erste Zwischenprüfung eingefügt, damit Sie mit Lesen anfangen, äh, mit Diskussionen, damit Sie nicht zurückbleiben.« In Smiths Begriffen nahm er eine »offizielle« Stellung ein, als die Autorität, die der Autor der Anforderungen war. Somit wurde das scheinbar unerwartete sprachliche Verhalten der Frauen, die bestimmter als die Männer sprachen, durch die Konstellation erklärt, die sie zu den Anforderungen des Kurses und den StudentInnnen, an die sie sich wendeten, einnahmen.

Der Ansatz, den ich in Verbindung mit dem Begriff des Rahmens beschreibe, findet sich auch bei Ochs »Indexing Gender« (1992). Ochs behauptet, daß Individuen Standpunkte einnehmen, die in einem gegebenen kulturellen Kontext mit männlich oder weiblich assoziiert werden.[3]

Schließlich borge ich mir Batesons (1979) Begriff des »Augenwinkels«, um die Idee einzufangen, daß man einige Phänomene am besten versteht, wenn man sie nicht direkt anvisiert; statt dessen kommen sie ins Blickfeld, wenn ein anderer Aspekt der Welt das Ziel des direkten Blicks ist.[4] In diesem Sinne behaupte ich, daß die Beziehung zwischen Geschlecht und Sprache sich am besten verstehen läßt, wenn der Rahmen im Mittelpunkt der Aufmerksamkeit steht.

## Status und persönliche Beziehung

Der zweite Aspekt des theoretischen Bezugsrahmens, den ich vorschlage, ist die Vorstellung, daß Status und persönliche Beziehung einander durchdringen und beide eher zweideutig und polysemantisch als sich gegenseitig ausschließend oder einander entgegengesetzt sind. Ich entwickle diese Idee ausführlich im ersten Kapitel. Die Diskussion in diesem Abschnitt ist eine verdichtete Version.[5]

In der Forschung wie auch in ihrer herkömmlichen Wahrnehmung haben Amerikaner die Neigung, das Verhältnis zwischen Status und persönlicher Beziehung als eindimensional und gegenseitig ausschließend zu begreifen. Das läßt sich in Form eines Kontinuums mit zwei entgegengesetzten Polen illustrieren, wie es Darstellung 6.1 zeigt.

| Macht | Solidarität |
| Asymmetrie | Symmetrie |
| Hierarchie | Gleichheit |
| Distanz | Nähe |

*Abbildung 6.1:* Eindimensionales Modell

Die Annahme, daß Nähe Gleichheit einschließt, kann man an dem bei Amerikanern üblichen metaphorischen Gebrauch der Begriffe »Schwestern« und »Brüder« ablesen, der auf eine Beziehung verweist, die nah und gleich ist. So soll die Aussage »Wir sind wie Schwestern« bedeuten: »Es gibt zwischen uns keine Statusspiele.« Im Gegensatz dazu wird angenommen, daß hierarchische Beziehungen Nähe ausschließen. So wurde mir bei meinen eigenen Interviews und Beobachtungen an Arbeitsorten oft gesagt, daß mit Untergebenen oder Vorgesetzten befreundet zu sein entweder unmöglich oder problematisch sei.

Ich behaupte, daß wir es nicht mit einer einzigen Dimension zu tun haben, sondern mit einem vieldimensionalen Gitter (Darstellung 6.2) Dieses multidimensionale Gitter illustriert, daß Hierarchie/Gleichheit die eine Achse ist und Nähe/Distanz die andere.[6] Amerikaner scheinen Beziehungen entlang einer Achse zu konzeptualisieren, die von oben

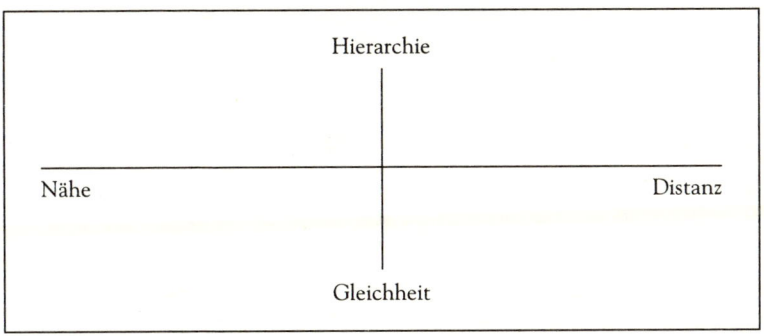

Abbildung 6.2: Multidimensionales Modell

rechts nach unten links verläuft: von hierarchisch und distanziert zu gleich und nah. Wir plazieren Arbeitsbeziehungen in den oberen rechten Quadranten und Familie und enge Freundschaften in den unteren linken Quadranten (Darstellung 6.3)

Im Gegensatz dazu neigen Japaner – wie die Angehörigen vieler anderer Kulturen, etwa Chinesen und Javaner – dazu, Beziehungen entlang einer Achse zu konzeptualisieren, die von oben links nach unten rechts verläuft: von hierarchisch und nah zu gleich und distanziert. Der

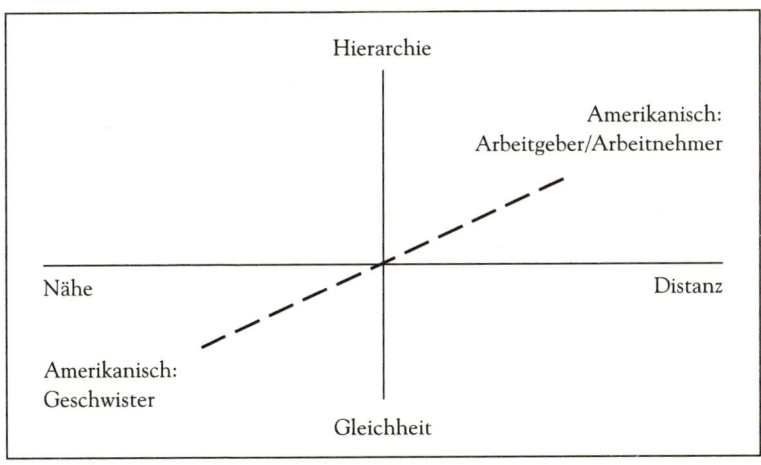

Abbildung 6.3: Amerikanische Vorstellungen von Beziehungen

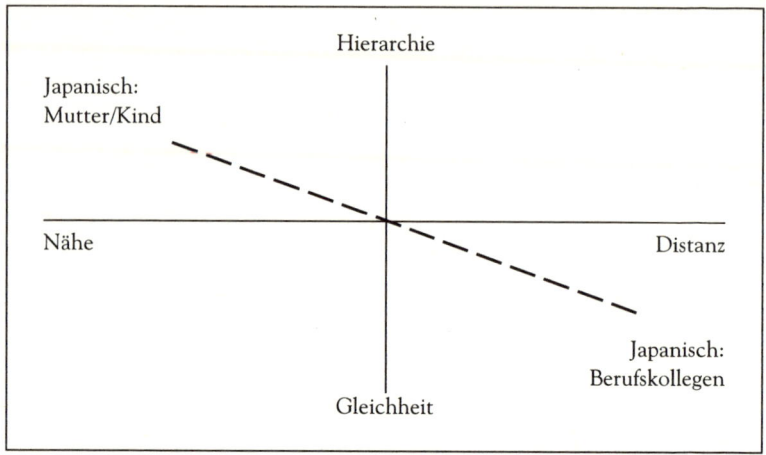

*Abbildung 6.4:* Japanische Vorstellungen von Beziehungen

Archetyp einer nahen, hierarchischen Beziehung ist für Angehörige dieser Kulturen die Mutter-Kind-Konstellation (Darstellung 6.4).[7] Um die Dinge noch weiter zu komplizieren, oder vielleicht als Reflexion der komplexen Beziehungen, die durch diese Gitter repräsentiert werden, sind linguistische Strategien sowohl zweideutig wie polysemantisch, indem sie Status und persönliche Beziehung in ihrer Wechselwirkung aufdecken. Mit anderen Worten kann eine gegebene Äußerung in Begriffen von entweder persönlicher Beziehung oder Status beabsichtigt oder interpretiert werden (daher die Zweideutigkeit), oder sie kann Elemente von beiden gleichzeitig reflektieren (daher die Polysemantik).

## Arbeitsplatzbeispiele: Ausbalancieren von Status und persönlicher Beziehung

In diesem Abschnitt lege ich zwei Beispiele für Interaktion am Arbeitsplatz vor, eines zwischen Männern und ein anderes zwischen Frauen, um damit zu illustrieren, wie die Sprecher Status und persönliche Beziehung ausbalancieren, und zu behaupten, daß ihre Sprechweisen geschlechtsklassenspezifisch sind und sich am besten mit Hilfe einer Theorie des Rahmens verstehen lassen.

Das erste Beispiel stammt aus einem Gespräch, das Lena Gavruseva (1995) aufgenommen hat.[8] Das Gespräch fand in den Büroräumen einer Lokalzeitung statt, zwischen John, dem Chefredakteur und Dan, einem kürzlich eingestellten Journalisten. Dan ging an Johns Büro vorbei, entdeckte ihn bei offener Tür an seinem Schreibtisch sitzend und ging in das Büro, um einen freundlichen Schwatz zu halten, den er mit der Frage einleitete: »Warum schauen Sie so grimmig, John?« Als Antwort begann John eine Rede über Probleme mit jemandes Computer (die er zu einer amüsanten Anekdote darüber machte, wie der Computer explodierte),[9] und im Verlauf derer er sich auf Dans Computer folgendermaßen bezog:

John: Sie haben bloß die alte Mühle von einem XT.

Kurz darauf fragte John Dan: »Wie geht's Ihrem Computer?« und es kam zu folgender Unterhaltung.

Dan: Er murkst. Ich meine
John: Warum?
Dan: Ich – weil er nicht
John: Warum, ist er langsam?
Dan: Nein, das ist es nicht.
    Es ist bloß so, alle möglichen Tasten funktionieren nicht und so.
John: Was meinen Sie, Tasten funktionieren nicht.
Dan: Zum Beispiel die Feststelltaste funktioniert nicht.
John: Es kann – Soll sie funktionieren?
Dan: Nein, tut sie nicht.
John: Soll sie?
Dan: In Ordnung.
John: Na gut. Was möchten Sie noch?
Dan: Äh, ich weiß nicht. Ich war gerade dabei –
John: Nein, nein, nein, sagen Sie schon.
Dan: Ich kann sie nicht ausschalten, weil
John: Sie möchten –
    Sie möchten sie ausschalten können?
    Warum? Weil sie Sie stört?
Dan: und sie hat sich schon naja dreimal verhakt.
John: Ja?
Dan: Ja.
John: Als ob es ein Muster ist?

Dan: Nein, ich meine vielleicht ja
Ich habe es nicht bemerkt.
Ich – ich weiß nicht.
Sie hat es etwa eine Woche nicht mehr gemacht,
also machen Sie sich keine Sorgen.
Ich meckere bloß.
Ich meckere bloß.
Ich habe nie –
ich habe keine besonderen Klagen,
weil es – alles was ich brauche –
ich bin nicht so einer,
ich bin kein Computerfreak,
es ist mir eigentlich egal.
John: Wenn Sie wollen, daß Ihre Festschalttaste funktioniert ist das kein Problem.
Ich kann kommen und sie richten.
Dan: Nein, ich brauche nicht wirklich eine Feststelltaste.
John: Kostet mich 25 Sekunden.
Dan: Ich möchte s –
O.k., ich will sehen, ob Sie sie richten können.
Ich glaube, sie ist kaputt.
Ich will es sehen, John Ryan.
John: Ja, die John Ryan Herausforderung?
*(Zwei Sekunden Pause).*
Sie spinnen, wenn Sie glauben
daß Sie <u>mich</u> herausfordern können, Herr Computer!

Bei dieser Interaktion verwandelte sich eine auf die persönliche Beziehung fokussierte Neckerei, aufgrund der hierarchischen Beziehung – in einen statusempfindlichen (und anstrengenden) Austausch. Beim Abspielen sagte Dan zu Gavruseva, er habe seine Bemerkung »Er murkst« im Geiste dessen machen wollen, was Jefferson (1988) »das Ärgergespräch« nennt – ein ritueller Austausch von Ärgernissen im Dienste der Solidarität. Mit der Wahl des umgangssprachlichen »Er murkst« ließ er sich von Johns Gebrauch des Begriffs »alte Mühle« leiten. Weil er seine Bemerkung in diesem Geiste intendiert hatte, so versicherte er, sei er aus der Fassung geraten, als John seine Bemerkung als wirkliche Beschwerde über seinen Computer behandelte und anbot, ihn in Ordnung zu bringen.

Wegen der paralinguistischen und prosodischen Qualität von Johns Angebot – aus Dans Sicht überhastet und diktatorisch – wurde es Dan zunehmend unbehaglich zu Mute, ein Unbehagen, das seinen Höhepunkt erreichte, als John behauptete, daß er das Problem in 25 Sekunden lösen könne. Es ist auch möglich (wenngleich dies eine reine Spekulation ist), daß John Dan seinen Platz zeigte, weil er Dans Verwendung eines profanen Ausdrucks als frech wahrnahm, oder daß er sich als der Chef verpflichtet fühlte, sich um ein Problem zu kümmern, auf das er aufmerksam gemacht worden war, unabhängig von dem Geiste, in dem es erwähnt wurde. Auf jeden Fall, sagte Dan Gavruseva, hatte er das Gefühl, daß John ihn »bloßstellte« und ihn »in die Schranken wies«. Gavruseva bemerkt, daß John Dan als Bittsteller darstellte.

An diesem Punkt stellte Dan die Balance dadurch wieder her, daß er spielerisch seinen Chef herausforderte, und der Chef stimmte der Verschiebung der Konstellation zu, indem er mitspielte. In dem folgenden Exzerpt behaupte ich, daß Dans Veränderung des Rahmens seinem Chef signalisierte, daß er eine Linie überschritten hatte und daß John stillschweigend einverstanden war, das Ungleichgewicht der Macht zu reparieren, indem er sich mit Dan verbündete, als zwei Männer, die undelikat über Körperfunktionen reden und sich in der Opposition gegen die Frauen finden können.

Da er wußte, daß John an einer Darmerkrankung gelitten hatte, wechselte Dan das Thema zu Johns Gesundheit. Johns Erstaunen über den Themen-(und Rahmen-)wechsel wird an seiner ersten Reaktion deutlich: »Was ist?«

Dan: Wie fühlen Sie sich heute, John?
John: Was ist?
Dan: Wie fühlen Sie sich? Sind Sie immer noch –
John: Äh, naja, meine Gedärme haben wieder gegrummelt,
und ich dachte: »He, da ist es wieder«,
aber ich hatte eine böse Nacht gestern Nacht.
Ich meine, ich bin um sechs ins Bett
und stand bloß auf, um zu,
naja, pinkeln und Wasser zu trinken
und eine Dose Thunfisch zu essen.
Ich meine, es war schlimm.
Ich bekomme diese Magen-Darm-Sachen
an beiden Enden.
Es war, es war Kotzen.
Es war heftig.

Dan: *(lachend)* Nicht gleichzeitig.
   Bitte sagen Sie nein.
John: Nein, nein, nein, aber es war scheußlich.
   Und ich war so froh,
   daß keine Freundin in der Nähe war,
   niemand konnte sich um mich kümmern.
   Wenn es eine Sauerei gibt, die ich hasse,
   ist es krank sein.
   Und jemand will sich um mich kümmern ...

Mit seiner Frage nach Johns Gesundheit gab Dan der Unterhaltung eine neue Richtung, weg von der, die Dan als Untergebenen hinstellte (sowohl, weil er John seine Probleme vortragen mußte, als auch, weil John behauptete, er sei in der Lage, in 25 Sekunden ein Problem zu lösen, das Dan nicht lösen konnte), zugunsten einer Unterhaltung, die John als potentiell unterlegen darstellte (jemand, der unter peinlichen körperlichen Beschwerden litt). John ging mit der Veränderung des Rahmens mit, indem er die Symptome seiner Darmbeschwerden schilderte. Dadurch, daß er explizit über durcheinandergeratene Körperfunktionen spricht, scheint er Dan als Gleichen zu positionieren: Sie sind jetzt zwei Männer, die offen über Themen reden können, die sie vielleicht nicht diskutieren würden, wenn Frauen in der Nähe wären.

John fährt dann fort, sich mit Dan, Mann zu Mann, auf dieselbe Ebene zu stellen, indem er erwähnt, wie sehr einem Frauen auf die Nerven gehen können. Überdies gibt schon der Akt der Themenwahl – und daß er John dazu bringt, darauf einzugehen, Dan wieder einen höheren Status, als er ihn im vorangegangenen Gespräch hatte. Gavruseva wies mich jedoch darauf hin, daß gleichzeitig John sich noch immer als jemand positioniert, der keine Hilfe braucht. Bei diesem Beispiel reflektieren und verhandeln Dan und John also ihren relativen Status, während sie Small talk im Büro machen.

Man stelle dies folgendem Gesprächsausschnitt gegenüber, den Janice Hornyak (erscheint demnächst) in Zusammenhang mit ihrer Untersuchung von Gesprächen in einem reinen Frauenbüro auf Band aufnahm. Tina hatte eine Geschichte erzählt, als June, die Bürobotin, ins Büro kam, um die Post zu verteilen. Tina unterbrach ihre Geschichte und lud June dadurch ins Zimmer und in die Interaktion ein, daß sie sich über ihre Kleidung äußerte.

June: Hallo.
Tina: He! Wir müssen uns dieses Outfit ansehen.
Komm doch rein.
Heather: Komm her, June!
Tina: Sie, sie, sie ist ... äh, das sieht toll aus.
Heather: Ich li:ebe diese bildschö:ne Blu:se!
Janice: He, du bist topmodisch heute.
Tina: Cool.
June: Hallo ... ich hatte die Bluse /?/
und wußte nicht, was ich dazu anziehen sollte.
Und ich nahm einfach das Etikett runter
und /?/ sagte /?/
ich werde sie mit einer Weste tragen.
Tina: Und die Haare auch.
Janice: Oh, das ist Klasse.
Heather: Ist das von deiner Mama?
*[Tina lacht]*
June: Nein, das ist von äh /?/
Tina: Was ist es?
June: Es ist von/ Stylo.
Tina: Ich hab davon gehört.
June: Von dem in Trader Plaza,
wo sie all diese wilden Sachen haben.
Heather: Was hast du mit deinen Haaren gemacht?
June: Ein Haarteil /?/.
Judith sagt, dir ist einfach langweilig
du mußt was tun.
*[Alle lachen]*

Auf den ersten Blick ist auch das ein Beispiel für Small talk im Büro oder für das, was ich »Beziehungsplausch« (Tannen 1990) genannt habe, um einen Gesprächsdiskurs zu charakterisieren, in dem die empathische Funktion die informative zu überlagern scheint. Trotzdem ist auch bei dieser Interaktion der relative Status ein durchgängiger Einfluß. Das Ritual der Komplimente wird von Tina begonnen, die nicht nur die Büroleiterin ist, sondern auch die Tochter des Firmeneigners. Bei dieser Interaktion ist sie die Person mit dem höchsten Status. June, die Bürobotin (und auch der Eindringling in das Büro), die das Ziel der Komplimente ist, hat von den Anwesenden den niedrigsten Status. Mit dem Mittel, June Komplimente über ihre Kleidung zu machen, konnte Tina sie in die Unterhaltung einbeziehen, auch wenn sie sie nicht in das narrative Geschehen einbeziehen wollte, das June unterbrach, was Tina vielleicht getan hätte, wenn jemand mit gleichem Status und/oder eine Freundin unerwartet hereingekommen wäre. Mit anderen Worten war es für Tina ein Ritual, June Komplimente über ihre Kleidung zu machen, um sie einzubeziehen und auf sie als Person einzugehen, während sie zugleich ablehnte, sie in das Geschehen des Geschichtenerzählens einzubeziehen. Es ist schwierig, sich die Konstellation umgekehrt vorzustellen: Es ist nicht wahrscheinlich, daß June mit der Post hereinkommt und Tina auf ihre Kleidung anspricht. Wie bei John in dem Gesprächsausschnitt über das Richten des Computers kontrollierte die Person mit dem höchsten Status den Bezugsrahmen der Interaktion.

Auch die Beteiligung der beiden anderen Sprecherinnen läßt sich entlang der Statusachse ordnen. Heather kommt im Status nach Tina, und sie folgt Tinas Vorgabe mit Eifer. Ihre Ausdrucksweise ist am expressivsten, im Gegensatz zu der gedämpften Ausdrucksweise von June und von Janice, die nur auf Zeit in dem Büro arbeitet (und die Untersuchung durchführt). Somit sind Janice und June, die den niedrigsten Status haben, auch in ihren paralinguistischen Konturen am zurückhaltendsten.[10] Sich paralinguistisch bedeckt zu halten ist sicherlich ein Verhaltenselement, das ihren niedrigeren Status bei dieser Begegnung zugleich herstellt und reflektiert. Überdies sind die beiden Beiträge von Janice unmittelbare Bestätigungen der Bemerkungen einer Vorgesetzten:

    Heather: Ich li:ebe diese bildschö:ne Blu:se!
→    Janice: He, du bist topmodisch heute.

    Tina: Und auch die Haare.
→    Janice: Oh, das sieht toll aus.

Also positioniert sich Janice, während sie mit Heather und Tina auf einer Ebene steht, als sie June Komplimente über ihre Kleidung macht, gleichzeitig auch als ihnen untergeordnet, insofern ihre Beiträge mehr ein gedämpftes Echo und eine Bestätigung der ihren sind, als das Einbringen von Äußerungen, die die Interaktion neu bestimmen.

Zusammengefaßt illustrieren diese beiden Beispiele parallele Wege, Status und persönliche Beziehung in der Interaktion auszubalancieren. Die Wege, auf denen die SprecherInnen die persönliche Beziehung herstellten, reflektieren und errichten zugleich ihren relativen Status. Oder umgekehrt reflektieren und errichten die Wege, auf denen sie ihren relativen Status aushandelten, auch die persönlichen Beziehungen zwischen ihnen. Wir haben es nicht mit einer Entweder-oder-Entscheidung zu tun: Ist der Status oder die persönliche Beziehung im Spiel? Statt dessen deckt jeder Augenblick der Interaktion komplexe Beziehungen zwischen den beiden Dimensionen auf.

## Geschlechtsklassenspezifische Muster in Aktion

Wenn ich zum zweiten Hauptpunkt dieses Kapitels übergehe, so handeln die in diesen Beispielen sichtbaren linguistischen Muster nicht nur sowohl Status als persönliche Beziehung aus, sondern sie sind auch geschlechtsklassenspezifisch. Es ist nicht zufällig oder nur beiläufig, daß die erste Unterhaltung – mit ihrem Gebrauch von Vulgarität, gespielter Herausforderung, alternierenden Darstellungen von Helfen, Expertentum, Keine-Hilfe-nötig-Haben und der Verbrüderung gegen Frauen – sich zwischen Männern ereignete, ohne anwesende Frauen, und daß die zweite Unterhaltung – mit dem ausufernden Komplimentemachen, der Konzentration auf Kleidung und Einkaufen, dem Ausbalancieren von Zurschaustellung und Anschauen und der expressiven Tonlage – sich zwischen Frauen abspielte, ohne anwesende Männer. Stellt man sich diese beiden Unterhaltungen zwischen Sprechern des jeweils anderen Geschlechts vor, hat man das Material für eine Komödie. Muster, die geschlechtsspezifisch sind, durchdringen die Interaktionen und sind auf mehreren Ebenen reflektiert, unter Einbeziehung des Vokabulars, der Themen, der Tonlage und der ganzen Auffächerung der Konstellationen, die man sich im Bereich der Bezugsrahmen vorstellen kann.

Es ist gut, sich an diesem Punkt daran zu erinnern, daß die Arten, die Balance von Hierarchie und persönlicher Beziehung zu konventionalisieren, kulturell relativ sind. Ich habe nicht vor zu behaupten, daß die Unterhaltungen, die mit diesen Beispielen vorgelegt werden, für andere Kulturen typisch sind. Die kulturelle Relativität trifft besonders in Verbindung mit dem Element des Zuschauerseins gegenüber der Zurschaustellung zu, das im zweiten Beispiel auftrat. Margaret Mead (1977) stellt fest, daß es Kulturen gibt, in denen der höhere soziale Status mit

Zurschaustellung und der niedrigere mit Zuschauertum assoziiert wird, so etwa in der britischen Vorstellung, daß Erwachsene sprechen, während man Kinder sehen, aber nicht hören soll. In anderen Kulturen können diese Konstellationen sich umkehren, so wenn amerikanische Kinder aufgefordert werden, ihre Talente vor zusehenden Erwachsenen zur Schau zu stellen. (»Zeig Tante Ann und Onkel Harry, wie du das ABC aufsagen kannst.«) Diese Dynamik zeigt sich deutlich im vorangegangenen Beispiel der Unterhaltung von Frauen, in der die Frauen mit dem höheren Status die Rolle der Zuschauer einnehmen, während die Frau mit dem niedrigeren Status ihre Kleidung vorführt.

Diese Konstellation erinnert in der Tat an ein Beispiel, das Goffman (1981: 124–125) diskutierte, um seinen Begriff von Konstellation oder *wechselseitiger Beziehung* zu illustrieren: Präsident Nixon führte die Journalistin Helen Thomas als »privat« und »sexy« statt als »professionell« vor, als er eine Pressekonferenz im Weißen Haus unterbrach, um eine Bemerkung darüber zu machen, daß sie Hosen trug, und sie zu bitten, »sich umzudrehen«, damit er würdigen konnte, wie gut sie ihr standen, und um sich zu erkundigen, ob ihrem Mann diese Kleidung gefiele. Auch hier ist das Gespräch geschlechtsklassenspezifisch: Es scheint eher unwahrscheinlich, daß die Vorführung von Junes Kleidung in einem reinen Frauenkontext sexuelle Obertöne hatte, während dies bei der Pressekonferenz fraglos der Fall war, als Thomas aufgefordert wurde, für einen männlichen Präsidenten »Pirouetten zu drehen« (wie Goffman es treffend ausdrückte), und zwar vor einer Zuschauerschaft von männlichen Reportern und Kameraleuten (die Presseberichten zufolge lauthals über den Esprit des Präsidenten lachten). Überdies scheint es unwahrscheinlich, daß Präsident Nixon eine Pressekonferenz unterbrochen hätte, um einen männlichen Korrespondenten zu bitten, sich umzudrehen und seine Kleidung vorzuführen.

### Weitere Belege für die Geschlechtsklassenverbindung

Dramatische Belege dafür, daß geschlechtsgebundene Verhaltensmuster eine Sache der Darstellung, nicht der Identität sind, lassen sich in den autobiographischen Schriften einer autistischen Frau, Donna Williams, finden. In *Somebody Somewhere* (1994) erklärt Williams, daß sie trotz ihrer Unfähigkeit zu verstehen, was Menschen taten und sagten, sich dadurch angemessen verhalten konnte, daß sie imitierte, was sie andere sagen hörte und tun sah. Sie faßte ihre überzeugenden Auftritte nicht als Ausdruck ihres eigenen Ich auf, sondern als die Erschaffung zweier imaginärer Rollenträger, die sie ihre »Charaktere« nannte, einer namens Willie, der andere namens Carol. Es gibt keinen Hinweis darauf, daß Williams an sie als männliche und weibliche Prinzipien dachte, aber ihr Bericht darüber, wie sie durch ihren Mund und ihren Körper sprachen und sich verhielten, liest sich wie eine Karrikatur männlichen und weiblichen Stils.

Willie ging zu Bewerbungsgesprächen; Carol machte ihre Jobs. »Willie war der Intellektuelle. Carol war ein Repertoire gespeicherter ›gesellschaftlicher‹ Fähigkeiten« (ebenda:19–20). Willie war ein Schnelleser, der Fakten anhäufte, um die Leute zu beeindrucken; Carol lächelte, legte ihren Kopf schief und erfüllte die Luft mit geselligem Geschnatter. Willie war stark, fürchtete sich vor nichts und hatte die Dinge immer unter Kontrolle. Er erschien als gleichmütig, verantwortungsvoll und distanziert. Carol war »alles, was die Leute von ihr wollten: ein lächelnder geselliger Kobold ... Mit einer Sprache, die die Wiedergabe von Märchenplatten, Werbefernsehspots und gespeicherten Unterhaltungen war, konnte Carol mir meinen Weg durchs Leben bahnen ...« (9f.). Carol hatte eine »fröhliche« Fassade (10). Willie griff nach Schlüsselwörtern und baute sie aus (40). »Als Carol«, erklärt Williams, »mußte ich nie verstehen, was sich abspielte. Ich mußte bloß gut aussehen.« (89) Wenn sie beschließt, der Welt als sie selbst gegenüberzutreten und nicht als ihre Charaktere, gerät Willie in Panik: »Carol hätte ihn ansehen und lachen können. Willie hätte seinen neuesten Schatz interessanter Informationen mitteilen können.« (13) »Willie war nicht dazu da, mir zu helfen, zu verstehen, zu entpersonalisieren und zu leugnen. Carol war nicht dazu da, mich zum Lachen zu bringen und vorzugeben, daß nichts wichtig war«. (69) Carol lächelte vor allem:

Lächeln wirkt jedoch Wunder – lächle, und die Leute meinen, daß du fast alles tun kannst, nicht wahr. (42)

Zum Spott spielte ich ein irritierendes, minutenlanges Potpourri von Handlungswiederholungen in Gestalt von Carols Lächeln, Posen und witzigen Sprüchen ab. (47)

Carol ist immer bereit, die Leute zu unterhalten, mit »schnellen Scherzen, klugen Sprüchen und einem Lächeln – immer das Lächeln.« (55) Im Rückblick auf ihr früheres Leben stellt Williams die Rolle von Carols Lächeln in den Mittelpunkt, das den anderen gestattete, sie auszubeuten und zu kränken:

Mich versengte die Ungerechtigkeit, daß man mich gelehrt hatte, ein Lächeln auf das Gesicht des Hasses aufzusetzen. Ich wütete schweigend gegen die Erinnerung daran, wie andere rechtfertigten, was sie getan hatten, so lange ich tat, was man mir sagte, und lächelte, immer lächelte. (56)

Die Leute konnten die furchtbarsten Sachen machen, solange sie mich friedlich anlächelten. Ein Lächeln rief immer nach einem Lächeln, und unabsichtlich ließ ich es ihnen nicht nur durchgehen, daß sie Carol wieder und wieder ermordeten, sondern mein unschuldiges Lächeln schien ihnen zu sagen, daß es in Ordnung sei. (111)

Goffmans (1976) Kommentare über das Lächeln in *Geschlecht und Werbung* liefern eine Erklärung für Williams Verhalten in der Rolle von Carol. Er bezieht das Lächeln (wie auch das Schieflegen des Kopfes, das Williams als Carol ebenfalls inszeniert) als Form von »Ritualisierung der Unterordnung« ein, verbunden mit der weiblichen Geschlechtsklasse:

Lächeln, läßt sich behaupten, funktioniert oft als rituelle Besänftigung, es signalisiert, daß nichts Feindseliges beabsichtigt oder herausgefordert wird, daß die Bedeutung der Handlung des anderen verstanden und für akzeptabel gehalten wurde, daß in der Tat der andere für gut befunden und geschätzt wird. Diejenigen, die mißtrauisch die Bewegungen eines potentiellen Aggressors im Auge behalten, ertappen sich möglicherweise dabei, wie sie automatisch lächeln, wenn ihr Blick von seinem Objekt »gefangengenommen« wird, das seinerseits wenig Grund finden mag, zurückzulächeln. Überdies kann ein antwortendes Lächeln (und mehr noch ein zustimmendes Lachen), das dem Scherz eines Sprechers sehr schnell auf dem Fuße folgt, implizieren, daß der Antwortende dadurch, daß er weiß, was gespielt wird, wenigstens zum Kreis des Sprechers gehört. All dieses Lächeln scheint somit eher das Angebot eines Unterlegenen als eines Überlegenen. Auf jeden Fall scheint es, daß bei gemischtgeschlechtlichen Begegnungen in der amerikanischen Gesellschaft die Frauen mehr lächeln und breiter lächeln als die Männer ... (ebenda 48).

Williams' Fähigkeit, entweder als Willie oder als Carol zu sprechen, unterstützt Goffmans Behauptung, daß die Geschlechtsrolle keine Frage der Identität – inhärenter Verhaltensweisen, die nolens-volens »ausgestrahlt« werden – ist, sondern der Darstellung, die aus einer Reihe möglicher Verhaltensweisen gewählt wird und die SprecherInnen mit anderen aus einer Geschlechtsklasse verbindet. Daß Williams anscheinend nicht bewußt war, daß sie mit Willie und Carol stereotyp männliche und weibliche Rollen spielte, ist ein Beweis für das verbreitete Phänomen, daß die Menschen häufig nicht wahrnehmen, daß ihre Sprechweisen geschlechtsklassenspezifisch sind. Auf der anderen Seite kann man die Tatsache, daß sie die mit Willie assoziierten Verhaltensweisen für die Darstellung eines Charakters hielt, dessen Name eine männliche Version ihres eigenen Nachnamens war, als Beleg dafür nehmen, daß sie auf einer gewissen Ebene das geschlechtsklassenspezifische Wesen dieser Verhaltensweisen ahnte.

Das relativ mangelhafte Bewußtsein von SprecherInnen über ihr verbales und sonstiges Verhalten fordert uns als WissenschaftlerInnen noch zusätzlich. Noch problematischer ist, daß SprecherInnen, denen bewußt ist, daß ihr Verhalten geschlechtsklassenspezifisch ist, das vielleicht nicht zugeben wollen. Johnstone (1995) entdeckte dies, als sie vier prominente und erfolgreiche Texanerinnen interviewte, die häufig in der Öffentlichkeit sprechen: eine Gewerkschaftsfunktionärin, eine frühere Kongreßabgeordnete, eine Journalistin, Autorin und Musikerin und eine Anwältin. Als Teil ihrer Untersuchung fragte Johnstone jede dieser Frauen, woher ihrer Meinung nach ihr Sprechstil komme. Sie notiert, daß alle vier abstritten, daß ihr Geschlecht ihre Sprechweise beeinflusse, obwohl sie alle bereitwillig den Einfluß der Tatsache, daß sie Texanerinnen waren, zugestanden. Die Juristin machte eine typische Aussage, als sie behauptete, ihr Erfolg bei Prozessen habe nichts damit zu tun, daß sie eine Frau sei, sondern spiegele einfach nur wider, daß sie »sie selbst« sei:

Leute haben mir gesagt, daß sie meinen, ich sei im Gerichtssaal erfolgreich, weil ich mich mit den Geschworenen identifizieren kann, daß die Geschworenen mich mögen. Und ich bin nie dahintergekommen, warum, außer daß ... Ich versuche zu lächeln, und ich versuche, einfach ich selbst zu sein. Und ich spiele mich nicht auf.

Es ließe sich viel über die Fähigkeit dieser Frau sagen, sich mit den Geschworenen zu »identifizieren«, über ihre Liebenswürdigkeit, darüber, daß sie sich nicht aufspielt, und über die Beziehung aller dieser Verhaltensmuster und der sprachlichen Attitüde, die sie reflektieren, zu weiblichem geschlechtsklassenspezifischem Verhalten. Aber was mich direkt ansprang, war, daß sie sagte, sie versuche zu lächeln. Ihre Gewißheit, daß dies nichts mit ihrem Geschlecht zu tun hat, sondern einfach nur reflektiert, daß sie »sie selbst« ist, sollte unsere Fähigkeit nicht beeinträchtigen, das Ausmaß zu verstehen, in dem ihre Art, sie selbst zu sein, geschlechtsklassenspezifisch ist. Donna Williams Rollenspiel als Carol und Goffmans zuvor zitierte Bemerkung sind bloß zwei von vielen verfügbaren Belegen, daß in unserer Kultur Lächeln ein geschlechtsklassenspezifisches Verhalten ist; mit anderen Worten lächeln Frauen eher mehr als Männer.

Das bedeutet selbstverständlich nicht, daß jede individuelle Frau notwendigerweise häufiger lächelt, und auch nicht, daß es jeder individuelle Mann nicht tut; daß dies nicht der Fall ist, ist genau das, was die Bemerkung meint, daß Lächeln geschlechtsklassenspezifisch und nicht geschlechtsspezifisch ist. Es ist jedoch fraglos so, daß von Frauen erwartet wird, daß sie häufiger lächeln als Männer. Außerdem hält man Frauen für streng und humorlos, wenn sie selten lächeln, während Männer, die nicht oft lächeln, viel seltener negativen Reaktionen begegnen.

Johnstones Untersuchung liefert den Beweis, daß Individuen sich vielleicht nicht der Tatsache bewußt sind, daß ihre Verhaltensweisen geschlechtsklassenspezifisch sind, und daß sie die Behauptung, sie seien es, vielleicht sogar beleidigt.[11] Andere jedoch sind sich dieser Verknüpfung möglicherweise bewußt, scheuen aber dennoch davor zurück, das zuzugeben. In *Woman Lawyers* zum Beispiel beschreibt Mona Harrington eine Gruppe von Frauen, die große Anwaltsfirmen verließen, um ihre eigene Firma zu gründen. Die Frauen erzählten Harrington, daß sie meinten, ihren Anwaltsberuf jetzt anders auszuüben, als sie es konnten, während sie für große traditionelle Firmen arbeiteten. Sie erzählten ihr, daß sie ihre Klienten nicht dadurch verträten, daß sie so aggressiv und konfrontativ wie möglich seien, sondern dadurch, daß sie zuhörten, beobachteten und die Gegner besser »läsen«. Eine wies darauf hin, daß sie bei der Aufnahme von eidlichen Aussagen zu besseren Ergebnissen kommt, wenn sie einen »ruhigen, sympathisierenden Ansatz« wählt, wenn sie die Zeugen mit Charme dazu bringt, zu vergessen, daß die Anwältin, die sie befragt, ihre Gegnerin ist, statt Zeugen unter Druck zu setzen und anzugreifen. Aber wenn sie von der Presse interviewt werden, erwähnen dieselben Frauen ihren anderen Stil nicht, nicht einmal um zu erklären, wie gut sie arbeiten. Statt dessen betonen sie, daß sie »beinharte« Prozeßanwältinnen und erfahrene Veteraninnen in traditionell streitbaren juristischen Zusamenhängen sind. Der Grund dafür war ihrer Erklärung nach, daß man sie als weich und schwach abtun würde, wenn sie die Wahrheit über ihren Stil erzählten. Ihre Schlußfolgerung ist, daß man darüber nicht reden kann; man muß es einfach nur *sein* und seine Reputation auf der Basis der Ergebnisse erhalten.

Es ist für Linguisten nicht neu, daß SprecherInnen häufig nicht präzise beschreiben können oder wollen, wie sie sprechen oder warum, und daß die Forschung ihre Schlußfolgerungen aus der Beobachtung und nicht aus den Selbstaussagen ziehen muß, obwohl die Interviews mit den SprecherInnen sehr wohl weiteres Erkenntnismaterial liefern können.

## Wiederholung

Ich habe versucht zu zeigen, daß man sich dem Verständnis der Beziehung zwischen Sprache und Geschlecht am besten mit dem Begriff des Rahmens nähert, durch den geschlechtsabhängige Verhaltensmuster eher als geschlechtsklassenspezifisch denn als geschlechtsspezifisch gesehen werden, als eine Sache der Darstellung statt der Identität. Bezugnehmend auf die Analyse von zwei Beispielen für Gespräche am Arbeitsplatz habe ich gezeigt, daß das Rahmen uns gestattet zu sehen, wie SprecherInnen gleichzeitig die Dimensionen von Status und persönlicher Beziehung ausbalancieren. Somit sind Status und persönliche Beziehung keine sich gegenseitig ausschließenden Pole; es ist eher so, daß beide in jedem Augenblick der Interaktion im Spiel sind. Schließlich habe ich dadurch, daß ich das wechselseitige Verhältnis zwischen Status (das heißt Dominanz) und persönlicher Beziehung und die Rolle der Kultur beim Aushandeln von beiden zeigte, gegen das Mißverständnis argumentiert, daß sich ein »kultureller« Ansatz zu Geschlecht und Sprache und ein »Dominanz«-Ansatz gegenseitig ausschließen und gegensätzlich sind. Die Kultur liefert darüber hinaus einzigartige Wege, Beziehungen entlang der Statusdimension von Hierarchie/Gleichheit und der Dimension der persönlichen Beziehung von Distanz/Nähe auszuhandeln – auf geschlechtsklassenspezifische Weise.

# Anmerkungen

## Einleitung

Meinen aufrichtigsten Dank an A.L. Becker, Ron Scollon, Michael Macovski und Paul Friedrich für die unschätzbare Kritik am Entwurf dieser Einführung.

1 Auf diesen Hinweis bin ich erstmals in einem Aufsatz von Henry Widdowson (1988) gestoßen.
2 Ich habe mich nie als Soziolinguistin verstanden, bis ich nach Georgetown kam. Alle Kurse, die ich im Graduiertenprogramm an der University of California belegt habe, waren lediglich linguistische Lehrveranstaltungen. Darüber hinaus stimme ich Dell Hymes und anderen zu, die bemerkt haben, daß das Studium von Sprache in ihrem sozialen Zusammenhang im Grunde Linguistik ist und nicht als »Unterbereich« verstanden werden sollte.
3 Das erste von mir geschriebene Buch, *Lilika Nakos*, war eine Forschungsarbeit auf dem Gebiet der Literaturkritik, in der ich die Prosa einer modernen griechischen Autorin im Zusammenhang mit ihrem Leben analysiert habe.
4 Ich muß allerdings eingestehen, ich habe mich auch geschmeichelt gefühlt, als Vertreterin einer wichtigen Forschungsrichtung bezeichnet zu werden!
5 Einige der grundlegenden Quellen, welche diesen Standpunkt widerspiegeln, sind Goodwin (1981), Schegloff (1982), McDermott and Tylbor (1983) und die gesammelten Aufsätze in Duranti und Brenneis (1986).
6 Die Erklärung, wie die Rahmenbildung im Gespräch wirkt, um der Interaktion ihren Sinn zu geben, ist gewissermaßen das Ziel meiner gesamten Arbeit, doch s. insbesondere das Kapitel »Rahmung« in *Das hab' ich nicht gesagt!* (Tannen 1986a), die Abschnitte zur »Rahmenbildung« in *Du kannst mich einfach nicht verstehen* (Tannen 1990) und mein letztes Buch *Framing in Discourse* (Tannen 1993).
7 Mir ist jedoch bewußt, daß biologische Faktoren auch eine Rolle spielen können, und es wäre schön, wenn sogar jene, die es vorziehen, diese zu untersuchen (zu denen ich, das sei noch einmal gesagt, nicht gehöre), nicht mit dem Etikett »Essentialisten« gebrandmarkt würden, ein Ausdruck, der häufig als kultivierte Form der akademischen Beschimpfung verwendet wird. Im besten Fall ist das Bemühen, die privilegierten kulturellen Faktoren von den stigmatisierten biologischen

Faktoren zu trennen, aussichtslos. Wie Stephen Jay Gould in einem Interview (Angier 1993) formuliert haben soll: »[B]iologie und Umwelt sind untrennbar miteinander verbunden.« Gould wird wie folgt zitiert: »Es ist logisch, mathematisch und philosophisch unmöglich, sie voneinander zu trennen.« Im schlimmsten Fall hindert uns diese Trennung daran, die Beziehungen zwischen diesen Faktoren zu verstehen, und sie erschwert uns das Verständnis menschlichen Verhaltens. Überdies behindert das Stigmatisieren jeder Bezugnahme auf geschlechtsspezifische Unterschiede die Beschreibung und das Verständnis von menschlichem Verhalten, wie es laufend vorkommt, wobei dieses Verständnis jedoch ein notwendiger erster Schritt ist, um Veränderungen herbeizuführen, wie immer sie auch aussehen mögen.

8 Ich habe diese Feststellung erstmals von Walter Ong während einer Podiumsdiskussion zur gesprochenen und geschriebenen Sprache gehört; diese fand 1982 in Verbindung mit dem Runden Tisch zum Thema Sprachen und Linguistik an der Georgetown University statt. Ich denke, es ist kein Zufall, daß meiner Erfahrung nach diejenigen, welche mir sagen, sie seien sicher, alle Differenzen seien biologischen Ursprungs, normalerweise Männer sind, und die, welche sich ebenso sicher sind, sie seien ganz und gar kulturell begründet, sind normalerweise Frauen.

## Kapitel 1

Dieses Kapitel ist aus einem Aufsatz mit dem Titel »Rethinking Power and Solidarity in Gender and Dominance« entstanden, veröffentlicht in *Proceedings of the 16th Annual Meeting of the Berkeley Linguistics Society*, herausgegeben von Kira Hall, Jean-Pierre Koenig, Michael Meacham, Sondra Reinman und Laurel A. Sutton, 519–29 (Berkeley: Linguistics Department, University of California, 1990). Eine erheblich überarbeitete und erweiterte Version erschien in *Gender and Conversational Interaction*, ein von mir herausgegebener Band, veröffentlicht von der Oxford University Press 1993. Die Überarbeitung wurde während meines Aufenthalts am Institute for Advanced Study in Princeton, New Jersey vorgenommen, wo ich mich als Stipendiatin aufgehalten habe. Weitere Überarbeitungen – und hoffentlich Verbesserungen – für die vorliegende Version (einige davon gehen auf die von mir sehr geschätzten Kommentare von Paul Friedrich zurück) nahm ich als Mitglied am Center for Advanced Study in the Behavioral Sciences in Palo Alto, California vor. Die Zusammenfassung dieses Kapitels habe ich wortwörtlich aus dem in der Publikation von 1993 erschienenen Überblick übernommen.

1 Ich gebrauche den Terminus »Strategie« in seiner in der Soziolinguistik üblichen Bedeutung, um damit lediglich auf eine Form des Sprechens zu verweisen. Nicht beabsichtigt ist hier die Unterstellung der vorsätzlichen Planung, so

wie der allgemeine Sprachgebrauch Ausdrücke wie »militärische Strategie« verwendet. Jedoch sind linguistische Strategien, wie Gumperz 1982 feststellt, auch nicht »unbewußt«. Sie sind am besten als »unwillkürliche« Strategien zu verstehen. Das heißt, Menschen sprechen in einer bestimmten Weise, ohne sie »bewußt« zu durchdenken; wenn sie gefragt werden, ist ihnen klar, wie sie gesprochen haben und was sie mit dieser Art des Redens erreichen wollten. Das unterscheidet sich von den »unbewußten« Motiven der Freudschen Theorie, über die eine Person sich nicht klar wäre, wenn sie gefragt würde. (Die meisten Männer würden beispielsweise energisch bestreiten, daß sie ihre Väter töten und ihre Mütter heiraten wollen, doch würde ein/e strenge/r FreudianerIn vielleicht behaupten, daß dieser Wunsch »unbewußt« vorhanden ist.)

2 Dieses Beispiel ist aus Tannen 1990.

3 Ich habe selbst die Beobachtung gemacht, daß Asymmetrie distanzierend ist, während Symmetrie Nähe einschließt, zum Beispiel im Hinblick auf das Ritual des »Problemgesprächs« und wie es zwischen Frauen und Männern oft danebengeht (Tannen 1990). Viele Frauen sprechen über Probleme, um sich der/dem anderen auf diese Weise näher zu fühlen, doch viele Männer legen die Beschreibung von Problemen häufig als eine Bitte um Rat aus, den sie dann freundlicherweise auch anbieten. Ich habe festgestellt, daß dadurch das Problemgespräch – das eigentliche Anliegen der Rede – nicht nur unterbrochen wird, sondern daß damit auch Asymmetrie eingeleitet wird: Wenn eine Person sagt, sie habe ein Problem, und eine andere sagt, sie habe dasselbe Problem, arrangieren sie sich symmetrisch, und ihre Ähnlichkeit bringt sie einander näher. Doch wenn eine Person ein Problem hat, und die andere die Lösung dazu, hat die Person mit der Lösung der anderen etwas voraus, und diese Asymmetrie ist distanzierend – genau das Gegenteil davon, was mit dem Beginn des Rituals eigentlich erreicht werden sollte.

4 Diese Annahme führt Klagsbrun (1992) näher aus, die in einem Buch über Geschwister-Beziehungen schreibt: »Anders als bei den Bindungen zwischen Eltern und Kindern ist die Beziehung zwischen Geschwistern eine horizontale. Das heißt, Geschwister leben auf der gleichen Ebene, sie sind Peers und einander mehr oder weniger gleichgestellt« (ebenda:12). Doch beschreibt Klagsbrun anhand eines Schlüsselbeispiels, wie frustriert sie als Kind darüber war (und als Erwachsene immer noch davon behindert wird), daß sie von ihrem *älteren* Bruder immer übertroffen wurde. An diesem Beispiel wird deutlich, daß sie und ihr Bruder aufgrund des Altersunterschieds keine Gleichgestellten waren – und aufgrund des Geschlechtsunterschieds, ließe sich einwenden.

5 Die negative Höflichkeit, wie sie von Brown und Levinson ([1978]1987) erörtert wird, ist verbunden mit dem Eingehen auf das Bedürfnis anderer nach Nichteinmischung.

6 Scollon (1981: 344–45) macht deutlich, daß jede Kommunikation ein Doublebind ist, weil man mit jeder Äußerung den widersprüchlichen Bedürfnissen gerecht werden muß, in Ruhe gelassen zu werden (negative Seite) und als Teil

der Gesellschaft akzeptiert zu werden (positive Seite). Der Terminus »Double bind« geht auf Bateson (1972) zurück.

7 Ich habe in aller Ausführlichkeit gezeigt (Tannen 1987,1989), daß das Wiederholen der Worte eines anderen auf einer Meta-Ebene Gemeinsamkeit erzeugt: Es ist eine Bestätigung der Worte der/des anderen, der Beweis für die Teilnahme an derselben Gesprächswelt.

8 Als ich diesen Aufsatz 1989 vor der Berkeley Linguistics Society vorgetragen habe, haben im Publikum sowohl Gary Holland als auch Michael Chandler darauf hingewiesen, daß der Gefangene so verstanden werden kann, als schließe er auch den zweiten Teil der Äußerung des Wärters mit ein »und ihr seid ein Haufen Scheiße«.

9 Diese Szene veranschaulicht das, was Bateson (1972) »komplementäre Schismogenese« nennt: Beide treiben die/den anderen mit ihrem Gesprächsstil zu immer übermäßigeren Formen entgegengesetzten Verhaltens. Je mehr er sich weigert, ihr zu sagen, was los ist, desto verzweifelter versucht sie, sein Schweigen zu durchbrechen. Je mehr sie ihn drängt, es ihr zu sagen, desto hartnäckiger weigert er sich, dies auch zu tun.

10 Einige Beispiele dafür finden sich in Tannen (1990). Während die Jungen in ihren Gesten mit unsichtbaren Pistolen aufeinander schossen, sahen die Gesten der Mädchen so aus, daß sie die Hand ausstreckten und das Stirnband einer Freundin zurechtrückten.

11 An anderer Stelle gehe ich detaillierter auf dieses Beispiel ein und mache auf den Gegensatz aufmerksam, daß sich die Jungen streiten, als sie miteinander spielen wollen, während das Mädchen es vermeidet, eine andere Ansicht zu vertreten, sogar als sie tatsächlich anderer Meinung ist.

12 Ein anderes Element dieses Epos' in der Wiedergabe von Bly ist, daß Gilgamesch Enkidu von den wilden Tieren, mit denen dieser glücklich zusammengelebt hatte, weglockt, indem er eine Tempelprostituierte zu ihm schickt, die sich im passenden Moment die Kleider vom Leib reißt. Sie ist nichts weiter als ein Vehikel dafür, daß die beiden Männer zusammenkommen können. Über diesen Aspekt in dem Epos gäbe es noch viel zu sagen, aber hier geht es mir nur darum, auf die Art und Weise aufmerksam zu machen, wie Männer das Kämpfen als Mittel zur Freundschaft benutzen.

13 Unabhängig davon betrachtet Sifianou (1992) den Gebrauch von Verkleinerungsformen im griechischen Gespräch als Merkmale der Solidarität.

## Kapitel 2

Ich habe das in diesem Kapitel enthaltene Material 1989 beim 25th Annual Regional Meeting of the Chicago Linguistic Society vorgestellt, wo ich zu einem Vortrag eingeladen war. Dieser Vortrag ist in fast derselben Form und mit demselben Titel erschienen in: *Papers from the 25th Annual Regional Meeting of the Chicago Linguistic Society. Teil 2: Parasession on Language in Context*, hg. von Bradley Music, Randolph Graczyk und Caroline Wiltshire, 266–87. Chicago. Ich habe nur wenige und sehr geringfügige Änderungen vorgenommen und die Sekundärliteratur auf einen neueren Stand gebracht. Dieser Vortrag war ebenfalls die Grundlage für ein Kapitel mit dem Titel »Wer unterbricht wen? Von Dominanz und Kontrolle« in *Du kannst mich einfach nicht verstehen*. Bei der Bearbeitung des Materials für die Buchversion habe ich den Vortrag nicht nur umgeschrieben und ihn in einen für Nicht-Spezialisten verständlichen Stil gebracht, sondern auch einige Teile der Diskussion herausgenommen und andere hinzugefügt; dazu gehört auch der Teil, der im vorliegenden Kapitel als Nachwort erscheint.

1 Siehe James and Clarke (1993) für einen kritischen Überblick zum Thema Geschlecht und Unterbrechung.
2 Schegloff widerspricht der Vorgehensweise von Zimmerman und West, in der sie Gesprächsabschriften die Kategorie ›Geschlechtsspezifik‹ auferlegen, worin es keinen Hinweis darauf gibt, daß das Geschlecht der TeilnehmerInnen von entscheidender Bedeutung ist. Er widerspricht jedoch nicht ihrer Definition und Kennzeichnung von Unterbrechungen.
3 Es gibt andere Aspekte in diesem Auszug, die zu der Schlußfolgerung verleiten, dieser männliche Sprecher könnte ein Gesprächstyrann sein, andere als die Tatsache, daß er unterbricht, um seinen Besitz zu schützen.
4 Sowohl in der ursprünglichen Veröffentlichung dieses Kapitels, als auch in *Du kannst mich einfach nicht verstehen* stelle ich das Beispiel von Murray für eine »modellhafte« Unterbrechung vor. Er hat mich in der Zwischenzeit korrigiert, indem er betonte, angemerkt zu haben, daß die Interpretationen dieses Beispiels voneinander abweichen.
5 Das Überlappen wird durch Klammern (z.B.: [ .. ]) angezeigt; die umgekehrten Klammern ( ] .. [ ) zeigen das Einklinken an. Zwei Punkte (. .) kennzeichnen eine wahrnehmbare Pause von weniger als einer halben Sekunde. Drei Punkte kennzeichnen eine Pause von einer halben Sekunde; jeder weitere Punkt kennzeichnet eine zusätzliche Pause von einer halben Sekunde. /?/ kennzeichnet eine nicht zu entschlüsselnde Äußerung. Alle Fragen in Beispiel (4) werden in schnellem Tempo und mit hoher Stimme gesprochen. Die Wellblechbaracken waren provisorische Wohnanlagen, die den aus dem Zweiten Weltkrieg zurückkehrenden Soldaten von der amerikanischen Regierung bereitgestellt wurden.
6 Es stellte sich die Frage, ob Davids Unbehagen durch seine Sprecherrolle für die ASL (Organisation für Amerikanische Gebärdensprache) verursacht wurde. Obwohl es sich dadurch verschlimmert haben mag, ist das Muster des Zögerns, wie es sich in diesem Auszug zeigt, typisch für viele Auszüge von Gesprächen, an denen David und ein anderer Teilnehmer namens Chad beteiligt waren. Das habe ich in einer längeren Untersuchung gezeigt (Tannen 1984a), der ich diese kurzen Beispiele entnommen habe.

7 Es kann nicht davon ausgegangen werden, daß ein scheinbarer Streit auch wirklich belastend sein muß. Corsaro und Rizzo (1990) zeigen beispielsweise, daß Kinder in einem italienischen Kindergarten ganz bewußt höchst ritualisierte, lautstarke Auseinandersetzungen herausfordern, wenn sie ganz ruhig malen sollen, weil, wie es die Autoren ausdrücken, sie lieber streiten als malen möchten. Schiffrin (1984) zeigt, daß der scheinbare Streit bei jüdischen SprecherInnen aus der ArbeiterInnenschicht in Philadelphia einem geselligen Zweck dient.

8 Edelsky merkt an, sie habe ursprünglich den Eindruck gehabt, die Frauen hätten in der Situation, in der man gemeinsam das Wort hatte, »dominiert«, doch habe die genauere Beobachtung gezeigt, daß das nicht der Fall war. Das unterstützt die häufig gehörte Behauptung (zum Beispiel Spender 1980), daß, reden Frauen genauso viel wie Männer, sie so wahrgenommen werden, als redeten sie mehr.

9 Hornyak hat diesen Auszug aufgenommen und analysiert, welcher ein Teil ihrer Kursarbeit in meiner Veranstaltung zur Gesprächsanalyse im Frühjahr 1989 war. Ich danke ihr für ihre Daten, ihre Einsichten und ihre Erlaubnis, diese hier zu verwenden.

10 Hornyak behauptet, das sei eine Familienstrategie, welche dann befriedigend und wirkungsvoll ist, wenn sie von den Mitgliedern innerhalb der Familie gebraucht wird, aber oft, bei Menschen angewendet, welche nicht zur Familie gehören, zum Gegenstand der Klage wird. Auch wenn sie das für eine Familienstrategie hält, so frage ich mich doch, ob es nicht eine kulturelle Strategie sein könnte. Die Familie ist ungarischer Abstammung, und es gibt zahlreiche Anzeichen dafür, daß das kooperative Überlappen für viele osteuropäische SprecherInnen kennzeichnend ist.

11 Keine Gruppe ist homogen; jeder Versuch, alle Mitglieder einer Gruppe zu charakterisieren, scheitert bei näherer Betrachtung. Der stark involvierte Gesprächsstil, den ich hier meine, ist weniger jüdisch als osteuropäisch. Für deutsche Jüdinnen und Juden ist dieser Stil nicht unbedingt typisch, und natürlich haben viele amerikanische Jüdinnen und Juden stark involvierte Gesprächsstile entweder abgelegt, geändert oder nie erworben.

## Kapitel 3

Dieses Kapitel wurde ursprünglich veröffentlicht in *Conversational Organization and Its Developments*, herausgegeben von Bruce Dorval (Norwood, NJ, 1990, 167-206). Ich bin Bruce Dorval dankbar für die für mich aufschlußreiche Gelegenheit, diese Videoaufnahmen zu untersuchen, und A. L. Becker für die hilfreiche Kritik und die Diskussion des vorletzten Entwurfs. Profitiert habe ich auch von dem Meinungsaustausch mit den Diskussionsteilnehmerinnen Penelope Brown, Penelope Eckert,

Marjorie Harness Goodwin und Amy Sheldon, als ich die Ergebnisse aus dieser Untersuchung als Beitrag zu einer Podiumsdiskussion mit dem Titel »Gender Differences in Conversationl Interaction« am Runden Tisch der Georgetown University zum Thema Sprachen und Linguistik im Jahre 1988 (Georgetown University, Washington DC, März 1988) vorgestellt habe. Die in dieser Podiumsdiskussion dargebotenen Vorträge, einschließlich einer leicht überarbeiteten und erheblich gekürzten Fassung des vorliegenden, sind erschienen in *Discourse Processes, 13(1), 1990*, und mit Ausnahme des vorliegenden, neu abgedruckt in *Gender and Conversational Interaction*, herausgegeben von mir und veröffentlicht von Oxford University Press (1993). Das hier ist eine längere Studie, die Material geliefert hat für Kapitel 9 (»›Sieh mich an, wenn ich mit dir spreche!‹ Wortwechsel in wechselndem Alter«) in *Du kannst mich einfach nicht verstehen*. Tatsächlich war, wie ich in der Einleitung zu dem Buch erkläre, diese Untersuchung insofern grundlegend, indem sie mich zur weiteren Untersuchung zum Thema Geschlechtsspezifik und Sprache und zum Schreiben des Buches bewegt hat. Das hier erschienene Kapitel bezieht viel mehr Einzelheiten ein als das Kapitel in *Du kannst mich einfach nicht verstehen*, auch das Gespräch der jungen Erwachsenen, die ich nicht in meinen Bestseller aufgenommen habe. Mein Dank an Greta Patten für das Zeichnen der Illustrationen.

1 Ich spreche von den ältesten SprecherInnen-Paaren als »25jährigen«, um das mühseligere aber genauere Etikett »24- bis 27jährige« zu vermeiden. Die fünfte Altersstufe in der Studie, die SprecherInnen von ungefähr 20 Jahren einbezog, wurde herausgenommen, weil es nicht möglich war, weibliche und männliche Paare zu kennzeichnen, für die leserliche Abschriften zur Verfügung standen und unter denen keine SprecherInnen mit völlig verschiedenen kulturellen Hintergründen waren.

2 Ein Forschungsplan ist immer auch ein Kompromiß. Ethnographisch orientierte ForscherInnen würden niemals die Redeanteile aus einer Versuchssituation gewinnen und mit Recht einwenden, daß das so gewonnene Gespräch nicht »natürlich« ist. Jegliches »natürliche« Sprechen ist jedoch, wie Wolfson (1976) vorbringt, einfach ein Sprechen, das für die Situation natürlich ist, in der es hergestellt wird. Der von Dorval geplante Versuch bringt ein Sprechen zum Vorschein, das in der seltsamen Situation natürlich ist, in der es hervorgebracht wurde. Außerdem gibt er uns damit die ansonsten unmögliche Gelegenheit, zu vergleichen, wie Sprecherinnen unterschiedlichen Alters und Geschlecht in dieser zwar seltsamen, jedoch vergleichbaren Situation sprechen.

3 Scheflen (1976, 55) beschreibt, was ich »feste« oder »direkte« Körperhaltung nenne, als »geschlossene gegenseitige Orientierung« und »volle Orientierung von Angesicht-zu-Angesicht«. Er geht jedoch nicht auf geschlechtsspezifische Unterschiede ein. Aries (1982, 127) merkt an, daß »über Männer gesagt wird, sie nehmen entspanntere, offenere Körperhaltungen ein als Frauen«, ein Ergebnis, das von ihrer eigenen Untersuchung gestützt wird. Diese Untersuchungen gehen jedoch nicht auf die Frage der gegenseitigen Orientierung ein.

Exline (1963) als Pionierquelle zitierend, beobachtet Henley (1977, 160); »Wahrscheinlich ist die Entdeckung, welche in diesem Forschungsbereich am meisten anerkannt wird, daß Frauen mehr Blickkontakt aufnehmen als Männer, besonders untereinander.« Frances (1979) bestätigt das und findet auch heraus, daß die männlichen Versuchspersonen in ihrer Untersuchung »während der Versuchssitzungen bedeutend mehr Wechsel in der Sitz- und Beinposition aufwiesen als die weiblichen Versuchsteilnehmerinnen« (531). Die frühere Forschung zum Thema Körperhaltung und Blick hat also die Muster erkannt, welche ich in den Videoaufnahmen von miteinander redenden FreundInnen beobachtet habe, sie hat diese Muster jedoch nicht im Hinblick auf zusammenhängende geschlechtsbezogene Strategien zur Herstellung von Gesprächsbeteiligung untersucht.

4 Als er sich zu dem Gespräch zu mir setzte, in dem er diese Beobachtung gemacht hat, rückte Becker als erstes an seinem Stuhl. Da er ihn so gestellt vorfand, daß er meinem direkt gegenüberstand, rückte er ihn leicht zur Seite und drehte ihn ein wenig herum, so daß er darauf sitzend, jetzt im Winkel zu mir saß, statt mir direkt gegenüber. Das machte er gedankenlos, unwillkürlich, doch haben wir das Ergebnis beide schlagartig wiedererkannt und uns darüber amüsiert.

Becker betonte ferner, daß die Tierwelt zahlreiche Beispiele für individuelles Verhalten liefert, welches auf den ersten Blick keinen Zusammenhang zu haben scheint, bei genauerer Beobachtung jedoch genau aufeinander abgestimmte Koordination zeigt. Ein Beispiel, das er vorbrachte, sind zwei Gänse, die, scheinbar mit sich selbst beschäftigt, ihre Federn putzen, und zwar mit präzisen spiegelverkehrten Bewegungen, als ob sie denselben Tanz zu derselben Musik aufführten.

Das Tierverhalten liefert ebenfalls eine Parallele zu Beckers Anregung, daß frontale Haltung und frontaler Blick auf kämpferische Streitlust hindeuten können: Pferde- und HundetrainerInnen warnen davor, daß diese Tiere, wenn man ihnen direkt ins Auge sieht, in Angriffsbereitschaft versetzt werden. Die Assoziation des Blicks mit Aggressivität und die Analogie zum Verhalten von Primaten werden auch von Henley (1977) erwähnt.

5 Die Abschrift gründet auf der von Dorval. Ich habe die Transkription von Passagen, die ich zitiere, überprüft und verfeinert und sie »in Brocken« oder »Reihen« aufgeteilt, die meiner Meinung nach leichter zu lesen sind, weil sie die natürlichen prosodischen und rhythmischen Brocken der gesprochenen Rede widerspiegeln. Drei durch Leertasten getrennte Punkte (. . .) zwischen den Transkriptzeilen zeigen an, daß eine geringe Anzahl von Zeilen ausgelassen wurde; drei Punkte ohne Leertasten (...) zeigen eine kurze, nicht gemessene Pause an. Die Zahlen in Klammern geben die gemessene Pausenlänge in Sekunden wieder; Leerschritte zwischen den Transkriptzeilen weisen darauf hin, daß Segmente aus verschiedenen Teilen der Abschrift stammen. In zahlreichen Transkriptionen erscheint das Wort *gott*. Ich habe mich entschieden, es mit

einem kleinen g wiederzugeben, weil ich glaube, daß es wie eine Formel gebraucht wird, sich nicht auf eine Gottheit beziehen soll, sondern unwillkürlich als Redeanzeichen gebraucht wird. (Siehe Schiffrin 1987 zur Diskussion von Redeanzeichen). In Fällen, wo das Wort *gott* am Anfang eines Satzes steht, gebe ich es großgeschrieben wieder, wie ich es mit dem ersten Wort in jedem Satz tun würde. Der Doppelpunkt (:) zeigt die Verlängerung des letzten Vokallautes an. Eine Unterstreichung zeigt eine nachdrückliche Betonung an. Das Zeichen /?/ weist auf ein unverständliches Wort / unverständliche Wörter hin. Klammern zeigen überlappendes Sprechen; das Zeichen ] weist auf ein Einklinken hin (keine Pause während des Sequenz-Wechsels); – zeigt einen Glottisschlag / Knacklaut an (ein abruptes Abschneiden von einem Laut); die Interpunktion zeigt die Satzmelodie an, nicht die grammatikalische Übereinkunft.

6 Die früher geäußerte Vermutung, daß die psychotherapeutischen Normen des interaktiven Verhaltens möglicherweise die Normen von Frauen widerspiegeln, wird von einer psychiatrischen Studie (dargestellt in *Psychiatry* '86, August 1986, 1, 6) unterstützt, die herausfand, Frauen seien wirksamere Therapeutinnen, wenn sie in dem Gebiet neu sind, daß der geschlechtsspezifische Unterschied hinsichtlich der Wirksamkeit unter erfahrenen PsychotherapeutInnen jedoch verblaßt. Das läßt vermuten, daß die psychotherapeutische Ausbildung und Erfahrung Männern beibringt, sich so zu verhalten, wie Frauen sich mit geringer oder keiner Ausbildung und Erfahrung verhalten.

7 Es gibt, außer den in diesem Kapitel besprochenen, viele Aspekte hinsichtlich der Art und Weise, in der Jungen und Mädchen und Frauen und Männer in diesen Viedeoaufnahmen reden, die auf geschlechtsbezogene Unterschiede hinweisen. Wie dieser Auszug bestätigt, scheint es beispielsweise so zu sein, daß das Sich-Aufziehen als eine Art Wettkampf bei Jungen häufiger auftritt als bei Mädchen. Außerdem entspricht Jimmys Gebrauch von Befehlsformen den Ergebnissen von Goodwin (1990) und Sachs (1987), daß Jungen beim Spielen mehr Imperative gebrauchen als Mädchen, und der Beobachtung von Gleason (1987), daß Väter mehr Befehlsformen als Mütter verwenden, wenn sie mit ihren Kindern reden. Das Interaktionsmuster, das ich bei diesen Jungen vorgefunden habe, ist dem von Leaper (1991) beschriebenen Muster bei den fünfjährigen Jungen in seiner Studie sehr ähnlich.

8 Man kann sich schwerlich der Beobachtung entziehen, daß Jimmy in dieser Interaktion anscheinend eine Führungsrolle übernimmt. Er hat die einzigen längeren Spracheinheiten; er gibt Befehle und Anweisungen; er zieht auf und beginnt die meisten Gesprächsschritte. Bei den Jungen in der sechsten Klasse scheint Tom der Anführer zu sein, denn er spricht die meisten Themen an und ist der Hauptsprecher, Walt steuert etwas bei und unterstützt ihn. Von den 55 Themen, die in ihrer Interaktion abgedeckt werden, spricht Tom 40 an. Walt schneidet 15 Themen an, von denen 6 Feststellungen über das Zimmer sind (zum Beispiel: »Das Bild sieht ja komisch aus«). Die Interaktion zwischen den Mädchen in der sechsten Klasse wirft ein Licht auf die Komplexität der Frage

der Führung. Man neigt möglicherweise am Anfang dazu, in Julia die Anführerin zu erkennen. Von den 14 besprochenen Themen spricht Julia 12 an. Außerdem dreht es sich im größten Teil der Diskussion um Julias Beziehung zu Lizzie, ihre Sorge darum, Freundinnen zu behalten, und ihre Angst vor Trennung und Verlust. Als der Leiter des Experiments nach der fünfminütigen Frist ins Zimmer kommt, ist es Julia, die mit ihm spricht. Es ist jedoch Shannon, die das Thema der Beziehung von Julia zu Lizzie »wählt«, um mit diesem Thema der Aufforderung des Versuchsleiters nachzukommen. Ähnlich geht es in dem Gespräch der Mädchen in der zehnten Klasse hauptsächlich um Nancy, doch ist es Sally, die Nancys Probleme als Thema für eine Unterhaltung vorschlägt. Also wird die Frage der Führung in vielen der hier vorliegenden Auszüge zwar angedeutet, doch ist sie komplex und bedarf einer bedeutend eingehenderen Analyse.

9  Ein weiteres, immer wieder zur Sprache kommendes Thema ist die Intimität, die dadurch an den Tag gelegt wird, daß man bei der/dem anderen über Nacht bleibt. Das stellt sich sowohl in den Gesprächen der Mädchen der sechsten Klasse als auch bei den Jungen in der zehnten Klasse heraus. Es ist auch eine Frage, welche unter Mädchen der Mittelschule zum Streit führt, wie von Eder (1990) untersucht worden ist.

10  Goodwin (1990) fand heraus, daß Jungen die Neigung haben, Nichtübereinstimmung direkt zum Ausdruck zu bringen, während Mädchen dazu neigen, es indirekt und anderen Mädchen gegenüber zu tun. Das soll jedoch nicht heißen, daß Mädchen untereinander einen Streit nie direkt austragen. Eder (1990) und Goodwin und Goodwin (1987) diskutieren Situationen, in denen sie das tun.

## Kapitel 4

Dieses Kapitel ist ursprünglich in *Semiotica* 49:3/4 (1984): 323–346 erschienen. Die Autorinnen sind David Gordon und Marcia Perlstein dankbar für hilfreiche Diskussionen, Vorschläge und Kritik. Außerdem war der Aufsatz von Friedrich und Redfield (1978) als Beispiel für die Anwendung der linguistischen Theorie für uns eine Quelle der Inspiration zur Erläuterung unserer Reaktionen auf literarische Figuren. Eine frühere und kürzere Fassung dieses Aufsatzes ist erschienen in Proceedings of the Fifth Annual Meeting of the Berkeley Linguistic Society (1979). Die Überschriften der einzelnen Abschnitte sind für die bessere Lesbarkeit hinzugefügt worden.

1  Siehe Tannen (1984a) für eine längere Analyse des Gesprächsstils mit Daten aus natürlichen Gesprächen.
2  Es könnte der Einwand erhoben werden, die Tatsache, daß *Szenen einer Ehe* uns

nur in der Übersetzung zugänglich ist, lasse es für den Zweck einer genauen Textanalyse nicht geeignet erscheinen. Das ist gewiß ein ernstes Problem, doch ist es schwierig, sicher zu sein, wie oder wie stark die Tatsache, daß es sich um eine Übersetzung handelt, seinen Nutzen für uns beeinträchtigt. Es ist wahrscheinlich, daß sich auf der Wort-für-Wort-Ebene oder sogar der Satz-für-Satz-Ebene keine wesentlichen Probleme ergeben würden; wir könnten uns jedoch zum Beispiel fragen, ob eine Frage im Schwedischen dieselbe Wirkung im Sprachverhalten hat wie ihr englisches Gegenstück. Tannen (1981, neu abgedruckt in diesem Band) hat gezeigt, daß Fragen für griechische und amerikanische ZeitgenossInnen nicht unbedingt dieselbe Wirkung im Sprachverhalten haben, und sogar nicht einmal unbedingt für die Angehörigen derselben Sprachgemeinschaft. Da abstrakte Probleme wie dieses in der Literatur zur Übersetzung nicht diskutiert worden sind, müssen wir diese theoretisch berechtigte und faszinierende Frage offenlassen und auf das Beste hoffen. Doch scheint die Tatsache, daß das amerikanische Publikum die Stichhaltigkeit des Dialogs akzeptiert hat, darauf hinzudeuten, daß es keine ernsthaften Schwierigkeiten gibt.

## Kapitel 5

Dieses Kapitel ist ursprünglich erschienen in *Language and Social Identity*, hg. von John Gumperz (Cambridge University Press, 1982). Bei dieser Version handelte es sich selbst um eine Überarbeitung einer früheren Fassung »Indirectness in Discourse: Ethnicity as Conversational Style«, in *Discourse Processes* 4 (1981):3.221–38. Ich möchte an dieser Stelle die Danksagungen wiederholen, die dort erscheinen:
    Ich möchte vor allem Robin Tolmach Lakoff danken, die mein Denken über die Indirektheit im Gespräch ursprünglich inspiriert und fortlaufend neue Anregungen gegeben hat, und John Gumperz, der der Forschungsarbeit, über die hier berichtet wird, den Weg gewiesen hat. Außerdem bin ich dankbar für die Kritik an Entwürfen dieser und der mit ihr zusammenhängenden wissenschaftlichen Arbeit von Wallace Chafe, David Gordon, Dee Holisky, Dell Hymes, Kostas Kazazis, Bambi Schieffelin und Cynthia Wallat. Ich möchte allen meinen Informanten danken, die zu zahlreich sind, um sie namentlich zu nennen, dazu gehören jedoch Pam Fahlund, Jom Garofallou, Mathilde Paterakis, Georgette Stratos und Theoni Velli-Spyropoulos; Daughters of Penelope District 5, New York; Pastor Peter Vourliotis, Faye Masterson, und die Women's Ministries of the Greek Assembly of God, Oakland, California; Pater Tom Paris, Mary Alevizos und die Philoptochos Society of the Greek Orthodox Church of the Ascension, Oakland, California; John Kaiteris und das Hellenic American Neighbourhood Action Committee, New York; und die Milva Street Block Association, Berkeley, California. Schließlich meinen Dank an Angeliki Nikolopoulou und Aris Arapostathis für ihre Zusammenarbeit an den griechischen Übersetzungen.

1 Eine frühere Studie (Tannen 1976) stellte zwei unterschiedliche Fassungen dieses Gesprächs und einen Fragebogen mit einer Bewertungsskala vor. Die beiden englischen Versionen unterschieden sich insofern, als die eine die erste Reaktion des Ehemanns mit »O. K.« vorstellte, während sie in der anderen mit »na klar« (»yeah«) präsentiert wurde. Die beiden griechischen Fassungen, die in Athen ausgegeben wurden, unterschieden sich insofern, als die eine die erste Reaktion des Ehemannes mit »O. K.« *(endaxi)* präsentierte, während sie in der anderen mit dem informellen griechischen »Ja« *(ne)* übersetzt wurde. Während ich erwartet hatte, daß der Wechsel zu »ja/na klar« sowohl bei den GriechInnen als auch bei den AmerikanerInnen dazu führen würde, daß sich mehr für die direkte Interpretation entschieden, kam ich zu dem Ergebnis, daß die Substitution von »na klar« für »O. K.« für die amerikanischen Reaktionen keinen Unterschied machte, wobei die Substitution von »ja« *(ne)* für »O. K.« *(endaxi)* ergeben hat, daß weniger GriechInnen die indirekte Interpretation wählten. Mit anderen Worten, »O. K.« und »na klar« stellten sich als Entsprechungen für das Englische heraus, während »O. K.« und »ja« sich nicht als Äquivalente für GriechInnen herausstellten. Dieser Unterschied läßt sich vielleicht zum Teil durch den Bedeutungsunterschied zwischen »yes« und »yeah« im Englischen erklären, doch glaube ich, sie ist teilweise auch der größeren Erwartung unter den GriechInnen zuzuschreiben, daß Einwände nicht direkt ausgedrückt werden, weshalb man sich der indirekten Interpretation des »O. K.« bedienen muß.

## Kapitel 6

Dieses Kapitel erschien ursprünglich in: *Communication in, through, and across cultures*: Protokoll der Dritten Berkeley-Konferenz über Frauen und Sprache, hg. von Mary Bucholtz, Anita Liang und Laurel Sutton, Berkeley/Cal. 1995.

1 Man beachte, daß diese Verwendung des Begriffs »Klasse« keine Beziehung zur sozialen oder ökonomischen Klasse hat. Wie weiter unten diskutiert, entstammt er eher Russells Theorie logischer Typen.
2 Die Beziehung zwischen den Sichtweisen von Bateson und Goffman ist in vieler Hinsicht eng: Tatsächlich notiert Goffman (1974), daß es Bateson war, der den Begriff »Rahmen« vorschlug, »in etwa dem Sinne, in dem ich ihn verwenden will« (7).
3 Interessanterweise läßt dies die Frage offen, ob Männer und Frauen, die auf eine Weise sprechen, die mit dem anderen Geschlecht assoziiert wird, nicht auf das andere Geschlecht hinweisen. Es scheint klar, daß dies so ist, wenn schwule Männer nicht nur die Muster der Intonation und der Syntax verwenden, die mit Frauen in unserer Kultur assoziiert werden, sondern sich auch aufeinander als »sie« oder »Fräulein ...« beziehen. Aber ist das der Fall, wenn Heterosexuel-

le oder Schwule und Lesben, die nicht »geoutet« sind, auf eine Weise sprechen, die mit dem anderen Geschlecht assoziiert wird?

4 Der Begriff des Augenwinkels wird von Mary Catherine Bateson in *Peripheral Visions* (1994) noch weiter untersucht.

5 Mein Aufsatz »The relativity of linguistic strategies: Rethinking Power and Solidarity in Gender and Dominance« ist auch die Grundlage für das Kapitel mit dem Titel »Talking Up Close: Status and Connection« in *Talking from 9 to 5* (1994).

6 Nachdem ich diesen Bezugsrahmen entwickelt hatte, stellte ich fest, daß Mühlhäusler und Harré (1990) einen ähnlichen Bezugsrahmen vorlegen.

7 Zum Javanesischen siehe Wolfowitz (1991), zum Japanischen siehe Doi (1973); meine Quelle für das Chinesische ist Ron Scollon (persönliche Mitteilung).

8 Gavruseva nahm das Gespräch in Verbindung mit einem Seminar auf, das ich im Herbst 1993 an der Universität von Georgetown abhielt. Den ersten Teil der hier vorgelegten Analyse, der die Machtbeziehungen zwischen den beiden Sprechern beleuchtet, ist Gavrusevas Semesterarbeit entnommen, die sie für dieses Seminar schrieb und später beim Jahrestreffen der Linguistischen Gesellschaft Amerikas 1995 in New Orleans vortrug. Ihre Analyse dehnte sich jedoch nicht auf den zweiten Teil der Unterhaltung aus, die mit dem Satz beginnt: »Wie geht es Ihnen heute, John?« Dieser Teil der Analyse ist meine Interpretation der Unterhaltung, die sie auf Band aufnahm und transkribierte.

9 Der Dialog wird in einem Zeilenfall vorgelegt, der eher Atempausen repräsentiert als undifferenzierte Paragraphen, weil dies der Art und Weise, wie gesprochene Sprache realisiert und wahrgenommen wird, näher kommt. Andere Transkriptionskonventionen umfassen den Gebrauch von Interpunktionszeichen, die Intonationsmuster anstelle von grammatikalischen Konventionen anzeigen, und von Kolons (::), die auf die Verlängerung von Vokaltönen hinweisen. /Schrägstriche/ weisen auf unsichere Transkriptionen hin und drei Punkte ohne Zwischenraum (...) zeigen eine kurze Pause an, nicht eine Auslassung. In Exzerpten aus gedruckten Texten werden Auslassungen durch drei Punkte mit Zwischenräumen dargestellt ( . . . ).

10 Auch wenn ich hier hierarchische Beziehungen als Schlüsselvariable in den Mittelpunkt stelle, sind andere Einflüsse auf den Gesprächsstil wie immer wirksam. Janice Hornyak weist darauf hin, daß Heather aus dem Süden stammt und daß ihre Sprechweise das jedem, der sie hört, ins Gedächtnis ruft. Auf der anderen Seite ist June eine Afroamerikanerin, und es ist denkbar, daß ihre Sprechweise mehr paralinguistische Variationen aufweisen würde, wenn sie mit ihresgleichen spräche.

11 Da Wissenschaftler Menschen sind, kann dieser Widerstand bei unseren KolleginInnen genauso wie bei Laien auftreten. (Ich möchte eilends darauf hinweisen, daß diese Bemerkung Barbara Johnstone nicht einschließen soll, wie ihre veröffentlichte Forschungsarbeit – diese Untersuchung ebenso wie Johnstone 1993 – absolut deutlich macht.)

# Literatur

Angier, Natalie, 1993,»A Scientist evolves into a celebrity«, *The New York Times*, February 11, 1993, B1, B6.
Aries, Elizabeth, 1982,»Verbal and nonverbal behavior in single-sex and mixed-sex groups: Are traditional sex roles changing?«, in: *Psychological Reports*, 51, S.127–34.
Bateson, Gregory, 1972, *Steps to an ecology of mind*, San Francisco und New York (dt.: *Ökologie des Geistes*, 1981, Frankfurt am Main).
Bateson, Gregory, 1979, *Mind and nature*, New York.
Bateson, Mary Catherine, 1994, *Peripheral visions*, New York.
Becker, A.L., 1979, »Text-building, epistemology, and aesthetics in Javanese Shadow Theatre«, in: *The imagination of reality*, hg. von A.L. Becker, Aram Yengoyan, S.211–43, Norwood,NJ.
Becker, A.L., 1982, Beyond translation: Esthetics and language description, in: *Contemporary perceptions of language: Interdisciplinary dimensions, Georgetown University Round Table on Languages and Linguistics 1982*, hg. von Heidi Byrnes, S.124–38, Washington DC.
Becker, A.L., 1984, Biography of a sentence: A Burmese Proverb, in: *Text, play, and story: The construction and reconstruction of self and society*, hg. von Edward M. Bruner, S.135–55, Washington, DC. Nachdruck: Prospect Heights, IL.
Becker, A.L., 1988, Language in particular: A lecture, in: *Linguistics in context: Connecting observation and understanding, Lectures from the 1985 LSA/TESOL Institute*, hg. von Deborah Tannen, S.17–35, Norwood, NJ.
Becker, A.L., I Gusti Ngurah Oka, 1974, Person in Kawi: Exploration of an elementary semantic dimension, in: *Oceanic Linguistics*, 13, S.229–55.
Becker, A.L., 1995, *Beyond translation: essays toward a modern philology*, Ann Arbor.
Beeman, William O., 1986, *Language, status, and power in Iran*, Bloomington.
Bellinger, David, Jean Berko Gleason, 1982, Sex differences in parental directives to young children, in: *Sex Roles*, 8, S.1123–39.
Bennett, Adrian, 1981, Interruptions and the interpretation of conversation, in: *Discourse Processes*, 4: 2, S.171–88.
Bly, Robert, 1990, *Iron John: A book about men*, Reading, MA.
Bohn, Emil, Randall Stutman, 1983, Sex-role differences in the relational control dimension of dyadic interaction, in: *Women's Studies in Communication*, 6, S.96–104.

Brown, Roger, Albert Gilman, 1960, The pronouns of power and solidarity, in: *Style in Language*, hg. von Thomas Sebeok, S. 253–76, Cambridge, MA.

Brown, Penelope, Stephen Levinson, [1978]1987, *Politeness: Some universals in language usage*, Cambridge.

Byrnes, Heidi, 1986, Interactional style in German and American Conversations, in: *Text*, 6: 2, S. 189–206.

Campbell, Joseph, 1964, *The masks of god: Occidental mythology*, New York.

Coates, Jennifer, 1986, *Women, men and language*, London.

Conley, John M., William M. O'Barr, E. Allen Lind, 1979, The power of language: Presentational style in the courtroom, in: *Duke Law Journal*, 1978, S. 1375–99.

Corsaro, William, Thomas Rizzo, 1990, Disputes in the peer culture of American and Italian nursery school children, in: *Conflict talk*, hg. von Allen Grimshaw, S. 21–66, Cambridge.

Davies, Bronwyn, and Rom Harré, 1990, Positioning: Conversation and the production of selves, in: *Journal for the Theory of Social Behavior* 20:1, S. 43–63.

Doi, Takeo, 1973, *The anatomy of dependence*, Tokio and New York.

Dorval, Bruce (Hg.), 1990, *Conversational coherence and its development*, Norwood, NJ.

Duranti, Alessandro, Donald Brenneis (Hg.), 1986, *The audience as co-author. Special issue of Text*.

Eakins, Barbara, Gene Eakins, 1976, Verbal turn-taking and exchanges in faculty dialogue, in: *The sociology of the languages of American women*, hg. von Betty Lou Dubois, Isabel Crouch, S. 53–62, Vorträge in: *Southwest English IV*. San Antonio, TX.

Eckert, Penelope, 1990, Cooperative competition in adolescent »girl talk«, in: *Discourse Processes*, 13, 1. Neu abgedruckt in: *Gender and conversational interaction*, hg. von Deborah Tannen, 1993, S. 32–61, Oxford and New York.

Edelsky, Carol, 1981, Who's got the floor?, in: *Language in Society*, 10, S. 383–421. Neu abgedruckt in: *Gender and conversational interaction*, hg. von Deborah Tannen, 1993, S. 189–227, Oxford and New York.

Eder, Donna, 1990, Serious and playful disputes: Variation in conflict talk among female adolescents, in: *Conflict talk*, hg. von Allen Grimshaw, S. 67–84, Cambridge.

Eder, Donna, Stephanie Sanford, 1986, The development and maintenance of interactional norms among early adolescents, in: *Sociological studies of child development*, vol 1, hg. von Patricia A. Adler, Peter Adler, S. 283–300, Greenwich, CT.

Erickson, Frederick, 1975, Gatekeeping and the melting pot: Interaction in counseling encounters, in: *Harvard Educational Review*, 45: 1, S. 44–70.

Erickson, Frederick, 1982, Money tree, lasagna bush, salt and pepper: Social construction of topical cohesion in a conversation among Italian-Americans, in: *Analyzing Discourse: Text and Talk, Georgetown University Round Table on Languages and Linguistics 1981*, hg. von Deborah Tannen, S. 43–70, Washington, DC.

Erickson, Frederick, 1986, Listening and speaking, in: *Languages and linguistics: The interdependence of theory, data, and application, Georgetown University Round Table on Languages and Linguistics 1985*, hg. von Deborah Tannen, S. 294–319, Washington, DC.

Erickson, Frederick, 1990, The social construction of discourse coherence in a family dinner table conversation, in: *Conversational organization and its development*, hg. von Bruce Dorval, S. 207–38, Norwood, NJ.

Erickson, Frederick, Jeffrey Shultz, 1982, *The counselor as gatekeeper: Social interaction in interviews*, New York.

Ervin-Tripp, Susan, 1976, Is Sybil there?, The structure of some American English directives, in: *Language in Society*, 5: 1, S. 25–66.

Esposito, Anita, 1979, Sex differences in children's conversations, in: *Language and Speech*, 22: Part 3, S. 213–20.

Exline, Ralph V., 1963, Explorations in the process of person perception: Visual interaction in relation to competition, sex, and need for affiliation, in: *Journal of Personality*, 31, S. 1–20.

Falk, Jane, 1980, The conversational duet, in: *Proceedings of the Sixth Annual Meeting of the Berkeley Linguistics Society*, S. 507–14, Berkeley, CA.

Fasold, Ralph W., 1990, *The sociolinguistics of language*, Oxford.

Frances, Susan J., 1979, Sex differences in nonverbal behavior, in: *Sex Roles*, 5: 4, S. 519–35.

Frank, Jane, 1988, Communicating »by pairs«: Agreeing and disagreeing among married couples, unveröffentlichtes Manuskript, Georgetown University.

Friedrich, Paul, 1972, Social context and semantic feature: The Russian pronominal usage, in: *Directions in sociolinguistics*, hg. von John J. Gumperz, Dell Hymes, S. 270–300, New York. Nachdruck: Oxford.

Friedrich, Paul, James Redfield, 1978, Speech as a personality The case of Achilles, in: *Language*, 54, S. 263–88.

Gavruseva, Lena, 1995, Constructing interactional asymmetry in employer-employee discourse. Paper presented at the annual meeting of the Linguistic Society of America, New Orleans, January 5, 1995.

Geertz, Clifford, 1983, *Local Knowledge: Further Essays in interpretive anthropology*, New York.

Gleason, Jean Berko, Esther Blank Greif, 1983, Men's speech to young children, in: *Language, gender and society*, hg. von Barrie Thorne, Cheris Kramarae, Nancy Henley, S. 140–50, Rowley, MA.

Gleason, Jean Berko, 1987, Sex differences in parent-child interaction, in: *Language, gender, and sex in comparative perspective*, hg. von Susan U. Philips, Susan Steele, Christine Tanz, S. 189–99, Cambridge.

Goffman, Erving, 1959, *The presentation of the self in every day life*, New York.

Goffman, Erving, 1974, *Frame analysis*, New York (dt.: *Rahmen-Analyse*. Frankfurt 1977).

Goffman, Erving, 1977, The arrangement between the sexes, in: *Theory and Society*

4:3, S. 301–331 (dt.: Das Arrangement der Geschlechter, in: ders.; *Interaktion und Geschlecht*, Frankfurt/New York 1994).
Goffman, Erving, [1976] 1979, *Gender advertisements*, New York (dt.: *Geschlecht und Werbung*, Frankfurt 1981).
Goffman, Erving, 1981, Footing, in: *Forms of talk*, 124–159, Philadelphia.
Goodwin, Charles, 1981, *Conversational organization: Interaction between speakers and hearers*, New York.
Goodwin, Marjorie Harness, 1990, *He-said-she-said: Talk as social organization among black children*, Bloomington.
Goodwin, Marjorie Harness, Charles Goodwin, 1987, Children's arguing, in: *Language, gender, and sex in comparative perspective*, hg. von Susan U. Philips, Susan Steele, Christine Tanz, S. 200–248, Cambridge.
Goody, Esther, 1978, Towards a theory of questions, in: *Questions and politeness*, hg. von Esther Goody, 17–43, Cambridge.
Gornick, Vivian, 1988, Masters of self-deception. Review of The Durrell-Miller letters, 1935–80, hg. von Ian S. MacNiven, in: *The New York Times Book Review*, 20. November, 1988, S. 3, S. 47.
Greenwood, Alice, 1989, *Discourse variation and social comfort: A study of topic initiation and interruption patterns in the dinner conversation of pre-adolescent children*. Dissertation New York.
Gumperz, John J., 1982a, *Discourse strategies*, Cambridge.
Gumperz, John J. (Hg.), 1982b, *Language and social identity*, Cambridge.
Gumperz, John J., Deborah Tannen, 1979, Individual and social differences in language use, in: *Individual differences in language ability and language behavior*, hg. von Charles Fillmore, Daniel Kempler, William S.-Y. Wang, S. 305–24, New York.
Harrington, Mona, 1994, *Women lawyers: Rewriting the rules*, New York.
Hayahsi, Reiko, 1988, Simultaneous talk – from the perspective of floor management of English and Japanese speakers, in: *World Englishes*, 7: 3, S. 269–88.
Henley, Nancy M., 1977, *Body politics: Power, sex, and nonverbal communication*, New York.
Henley, Nancy, Chris Kramarae, 1988, Miscommunication – Issues of gender and power, annual meeting of the National Women's Studies Association, Minneapolis.
Henley, Nancy, Cheris Kramarae, 1991, Miscommunication, gender and power, in: *»Miscommunication« and problematic talk*, hg. von Nikolas Coupland, Howard Giles, John Wiemann, Newbury Park, CA.
Hopper, Paul, 1988, Emergent grammar and the a priori grammar postulate, in: *Linguistics in context. Connecting observation and understanding*, hg. von Deborah Tannen, S. 117–34, Norwood, NJ.
Hornyak, Janice, 1997, *Shifting between personal and professional frames in office discourse*, Dissertation, Georgetown University Linguistics Department.
Hoyle, Susan M., 1993, Participation frameworks in sportscasting play: Imaginary

and literal footings, in: *Framing in Discourse*, hg. von Deborah Tannen, 1993, S. 114–44, New York and Oxford.

Hughes, Linda A., 1988, »But that's not *really* mean«: Competing in a cooperative mode, in: *Sex Roles*, 19: 11/12, S. 669–687.

James, Deborah, Sandra Clarke, 1993, Women, men and interruptions: A critical review, in: *Gender and conversational interaction*, hg. von Deborah Tannen, S. 231–80, New York and Oxford.

James, Deborah, Janice Drakich, 1993, Understanding gender differences in amount of talk, in: *Gender in conversational interaction*, hg. von Deborah Tannen, S. 281–312, New York and Oxford.

Jefferson, Gail, 1988, On the sequential organization of troubles-talk in ordinary conversation, in: *Social Problems* 35:4, S. 418–441.

Johnstone, Barbara, 1993, Community and contest: Midwestern men and women creating their worlds in conversational storytelling, in: *Gender and conversational interaction*, hg. by Deborah Tannen, 62–80, New York and Oxford.

Johnstone, Barbara, 1995, Sociolinguistic resources, individual identities and public speech styles of Texas women, in: *Journal of Linguistic Anthropology* 5:2, S. 1–20.

Jong, Erica, 1973, *Fear of flying*, New York. (dt.: *Angst vorm Fliegen*, 1976, Frankfurt am Main)

Kakava, Christina, 1989, Argumentative conversation in a Greek family, Vortrag, gehalten anläßlich des Annual Meeting of the Linguistic Society of America, Washington, DC.

Kalcik, Susan, 1975, »... like Ann's gynecologist or the time I was almost raped«: Personal narratives in women's rap groups, in: *Journal of American Folklore*, 88, S. 3–11. Neu abgedruckt in: *Women and folklore*, hg. von Claire R. Farrer, S. 3–11, Austin.

Keenan, Elinor, 1974, Norm-makers, norm-breakers: Uses of speech by men and women in a Malagasy community, in: *Explorations in the ethnography of speaking*, hg. von Richard Bauman, Joel Sherzer, S. 125–43, Cambridge.

Klagsbrun, Francine, 1992, *Mixed feelings: Love, hate, rivalry, and reconciliation among brothers and sisters*, New York.

Kochman, Thomas, 1981, *Black and white styles in conflict*, Chicago.

Komarovsky, Mirra, 1962, *Blue-collar marriage*, New York.

Kuhn, Elizabeth D., 1992, Playing down authority while getting things done: Women professors get help from the institution, Locating power, in: *Proceedings of the Second Berkeley Women and Language Conference*, Bd. 2, hg. von Kira Hall, Mary Buchholtz und Birch Moonwomom, S. 318–325, Berkeley.

Labov, William, 1972, *Sociolinguistic patterns*, Philadelphia.

Labov, William, David Fanshel, 1977, *Therapeutic Discourse*, New York.

Lakoff, Robin, 1973, The logic of politeness, or minding your p's and q's, in: *Papers from the Ninth Regional Meeting of the Chicago Linguistics Society*, S. 292–305,

Lakoff, Robin, 1975, *Language and woman's place*, New York.

Lakoff, Robin Tolmach, 1979, Stylistic strategies within a grammar of style, in: *Language, sex, and gender*, hg. von Judith Orasanu, Miriam Slater, Leonore Loeb Adler, *Annals of the New York Academy of Science*, 327, S. 53–78.

Lakoff, Robin Tolmach, 1990, *Talking power: The politics of language in our lives*, New York.

Leaper, Campbell, 1991, Influence and involvement: Age, gender, and partner effects, in: *Child Development*, 62, S. 797–811.

Leffler, Ann, D.L. Gillespie, J.C. Conaty, 1982, The effects of status differentiation on nonverbal behavior, in: *Social Psychology Quarterly*, 45: 3, S. 153–61.

Lehtonen, Jaakko und Kari Sajavaara, 1985, The silent Finn, in: *Perspectives on silence*, hg. von Deborah Tannen, Muriel Saville-Troike, S. 193-201, Norwood, NJ.

Lein, Laura, Donald Brenneis, 1978, Children's disputes in three speech communities, in: *Language in Society*, 7, S. 299–323.

Lever, Janet, 1978, Sex differences in the complexity of children's play and games, in: *American Sociological Review*, 43, S. 471–83.

Maccoby, Eleanor E., 1990, Gender and relationships: A developmental account, in: *American Psychologist*, 45:4, S. 513–520.

Maccoby, Eleanor E. and Carol N. Jacklin, 1974, *The psychology of sex differences*, Stanford.

Maltz, Daniel N., Ruth A. Borker, 1982, A cultural approach to male-female miscommunication, in: *Language and social identity*, hg. von John J. Gumperz, S. 196–216, Cambridge.

McDermott, R.P., Henry Tylbor, 1983, On the necessity of collusion in conversation, in: *Text*, 3: 3, S. 277–97.

McMillan, Julie R., A, Kay Clifton, Diane McGrath, Wanda S. Gale, 1977, Women's language: Uncertainty or interpersonal sensitivity and emotionality, in: *Sex Roles*, 3: 6, S. 545–59.

Mead, Margaret, 1977, End linkage: A tool for cross-cultural analysis, in: *About Bateson*, hg. von John Brockman, S. 171–231, New York.

Michaels, Sarah, Jenny Cook-Gumperz, 1979, A study of sharing time with first grade students: Discourse narratives in the classroom, in: *Proceedings of the Fifth Annual Meeting of the Berkeley Linguistics Society*, S. 647–60.

Moerman, Michael, 1988, *Talking culture: Ethnography and conversation analysis*, Philadelphia.

Moore, Lorrie, 1989, You're ugly too, in: *The New Yorker*, July 3, S. 34–40. Neu abgedruckt in: *Like life*, New York, 1990 (dt.: *Pepsi Hotel. Stories*, 1994, Reinbek bei Hamburg, S. 89–118).

Mühlhäusler, Peter and Rom Harré with Anthony Holiday and Michael Freyne, 1990, *Pronouns and people: The linguistic construction of social and personal identity*, Oxford and Cambridge.

Murray, Stephen O. 1985, Toward a model of members' methods for recognizing interruptions, in: *Language in Society*, 13, S. 31–41.

Murray, Stephen O., 1987, Power and solidarity in »interruption«: A critique of the Santa Barbara School conception and its application by Orcutt and Harvey (1985), in: *Symbolic Interaction*, 10: 1, S. 101–10.

Murray, Stephen O., Lucille H. Covelli, 1988, Women and men speaking at the same time, in: *Journal of Pragmatics*, 12: 1, S. 103–11.

Norman, Michael, 1990, *These good men: Friendships forged from war*, New York.

Ochs, Elinor, 1992, Indexing gender, in: *Rethinking context: Language as an interactive phenomenon*, hg. von Allessandro Duranti und Charles Goodwin, 335–358, Cambridge.

Ong, Walter J., 1981, *Fighting for life: Contest, sexuality, and consciousness*, Ithaca, NY, Amherst.

Paules, Greta Foff, 1991, *Dishing it out: Power and resistance among waitresses in a New Jersey restaurant*, Philadelphia.

Philips, Susan Urmston, 1983, *The invisible culture: Communication in classroom and community on the Warm Springs Indian reservation*, New York and London. Nachdruck: Prospect Heights, IL.

Pinter, Harold, 1988, *Mountain Language*, New York.

Reddy, Michael, 1979, The conduit metaphor: A case of frame conflict in our language about language, in: *Metaphor and thougt*, hg. von Andrew Ortony, S. 284–324, Cambridge.

Reisman, Karl, 1974, Contrapuntal conversations in an Antiguan village, in: *Explorations in the ethnography of speaking*, hg. von Richard Bauman, Joel Sherzer, S. 110–24, Cambridge.

Sachs, Jacqueline, 1987, Preschool boys' and girls' language use in pretend play, in: *Language, gender, and sex in comparative perspective*, hg. von Susan U. Philips, Susan Steele, Christine Tanz, S. 178–88, Cambridge.

Sacks, Harvey, Emanuel Schegloff, Gail Jefferson, 1974, A simplest systematics for the organization of turn-taking for conversation, in: *Language*, 50, S. 696–735.

Sacks, Oliver, 1987, Tics, in: *The New York Review of Books*, January 29, 1987, S. 37–41.

Sattel, Jack W., 1983, Men, inexpressiveness, and power, in: *Language, gender and society*, hg. von Barrie Thorne, Cheris Kramarae, Nancy Henley, S. 119–24, Rowley, MA.

Scheflen, Albert E., mit Norman Ashcraft, 1976, *Human territories: How we behave in space-time*, Englewood Cliffs, NJ.

Schegloff, Emanuel, 1982, Discourse as an interactional achievement: Some uses of 'uhuh' and other things that come between sentences, in: *Analyzing discourse: Text and talk, Georgetown Round Table on Languages and Linguistics 1981*, hg. von Deborah Tannen, S. 71–93, Washington, DC.

Schegloff, Emanuel, 1987, Between micro and macro: Contexts and other connections, in: *The micro-macro link*, hg. von Jeffrey C. Alexander, Bernhard Giesen, Richard Munch, Neil J. Smelser, S. 207–34, Berkeley.

Schegloff, Emanuel, 1988, Discourse as an interactional achievement II: An exercise in conversation analysis, in: *Linguistics in context: Connecting observation and understanding*, hg. von Deborah Tannen, S. 135–58, Norwood, NJ.

Schiffrin, Deborah, 1984, Jewish argument as sociability, in: *Language in Society*, 13: 3, S. 311–35.

Schiffrin, Deborah, 1987, *Discourse markers*, Cambridge.

Schiffrin, Deborah, 1988, Sociolinguistic approaches to discourse: Topic and reference in narrative, in: *Linguistic change and contact*, hg. von Kathleen Ferrara, Becky Brown, Keith Walters, John Baugh, S. 1–17, Austin, TX.

Scollon, Ron, 1985, The machine stops: Silence in the metaphor of malfunction, in: *Perspectives on silence*, hg. von Deborah Tannen und Muriel Saville-Troike, S. 21–30, Norwood, NJ.

Scollon, Ron, Suzanne B.K. Scollon, 1981, *Narrative, literacy and face in interethnic communication*, Norwood, NJ.

Scollon, Ron and Suzanne Wong Scollon, 1995, *Intercultural communication*, Oxford and Cambridge.

Seaman, P. David, 1972, *Modern Greek and American English in contact*, The Hague.

Sheldon, Amy, 1990, Pickle fights: Gendered talk in preschool disputes, in: *Discourse Processes*, 13: 1, S. 5–13. Neu abgedruckt in: *Gender and conversational interaction*, hg. von Deborah Tannen, 1993, S. 83–109, New York and Oxford.

Shultz, Jeffrey, Susan Florio, Frederick Erickson, 1982, Where's the floor? Aspects of the cultural organization of social relationships in communication at home and at school, in: *Ethnography and education: Children in and out of school*, hg. von Perry Gilmore, Alan Glatthorn, S. 88–123, Washington, DC.

Shuy, Roger W., 1982, Topic as the unit of analysis in a criminal law case, in: *Analyzing discourse: Text and talk, Georgetown University Round Table on Languages and Linguistics 1981*, hg. von Deborah Tannen, S. 113–26, Washington, DC.

Sifianou, Maria, 1992, The use of diminutives in expressing politeness: Modern Greek versus English, in: *Journal of Pragmatics*, 17: 2, S. 155–73.

Smith, Francis Lee, 1993, The pulpit and woman's place: Gender and the framing of the ›exegetical self‹ in sermon performances, in: *Framing in Discourse*, hg. von Deborah Tannen, S. 147–175, New York and Oxford.

Spender, Dale, 1980, *Man made language*, London.

Tannen, Deborah, 1976, An indirect/direct view of misunderstandings in conversation, Magisterarbeit, University of California, Berkeley.

Tannen, Deborah, 1981a, Indirectness in discourse: Ethnicity as conversational style, in: *Discourse Processes*, 4: 3, S. 221–38. Neu abgedruckt in diesem Band unter dem Titel ›Ethnischer Stil im Gespräch zwischen Männern und Frauen‹.

Tannen, Deborah, 1981b, New York Jewish conversational style, in: *International Journal of the Sociology of Language*, 30, S. 133–39.

Tannen, Deborah, 1982a, Oral and literate strategies in spoken and written narratives, in: *Language*, 58: 1, S. 1–21.

Tannen, Deborah (Hg.), 1982b, *Spoken and written language: Exploring orality and literacy*, Norwood, NJ.

Tannen, Deborah, 1984a, *Conversational style: Analyzing talk among friends*, Norwood, NJ.
Tannen, Deborah (Hg.), 1984b, *Coherence in spoken and written discourse*, Norwood, NJ.
Tannen, Deborah, 1985, Silence: Anything but, in: *Perspectives on silence*, hg. von Deborah Tannen, Muriel Saville-Troike, S. 93–111, Norwood, NJ.
Tannen, Deborah, 1986a, *Thats not what I meant!: How conversational style makes or breaks your relations with others*, New York (dt.: *Das hab' ich nicht gesagt!*, 1992, Hamburg).
Tannen, Deborah, 1986b, Introducing constructed dialogue in Greek and American conversational and literary narrative, in: *Direct and indirect speech*, hg. von Florian Coulmas, S. 311–32, Berlin.
Tannen, Deborah, 1987, Repetition in conversation: Toward a poetics of talk, in: *Language*, 63: 3, S. 574–605.
Tannen, Deborah, 1988, Hearing voices in conversation, fiction, and mixed genres, in: *Linguistics in context: Connecting observation and understanding*, hg. von Deborah Tannen, S. 89–113, Norwood, NJ.
Tannen, Deborah, 1989, *Talking voices: Repetition, dialogue, and imagery in conversational discourse*, Cambridge.
Tannen, Deborah, 1990, *You just don't understand: Women and men in conversation*, New York (dt.: *Du kannst mich einfach nicht verstehen*, 1991, Hamburg).
Tannen, Deborah, 1993, *Framing in Discourse*, New York.
Tannen, Deborah, Christina Kakava, 1992, Power and solidarity in Modern Greek Conversation: Disagreeing to agree, in: *Journal of Modern Greek Studies*, 10, S. 12–29
Tannen, Deborah, 1994, *Talking from 9 to 5*, New York (dt.: *Job-Talk*, Hamburg 1995).
Vassiliou, Vasso, Harry Triandis, George Vassiliou, Howard McGuire, 1972, Interpersonal contact and stereotyping, in: *The analysis of subjective culture*, hg. von Harry Triandis, S. 89–115, New York.
Watanabe, Suwako, 1993, Cultural differences in framing: American and Japanese group discussions, in: *Framing in Discourse*, hg. von Deborah Tannen, S. 176–208, New York and Oxford.
Watson, Karen A., 1975, Transferable communicative routines, in: *Language in Society*, 4, S. 53–72.
Watzlawick, Paul, Janet Beavin, Don D. Jackson, 1967, *Pragmatics of Human Communication*, New York.
West, Candace, Don H. Zimmerman, 1983, Small insults: A study of interruptions in cross-sex conversations between unacquainted persons, in: *Language, gender and society*, hg. von Barrie Thorne, Cheris Kramarae, Nancy Henley, S. 103–17, Rowley, MA.
West, Candace, Don H. Zimmerman, 1985, Gender, language, and discourse, in: *Handbook of discourse analysis*, Bd. 4: *Discourse analysis in society*, hg. von Teun A. van Dijk, S. 103–24, London.

Wetzel, Patricia J., 1988, Are »powerless« communication strategies the Japanes norm?, in: *Language in Society*, 17, S. 555–564.

Widdowson, Henry, 1988, Poetry and pedagogy, in: *Linguistics in context: Connecting observation and understanding*, hg. von Deborah Tannen, S. 185–97, Norwood, NJ.

Williams, Donna, 1994, *Somebody somewhere. Breaking free from the world of autism*, New York.

Wolfowitz, Clare, 1991, *Language style and social space: Stylistic choice in Suriname Javanese*. Urbana and Chicago.

Wolfson, Nessa, 1976, Speech events and natural speech: Some implications for sociolinguistic methodology, in: *Language in Society*, 5, S. 189–209.

Yamada, Haru, 1992, *American and Japanese business discourse: A comparison of international styles*, Norwood, NJ.

Zimmerman, Don H., Candace West, 1975, Sex roles, interruptions and silences in conversation, in: *Language and sex: Difference and dominance*, hg. von Barrie Thorne, Nancy Henley, S. 105–29, Rowley, Mass.

Aus unserem Programm

Brigitte Brück, Heike Kahlert, Marianne Krüll, Helga Milz, Astrid Osterland, Ingeborg Weghaupt-Schneider

## Feministische Soziologie
### Eine Einführung

Erweiterte und überarbeitete Neuausgabe
Reihe Campus Studium, Band 1092
Ca. 300 Seiten
ISBN 3-593-35706-2

Die Autorinnen des lange vergriffenen und gründlich überarbeiteten Bandes führen in der aktualisierten Neuauflage informativ in Geschichte, Theorie und zentrale Fragen der feministischen Soziologie ein.

Regina Becker-Schmidt, Gudrun Axeli-Knapp (Hg.)

## Das Geschlechterverhältnis als Gegenstand der Sozialwissenschaften

1995. 280 Seiten
ISBN 3-593-35288-5

Die Prozesse der geschlechtlichen Hierarchisierung werden aus Perspektiven, die über bestehende Theorien hinausgehen, analysiert und mit empirischen Analysen verbunden, ohne dabei den Blick auf die gesellschaftlichen Strukturbedingungen zu verlieren. Ein Grundlagenwerk, das in sozialwissenschaftliche Theorien und empirische Untersuchungen zum Geschlechterverhältnis einführt.

Campus Verlag · Frankfurt/New York

# Gucken Sie mal über den Tellerrand.

Zwei Wochen kostenlos.

## Tel. 0130/86 66 86.